谨以此丛书献给
内蒙古自治区文物考古研究所成立60周年

内蒙古文化遗产丛书

包头文化遗产

内蒙古自治区文物考古研究所　编

文物出版社

责任编辑　贾东营　张征雁

责任印制　张　丽

图书在版编目（CIP）数据

包头文化遗产 / 陈永志，吉平，张文平主编；
内蒙古自治区文物考古研究所编. —北京：文物出版社，
2014.8
　（内蒙古文化遗产丛书）
　ISBN 978-7-5010-4038-4

　Ⅰ.①包… Ⅱ.①陈… ②吉… ③张… ④内… Ⅲ.
①文化遗产－介绍－包头市 Ⅳ.①K292.63

　中国版本图书馆CIP数据核字(2014)第146713号

包头文化遗产
_____

编　　者　内蒙古自治区文物考古研究所
出版发行　文物出版社
地　　址　北京市东直门内北小街2号楼
邮政编码　100007
网　　址　www.wenwu.com
邮　　箱　web@wenwu.com
制版印刷　北京燕泰美术制版印刷有限责任公司
经　　销　新华书店
版　　次　2014年8月第1版第1次印刷
开　　本　787×1092　　1/16
印　　张　23
书　　号　ISBN 978-7-5010-4038-4
定　　价　340.00元

序 言

　　美丽富饶的内蒙古自治区位于祖国的北部边疆，环境优美，气候宜人，自古以来就是人类繁衍生息的好地方。特定的地理位置、区域特点与生态环境，形成绚丽多姿、丰富多彩的物质文化遗产，造就了博大精深的草原文化。由内蒙古自治区文物考古研究所编纂的这套《内蒙古文化遗产丛书》，将分布在内蒙古自治区各地的物质文化遗产以盟市为单位编列成书，系统地向社会展示，显示了内蒙古自治区文化遗产的突出优势，这在当今"弘扬社会主义先进文化，推动社会主义文化大发展大繁荣"的新形势下，无疑具有重要的现实意义。

　　内蒙古自治区历史悠久，文化积淀深厚。草原地区人类的历史最早可以追溯到旧石器时代，这是草原文化的滥觞时期。在内蒙古呼和浩特东郊发现的大窑旧石器时代遗址，发现了石器制造场与其他的人类遗迹，将内蒙古地区人类的历史提升到了50万年。另外，在内蒙古其他地区还发现了距今5万年至1万年的"河套人"以及"扎赉诺尔人"，由此证明了中国北方的内蒙古自治区也是人类的重要起源地之一。新石器时代至青铜时代是草原文化形成的重要阶段，以赤峰红山命名的红山文化，是这一时期草原文化的核心。在内蒙古地区相继发现的兴隆洼文化、赵宝沟文化、富河文化、庙子沟文化、小河沿文化、朱开沟文化、夏家店下层文化等一系列草原考古学文化，使得中华民族文化呈现出"多源辐辏"、"百花齐放"的繁荣局面。秦汉、魏晋之际是草原文化快速发展的重要阶段。位于阿拉善盟的居延遗址群是中国西部地区重要的汉代边疆城市遗址，以出土"居延汉简"著称于世。呼和浩特地区和林格尔的盛乐古城遗址是内蒙古中南部最大的都城遗址。呼伦贝尔市鄂伦春自治旗的嘎仙洞遗址，发现北魏太平真君四年（443年）的石刻祝文，证明了此处是鲜卑贵族的"先祖石室"、拓跋鲜卑的发祥地。这些重要的文化遗产是中国历史上多民族文化碰撞、融合、升华的实物见证。辽金元时期草原文化达到了空前的繁荣与昌盛。内蒙古东部的赤峰、通辽历史上是辽王朝的京畿地区，契丹人的政治中心所在。在这一地区分布有辽上京、辽中京两大都城，还分布有辽祖陵、辽怀陵、辽庆陵三大皇族陵寝，以及轰动世界、闻名遐迩的辽陈国公主墓、吐尔基山辽墓。元代的内蒙古地区是东西文化交流的主阵地，"草原丝绸之路"东端的重要起点。元上都遗址是中国北方草原地带最大的元代都城遗址，御天门、大安阁、穆清阁等重要建筑遗迹，真实地再现了元代皇城的宏伟规模，极大地彰显了元上都遗址的突出价值，是内蒙古自治区极为珍贵的世界文化遗产。位于乌兰察布市的集宁路古城遗址，考古发现了一处完整的市肆遗迹及多处器物窖藏，出土了釉里红玉壶春瓶、青花梨形壶、卵白釉"枢府"铭盘、青釉龟形砚滴、青釉荷叶盖罐等大量完整瓷器，以及其他珍贵瓷器标本上万件，堪称中国的"庞贝城"。另外，内蒙古自治区也是我国古代岩画资源最为富集的地区，以阴山岩画、曼德拉山岩画、乌兰察布岩画最为典型，岩画总量多达十万余幅，时代纵跨上万年，这是内蒙古草原地区现存最为壮观的古代艺术画廊。此外，内蒙古自治区还拥有当今世界上保存最长、辐射面最广、影响最为深远的特殊文化线路——长城。全区共查明有战国燕、战国赵、战国秦、秦代、西汉、东汉、北魏、隋代、北宋、金代、西夏、明代修筑的长城墙体7570公里，有与长城相关的马面、敌台、烽燧、障城、关堡等各类遗存近万处，其附属遗址的数量、跨越的时代及墙体长度，都位居全国第一。这些林林总总的物质文化遗产都是内蒙古自治区珍贵的文化资源，是草原文明的重要实物载体，也是草原文化薪火相传的实物例证。

《内蒙古文化遗产丛书》以草原地区古代民族活动遗留下来的物质文化遗产为具体研究对象，对人类的生产生活、社会生活、精神生活进行"时"、"空"、"人"三维的全方位考察研究，以期对草原民族物质生活、精神生活以及制度体系进行客观定位，进而揭示社会文化的发展状况，人类文明的历史进程。人类起源问题是当今世界十大科学课题之一，草原人类从何而来？草原文明从哪发端？这也是困扰当今学术界的重大问题。内蒙古草原地带大窑遗址、萨拉乌苏遗址、金斯太洞穴遗址、扎赉诺尔遗址等一系列旧石器时代文化遗存的考古发现，证明中国北方草原地带的内蒙古自治区同样也是人类的重要发祥地之一，其学术意义是不言而喻的。而古代文明的起源与形成也是世界学术界倍加关注的课题之一。近年来，随着内蒙古文化遗产保护、发掘与研究工作的深入开展，广泛分布在蒙古草原地带的一些古代遗址与墓葬逐渐地被揭露与发现，不同历史时期的文物精品大量破土面世。特别是位于内蒙古东部地区红山文化遗址的考古发现，证明了中华民族文明的源头可以追溯到草原深处，内蒙古同样也是中华文明曙光升起的地方，草原文化与黄河文化、长江文化三位一体，已经构成了中华民族历史文明的三大主流文化。中华民族多元一体文化格局的建构，草原文化功不可没。

草原文化之所以有着如此强大的生命力与感召力，还在于她的开放性、包容性与文化内涵的博大精深。内蒙古自治区位于欧亚大陆的东端，蒙古高原的南部，作为世界历史上著名的"草原丝绸之路"，这里是东西文化交流的重要长廊，也是游牧文明与农耕文明交融和碰撞的特殊地带。特殊的区域位置与人文环境，创造了种类繁多、规模宏大、保存完好的城市文化遗产。在内蒙古自治区分布有北魏的盛乐都，辽代的上京城，元代的上都、黑城古城等中外闻名的城市遗址，围绕着这些大遗址，群星点点地分布着各类古代文化遗存，构成了草原丝绸之路商品交换的大通道，东西文化传播的主干线。

所以，分布在内蒙古自治区这些林林总总的物质文化遗产，反映了草原文化的庞大内涵，是草原文明最为直接而又形象的体现。文化是多元的，中华民族文化是多民族文化碰撞、融和、升华的结果，草原文化是中华民族文化构筑的一个重要板块，深化草原文化研究，考察草原文化的发展演进轨迹，探索草原文化与华夏文化碰撞、融合的历史进程，对于进一步弘扬中华民族文化具有重要的历史意义。

习近平总书记指出：一个国家、一个民族的强盛，总是以文化兴盛为支撑的，中华民族伟大复兴需要以中华文化发展繁荣为条件。中华优秀文化是我们民族永不褪色的名片、永不贬值的"硬通货"。同时要求我们要系统梳理传统文化资源，让收藏在禁宫里的文物、陈列在广阔大地上的遗产、书写在古籍里的文字都"活"起来。这是对我们文化工作者的一个总体要求，也是我们文化遗产保护事业发展的一个总方针。目前，内蒙古自治区的文化遗产保护事业蓬勃发展，草原文化研究欣欣向荣，重大考古发现层出不穷，学术研究成果斐然，文化遗产保护工作得到了社会的普遍认同，在弘扬中华民族传统文化、增强国民凝聚力与向心力、建设社会主义和谐社会等方面发挥着不可替代的重要作用。作为展示草原文化遗产的点睛之作，《内蒙古文化遗产丛书》以研究内蒙古文化遗产为主要内容，旨在进一步弘扬草原文化，传承草原文明，这是这套丛书付梓的重要意义。

是为序。

内蒙古自治区党委常委　宣传部部长

2014年7月25日

目 录

前言

陈永志

内蒙古自治区位于中国北方草原地带，作为世界上著名的"草原丝绸之路"，历史文化积淀深厚。目前已初步查明有各类文物遗址点2.1万余处，全国重点文物保护单位141处，自治区级重点文物保护单位319处，盟市旗县级别的文物保护单位700余处。这些林林总总的物质文化遗产，构成了草原文明的主体，展现出草原文化发展的完整脉络，是内蒙古自治区极为珍贵的文化资源。如何有效地利用这些丰厚的文化遗产，将文化遗产资源转化为强大的发展优势，这是我们每一个文物考古工作者所肩负的历史重任。党的十八大提出"两个一百年"的奋斗目标和实现中华民族伟大复兴"中国梦"的战略构想，而夯实中华文化的根基，展示中华文化的精粹，张扬中华文化的辉煌，是建设社会主义文化强国的根本，也是奔向"两个一百年"奋斗目标和实现中华民族伟大复兴"中国梦"最为有效的途径。

内蒙古自治区多草原、山地、沙漠的自然环境特点，使得历史上遗留下来的大量文物古迹完整地保存至今。内蒙古文化遗产的特色与优势就是地下埋藏文物丰富，文化内涵深厚，草原特色鲜明。近期，内蒙古自治区党委、政府提出了"8337"的发展思路，将内蒙古自治区建设成"体现草原文化、独具北疆特色的旅游观光、休闲度假基地"作为文化发展的战略目标，其主旨就是要充分发掘文化资源，彰显内蒙古自治区突出的文化资源优势，丰富草原文化的内涵。而文化遗产则是草原文化的主要承载体，是草原文明最为形象直观的体现。所以，对内蒙古自治区文化遗产的深入发掘、研究与展示，是弘扬草原文化、传承草原文明、建设民族文化强区的实际需要。

中华民族文化是多民族文化碰撞、融和、升华的结果，草原文化是中华民族文化的重要组成部分，而文化遗产则是草原文化的精粹，也是草原文化的核心内容。因此，对草原文化遗产的深入发掘与研究，对于提升草原文化在中华民族文化中的历史地位具有重要的意义。中华民族素以"声色文物之邦"著称于世，具有悠久的历史与光辉灿烂的文化。中华文化的特点首先是连绵不断，其次是多元一体，再次是具有鲜明的民族特色。世界上没有任何一个国家像中国一样，具有自旧石器时代起，历经新石器时代、青铜时代、铁器时代、历史时期直至近现代这样一个衔接完整的历史发展脉络，更没有一个国家的文化像中国的文化一样包罗万象、博大精深、源远流长，这也是中华民族之所以屹立于世界民族之林的一个重要原因。内蒙古自治区位于蒙古高原的南端，是草原丝绸之路的主干线，东西文化碰撞、交流的枢纽地带，中华民族文化以此为平台，向周边地区传播，从而推动了世界文明的发展。所以，草原文化在构建中华民族多元一体文化格局的过程中具有重要的作用，而构成草原文化核心内容的就是这些丰富多彩的草原文化遗产，这是内蒙古自治区重要的文化资源，也是建设民族文化强区强大的"软实力"。

习近平总书记指出：宣传阐释中国特色，要讲清楚每个国家和民族的历史传统、文化积淀、基本国情不同，其发展道路必然有着自己的特色；讲清楚中华文化积淀着中华民族最深沉的精神追求，是中华民族生生不息、发展壮大的丰厚滋养；讲清楚中华优秀传统文化是中华民族的突出优势，是我们最深厚的文化软实力。这是对我们国家文化遗产保护事业高屋建瓴的一个总体要求。近年来，随着内蒙古田野考古工作的深入开展，广泛分布在蒙古草原地带的一些古代城址与墓葬逐渐地被揭露与发现，不同历史时期的文物精品大量破土面世，草原文化的研究进入了一个全新的历史阶段。在新的历史条件下，为了进一步繁荣发展内蒙古自治区的文化遗产保护事业，深入弘扬草原文化，针对内蒙古自治区文化遗产的分布状况与文化特点，我们编写了这套《内蒙古文化遗产丛书》，对内蒙古自治区境内的文化遗产进行深入的发掘、研究与展示，目的就是让这些埋藏在地下的文化遗产充分地"活"起来，以期讲好中国故事，传播好中国声音，为建设内蒙古文化强区尽绵薄之力。

《内蒙古文化遗产丛书》分为《呼和浩特文化遗产》、《包头文化遗产》、《乌海文化遗产》、《赤峰文化遗产》、《通辽文化遗产》、《呼伦贝尔文化遗产》、《鄂尔多斯文化遗产》、《乌兰察布文化遗产》、《巴彦淖尔文化遗产》、《兴安文化遗产》、《锡林郭勒文化遗产》、《阿拉善文化遗产》共12卷本，根据内蒙古自治区的行政区划按盟市为单位分别编写。所介绍的内容为传统意义上的物质文化遗产，空间范围以内蒙古自治区辖境为基本覆盖范围，时间范围为旧石器时代至近现代，具体为不同历史时期遗留下来的古遗址、古墓葬及相关文物，涵盖历史、文学、艺术、语言、宗教、哲学、教育、民俗诸多方面的内容。重点以各盟市所辖范围内的全国重点文物保护单位、自治区级重点文物保护单位和市县级重点文物保护单位为主，同时包括其他未定级别的文物遗址与重要的考古发现，并配以图片及相关佐证材料，力求客观真实。

本系列丛书为内蒙古自治区"草原英才"工程项目成果之一，同时也是献给内蒙古自治区文物考古研究所建所60周年的隆重大礼。我们力求通过本系列丛书将内蒙古自治区境内的文化遗产状况全面、系统、真实地反映出来，为建设发展的内蒙古、繁荣的内蒙古、文化的内蒙古贡献自己的一份力量。囿于编者的学识与水平，本系列丛书难免有这样或那样的不足之处，敬请各位读者批评指正。

内蒙古文化遗产概论

陈永志

内蒙古自治区地域辽阔，呈东北向西南斜伸的狭长形，总面积约118.3万平方公里。在漫长的地质历史演化的过程中，形成了高山、草地、平原、盆地、沙漠戈壁等复杂的自然环境风貌。这些复杂的自然环境，同时也造就了内蒙古地区多元化的人文环境风貌。从旧石器时代的"大窑人"，到新石器时代的"红山人"，再到青铜时代的"夏家店人"，一直到后来的北狄、匈奴、鲜卑、突厥、回鹘、契丹、女真、蒙古等民族，这些草原民族经过世代繁衍生息，交往融合，形成了雄厚的历史文化积淀，造就了博大精深的草原文化遗产。对这些草原文化遗产的突出普遍价值的正确认知，是深入发掘内蒙古自治区文化资源的需要，也是建设文化强区的必要保障。

一　内蒙古物质文化遗产概况

文化遗产包括遗存与遗物两大部分，主要涉及人类社会政治、经济、文化、军事、宗教等诸多方面。遗存主要有古

锡林郭勒盟金斯太旧石器时代洞穴遗址

城市遗址、古墓葬、古建筑等，还有长城、界壕、驿道等复合型的特殊遗址；遗物主要有金银器、青铜器、碑刻、岩画、货币、雕塑、陶瓷、丝织品等。目前已初步查明内蒙古自治区有各类文物遗址点2.1万余处，全国重点文物保护单位141处，自治区级重点文物保护单位319处，盟市旗县级别的重点文物保护单位700余处。这些珍贵的文化遗存，构成了草原文明的主体，展现出草原文化发展的完整脉络。

旧石器时代是草原文化的滥觞时期，位于中国北方的内蒙古自治区同样也是人类的重要起源地之一。目前为止，在内蒙古自治区发现的旧石器时代遗址就达三十余处，其中以呼和浩特东郊发现的大窑遗址、鄂尔多斯发现的萨拉乌苏遗址、锡林郭勒发现的金斯太洞穴遗址、呼伦贝尔发现的扎赉诺尔遗址最为典型。大窑遗址位于呼和浩特市大窑村南，以发现的旧石器制造场及四道沟典型的地层剖面为重要的考古学依据。第一层为表土层，形成于全新世；第二层为马兰黄土层，形成于晚更新世晚期；第三层为淡红色土层，形成于晚更新世早期；第四层至第七层为离石黄土层，形成于更新世中期。在第四层底部发现有肿骨鹿化石，还有远古人类打制的石片、刮削器、砍砸器、石刀和石核等石制品，其时代属于旧石器时代早期，距今约50万年。鄂尔多斯萨拉乌苏旧石器时代遗址，发现于1922年，其后经过多次调查，在此地相继发现了顶骨、额骨、枕骨、股骨、胫骨、腓骨19件化石。其中有六件人骨化石是从晚更新世原生地层里发现的，学术界命名为"萨拉乌苏文化"，属于旧石器时代晚期，距今5万至3.7万年。锡林郭勒盟东

赤峰市魏家窝铺红山文化遗址发掘现场

赤峰市二道井子遗址考古发掘现场

型的是准格尔旗大口村的"大口二期文化"和伊金霍洛旗的"朱开沟文化"。在朱开沟文化的第五段遗存内，发现鄂尔多斯式青铜戈，从而将鄂尔多斯式青铜器的时代上限上溯到二里冈上层文化时期，也就是商代早期。经过考古发掘证明，以"鄂尔多斯式青铜器"为代表的"朱开沟文化"，是属于商周时期中国北方少数民族的文化遗存，其时代下限距今2500年左右。

秦汉、魏晋之际是中国历史上各民族走向大一统、大融合的重要历史阶段。秦汉王朝为稳定边疆统治，在内蒙古地区营建大小边疆城镇，并屯垦开发。初步统计，内蒙古地区有秦汉时期大小城镇多达四十余座，目前能够确定其地望的城址主要有以下几例：云中郡为托克托县古城村古城，沙陵县城址为托克托县哈拉板申村东古城，沙南县城址为准格尔旗十二连城域，侦陵县城址为托克托县章盖营子古城，北舆县城址为呼和浩特塔布陀罗海古城，阳原县城址为呼和浩特市郊八拜村古城，武泉县城址为卓资县三道营子村古城，五原郡治所为乌拉特前旗三顶帐房古城，临沃县城址为包头市麻池村古城，定襄郡治所成乐城为和林格尔县上城子古城，桐过县城址为清水河县上城湾古城，安陶县城址为呼和浩特市郊陶卜齐古城，武城县城址为和林格尔县榆林城古城，临戎县城址为磴口县补隆淖乡河拐子古城，窳浑县城址为磴口县沙金陶海保尔浩特古城，朔方郡治所三封县城为磴口县陶升井古城，美稷县城址为准格尔旗纳林镇古城，广衍县城址为准格尔旗瓦尔吐沟古城，沃阳县城址为凉城县双古城古城，右北平郡治所平刚县城为宁城县甸子乡黑城古城。这些秦汉时期城市遗址在魏晋南北朝时期继续沿用，成为鲜卑族南迁汉化的重要跳板。其中拓跋鲜卑南下建立的第一座都城盛乐城在今天的和林格尔县土城子古城，是内蒙古中南部最大的城市遗址，而北魏云中宫所在地就在今托克托县古城村古城。围绕着这两座古城，还分布有北魏重要的军事重镇，其中的沃野镇城址为乌拉特前旗苏独仑乡根子场古城，怀朔镇城址为固阳县城库伦古城，武川镇城址为武川旦乌兰不浪乡土城梁古城，抚冥镇城址为四子王旗库图城卜子古城，柔玄镇城址为察哈尔右翼后旗白音查干古城。目前在内蒙古地区共发现有秦汉魏晋时期的文物遗址多达三千余处，东西分布众多的城市遗址是这一特殊历史时期古代内蒙古地区多民族文化碰撞、融合、升华的实物见证。

内蒙古隋唐时期的文物遗址较少，目前初步统计有三百余处，这些文物遗迹也主要以城市遗址为主，目前能够认定其性质的主要有以下几例：隋代朔方郡长泽县城址为鄂托克前旗城川古城，榆林郡治所胜州城址为准格尔旗十二连城，富昌县城址为准格尔旗天顺圪梁古城，金河县城址为托克托县七星湖村古城，五原郡治所丰州城为乌拉特前旗东土城村古城。唐王朝为了加强对北方边疆地带的控制，实行节度使与羁縻州制度，内蒙古地区唐代的城镇多属于羁縻州府。其中振武节度使与单于都护府同驻一城，城址在今和林格尔县土城子古城，东受降城在今托克托县的大皇城古城，胜州城址在今准格尔旗十二连城古城，河滨县城址在今准格尔旗天顺圪梁古城，长泽县城

呼和浩特市和林格尔盛乐古城遗址发掘清理的汉代砖室墓

呼和浩特市和林格尔汉墓壁画——庄园图

在今鄂托克前旗城川古城，白池县城址在今鄂托克前旗二道川的大池古城，天德军城址在今乌拉特前旗陈二壕古城，中受降城址在今包头市傲陶窑子古城，兰池都督府城址在今鄂托克前旗三段地乡的巴拉庙古城，饶乐都督府城址在今林西县樱桃沟古城。这些隋唐时期的城址，大部分保存完好，城内遗迹丰富，出土文物精美。

辽金元时期内蒙古地区的文物遗址最为丰富，多达1.1万余处。这些文物遗址规模宏大，种类庞杂，精品众多，在世界文明史上具有重要的历史地位。位于内蒙古东部的赤峰市辖区，历史上是辽王朝的京畿地区，契丹人的政治中心。在这一地区分布有辽上京、辽中京两大都城，还分布有辽祖陵、辽怀陵、辽庆陵三大皇族陵寝。在辽代，中国北方草原地带开始了大规模的城市建设，据《辽史》记载，辽朝有"京五、府六、州军城百五十六、县二百有九"。目前能够确认的辽代城市遗址有两百余座，其中最为著名的上京临潢府城址在今巴林左旗林东镇，中京大定府城址在今宁城县大明城。除辽代京城以外，还有一些著名的州县城，如龙化州城址为今奈曼旗孟家段古城，永州城址为今翁牛特旗白音他拉古城，武安州城址为今敖汉旗丰收乡白塔子古城，丰州城址在今呼和浩特白塔古城，祖州城址在今巴林左旗石房子古城，庆州城址在今巴林右旗索博力嘎古城，通化州城址在今陈巴尔虎旗浩特陶海古城等。金代城址也多沿用辽代城址，其中北京路城址为今宁城县大明城，武平县城址在今敖汉旗白塔子古城，临潢府路城址在今巴林左旗林东镇南古城，长泰县城址在今巴林左旗十三敖包乡古城，西京路所属丰州城址在今呼和浩特市东白塔古城，东胜州城址在今托克托县的大皇城和小皇城，宁边州城址在今清水河县下城湾古城，净州城址在今四子王旗吉生太乡城卜子古城，桓州城址在今正蓝旗四郎城古城，集宁县城址在今察哈尔右翼前旗巴彦塔拉乡土城子古城，振武镇城址在今和林格尔土城子古城，宣宁县城址在今凉城县淤泥滩古城，天成县城址为今凉城县天成村古城等。金代的城市一般年代跨度较小，规模不显，但同样也被后来的元朝沿用与开发。古代的内蒙古地区是元朝的肇兴之地，此地建有元朝的开国之都——元上都，还分布有一系列的路府州县城市，文物遗迹丰富。世界著名的元上都城址位于今正蓝旗五一牧场内，城垣面积达四平方公里之多，是当时国际性的大都会。以元上都城址为中心，元代的城市遗址可以说是星罗棋布。成吉思汗母亲月伦太后和幼弟斡赤斤在其封地内兴筑的城郭位于今鄂温克族自治旗辉苏木巴彦乌拉古城，成吉思汗二弟哈撒儿在其封地内兴筑的城郭为今额尔古纳右旗黑山头古城，汪古部兴建的德宁路古城为在今达尔罕茂明安联合旗敖伦苏

赤峰市辽代上京城皇城内清理的塔基遗址

通辽市辽陈国公主墓发掘现场

木古城，元代砂井总管府城址为今四子王旗红格尔苏木大庙古城，元代集宁路城址在今察哈尔右翼前旗巴彦塔拉乡土城子古城，净州路城址在今四子王旗吉生太乡城卜子占城，弘吉剌部在其封地内兴筑的应昌路城址为今克什克腾旗达尔罕苏术鲁王城，全宁路城址为今翁牛特旗乌丹镇西门外古城，亦乞列思部兴建的宁昌路城址在今敖汉旗五十家子村，上都路下属的桓州城址为今正蓝旗四郎城，松州城址在今赤峰市红山区西八家占城，兴和路下属的威宁县城址在今兴和县台基庙古城，丰州城址在今呼和浩特市东白塔古城，云内州城址在今托克托县西白塔古城，东胜州城址在今托克托县大皇城，红城屯田所在今和林格尔县小红城古城，大宁路城址在今宁城县大明城，高州城址在今赤峰市松山区哈拉木头古城，兀剃海路城址在今乌拉特中旗新忍热古城，亦集乃路城址为今额济纳旗黑城。这些元代城市遗址呈扇形分布在中国北方的内蒙古草原地带，构成了规模宏大而又自成体系的文化遗产景观，是草原丝绸之路上的重要城市遗址，也是内蒙古自治区文化遗产的核心所在。

二 内蒙古文化遗产资源的特色与优势

内蒙古自治区地域辽阔，多山地、草原、沙漠的自然环境特点，加之人为干扰较少，使得地上、地下文化遗存大部分得以完整地保存下来。所以，内蒙古自治区文化遗产最大的特点是保存完整、种类丰富、精品辈出。特别是近几年，内蒙古自治区重要考古发现不断出现，文化遗产保护事业成绩斐然，现已形成具有民族与地域特色的文化遗产体系，彰显内蒙古自治区文化发展的强势与巨大的潜力。

1972年，在盛乐古城南发现的小板申东汉壁画墓，发现保存完好的壁画56组，57幅，榜题250条，是目前研究东汉庄园制度最为完整的实物资料。1986年，在通辽奈曼旗青龙山发掘的辽陈国公主墓，出土三千多件（组）金、银、玉质地的珍贵文物，

赤峰市耶律羽之墓耳室墓门

赤峰市宝山辽墓壁画《寄锦图》

其中金属面具、银丝网络以及璎珞、琥珀饰件堪称辽代文物之奇珍。辽陈国公主墓的考古发掘，被评为"七五"期间全国重要考古发现。1992年，在赤峰阿鲁科尔沁旗发掘的耶律羽之墓，墓内出土了大量金银器皿及五代时期的珍贵瓷器，其中孝子图纹鎏金银壶、盘口穿带白瓷瓶最为名贵。1994年，赤峰阿鲁科尔沁旗发现一座辽代贵族墓葬，墓室内发现了大面积精美的壁画，主要有《贵妃调鹦图》、《织锦回文图》、《高逸图》、《降真图》，壁画题材丰富，对于研究辽代的绘画艺术提供了弥足珍贵的实物资料。2003年，在通辽吐尔基山再次发现一座保存完好的辽代贵族墓葬，墓内出土有精美的彩绘木棺，棺内墓主人身着十层华丽的丝织衣物，伴出有金牌饰、金耳饰、金手镯及成串铜铃等，另外还发现有鎏金铜铎、银角号、包金银马具等大批珍贵文物，显示了辽文化的繁荣与昌盛。上述三项辽代重要的考古发掘，分别被评为1992年、1994年和2003年度的"全国十大考古新发现"。

2003年，位于乌兰察布市察哈尔右翼前旗集宁路古城，发现了一处完整的市肆遗迹及四十余处器物窖藏，出土了釉里红玉壶春瓶、青花高足碗、卵白釉"枢府"铭盘、青釉龟形砚滴、青釉荷叶盖罐、月白釉香炉等珍贵瓷器三百余件，其他瓷器标本上万件。由此，集宁路古城遗址被评为2003年度"全国十大考古新发现"。另外，内蒙古文物工作者还对元上都遗址进行了大规模的考古勘探与发掘。发掘清理了御天门、大安阁、穆清阁等重要文物遗迹，真实地再现了元代皇城的宏伟规模，极大地彰

通辽市吐尔基山辽墓主墓室

显了元上都遗址的突出价值。鉴于元上都的特殊历史地位，联合国教科文组织于2012年将其列入世界文化遗产名录——这是内蒙古自治区第一个世界文化遗产。

2009年，赤峰市二道井子夏家店下层文化遗址的考古发掘，揭露面积3500平方米，清理房屋、窖穴、灰坑、墓葬、城墙等遗迹单位近三百处，出土各类文物近千件，该遗址被评为中国社会科学院2009年度"中国六大考古新发现"和2009年度"全国十大考古新发现"。2010年，内蒙古自治区文物考古研究所在通辽市科尔沁左翼中旗舍伯吐镇哈民芒哈发现了一处距今约5500年前的大型史前聚落遗址。共清理出房址43座，墓葬6座，灰坑33座，环壕1条。出土陶器、石器、骨器、蚌器、玉器等文物近千件。特别重要的是，发现了保存完好的半地穴式房屋顶部的木质构架结构痕迹，为近年来东北地区史前考古的重大发现。哈民遗址的考古发掘由此被评为中国社会科学院2011年度"中国六大考古新发现"和2011年度"全国十大考古新发现"。

内蒙古自治区也是我国古代岩画资源最为富集的地区。在锡林郭勒盟、乌兰察布市、巴彦淖尔市、阿拉善盟、乌海市等地，发现古代岩画十万余幅，以阴山岩画、曼德拉山岩画、乌兰察布岩画、桌子山岩画最为典型，时代纵跨上万年。这些岩画以古阴山山脉为中心，东西横亘几千公里，堪称世界上最长的、内容最为丰富的古代艺术画廊。长城是集系统性、综合性、群组性于一身具有突出普遍价值的世界文化遗产，它是当今世界上保存最长、辐射面最广、影响最为深远的文化线路。在内蒙古自治区

乌兰察布市集宁路古城清理出的市肆大街遗址

境内共分布有战国燕、战国赵、战国秦、秦代、西汉、东汉、北魏、隋代、北宋、金代、西夏、明代修筑的长城。这些长城分布于全区12个盟市的76个旗县，总计长度达约7570公里，单体建筑、关堡和相关遗存总数达九千六百余处。内蒙古自治区的长城资源总量，占到了全国长城资源总量的三分之一，无论是时代之多还是体量之大，在全国16个有长城分布的省、自治区、直辖市中，都是位居第一。

与考古发现相辅相成的是一大批珍贵文物的出土。目前全区共有馆藏文物50万件（组），其中国家一级文物1790件，二级文物4050件，三级文物6545件。这些文物时代特征鲜明，民族特色浓郁，是内蒙古自治区重要的文化资源。在内蒙古赤峰地区发现的红山文化碧玉龙，堪称"中华之最"，中华文明的曙光。鄂尔多斯市霍洛柴登出土的匈奴王鹰形金冠饰、虎牛咬斗纹金带饰等珍贵文物，是匈奴贵族单于王的重要遗物。乌兰察布市发现的"虎噬鹰"格里芬金牌饰、金项圈，象征着匈奴王权的尊贵与威严。呼伦贝尔市、通辽市、乌兰察布市等地发现的"叠兽纹"、"三鹿纹"金牌饰以及其他的金冠饰、金带饰等文物，都是鲜卑贵族使用的代表性装饰品。赤峰市喀喇沁旗出土的双鱼龙纹银盘、鱼龙纹银壶、波斯银壶，是唐代"草原丝绸之路"上发现的一批重要文物。辽代陈国公主墓出土的黄金面具、龙凤形玉配饰，耶律羽之墓出土的褐釉鸡冠壶、双耳穿带瓶，吐尔基山辽墓出土的彩绘木棺、鎏金宝石镜盒以及造型各异的瓷器、金器、玉器及装饰奢华的马具等，是辽代文物的精品。元上都遗址出土的汉白玉龙纹角柱与柱础，再现了元代皇家宫城建筑的华丽与辉煌的气势。金马鞍是体现蒙古族游牧与丧葬风俗的绝品文物，具有游牧民族"四时迁徙，鞍马为家"的文化特点，又是蒙古贵族"秘葬"风俗习惯的真实反映。而八思巴字的圣旨令牌，是代表元朝皇权的典型文物，既是传达皇帝圣旨与政令的信物，也是蒙元时期军政合一的政治体制特点与国家驿站制度的综合体现。元代瓷器类文物首推青花、釉里红瓷器，其中以包头燕家梁出土的青花大罐，集宁路出土的青花梨形壶、釉里红玉壶春瓶最为珍贵。这些林林总总的文化遗产是内蒙古自治区珍贵的文化资源，是草原文明的主要实物载体，也是草原文化薪火相传的重要实物例证。

三 充分发掘草原文化遗产的重要意义

目前，内蒙古自治区文化遗产保护事业蓬勃发展，取得了累累硕果。重要的考古发现层出不穷，学术研究成果斐然，有力地保障了内蒙古自治区文化事业的健康发展。文化遗产日益成为促进经济社会和谐发展的重要因素，在弘扬中华传统文化、增

锡林郭勒盟元上都古城穆清阁遗址

强国民凝聚力和向心力、建设社会主义和谐社会等方面发挥着不可替代的重要作用。

　　首先，文化遗产的发掘研究夯实了草原文化研究的理论基础。内蒙古地区的一系列重大考古发现，极大地丰富了草原考古学文化的内涵。如通过对内蒙古呼和浩特东郊大窑旧石器遗址的考古发掘，发现属于旧石器文化的石器制造场与其他的人类遗迹，相当于北京周口店第一地点的文化面貌，将内蒙古地区人类的历史提升到了50万年；再如红山文化遗址及典型文物碧玉龙的发现，堪称中国第一缕文明的曙光。红山诸文化考古序列的确立，如同中原地区第一次从地层上明确划定了仰韶文化、龙山文化、商文化的时间序列的意义一样，将中国文明的历史从发端到发展的历史脉络勾勒得一清二楚，填补了中国考古学文化的空白，极大地完善了草原文化研究的序列与谱系。

　　其次，对文化遗产的发掘研究，关系到"两个一百年"奋斗目标和中华民族伟大复兴"中国梦"的实现，也是提高国家文化软实力、建设文化强区的时代需要。文化遗产是一个时代、一个民族文化与文明的物化遗留，是民族文化的精粹，是人们唯一能够看得到、摸得着的文化实体，具有无可比拟的感召力与影响力，也是人类社会可持续发展的重要因子。因此，文化遗产也是人类社会重要的文化资源，对其进行深入

阿拉善盟曼德拉山岩画《狩猎图》

巴彦淖尔市小佘太秦长城遗址

的发掘研究，既是对优秀民族文化的继承与认知，也是为建设文化强区提供精神动力与智力支持。所以，将丰富的文化遗产资源优势转化为强大的发展优势和发展动力，在文化建设上实现新的跨越，这也是提升国家文化软实力、建设文化强区的迫切需要。

再次，对文化遗产的发掘研究，是让文化资源惠及民众的必然要求及有效途径，也是文化大发展、大繁荣的时代需要。文化遗产是国家重要的文化资源，承载的信息量丰富，知名度高，对社会的影响巨大，是丰富人民精神世界、增强人民精神力量的重要介质。人民群众是文化遗产的所有者、鉴赏者和传承者，文化遗产保护必须依靠人民群众，文化遗产保护成果也必须惠及社会，融入社会，为民造福。文化遗产是中华民族文化的结晶，也是中华民族多元一体文化格局的实物见证。弘扬社会主义先进文化，增强全民族文化创造活力，推动文化事业全面繁荣发展，这就是我们实现文化遗产价值的现实需要，也是我们要保护、弘扬文化遗产的根本目的。

包头市文化遗产综述

张海斌

包头，是蒙古语"包克图"的谐音，意为"有鹿的地方"，是随着国家"一五"、"二五"计划的实施逐步发展起来的新兴工业城市，也是内蒙古自治区重要的工业城市，素有"草原钢城"、"稀土之都"的美誉。包头地处祖国北疆，位于内蒙古自治区西部。地理坐标为东经109°50′至111°25′、北纬41°20′至42°40′，面积为27768平方公里。南隔黄河与鄂尔多斯相望，东与呼和浩特、乌兰察布市为邻，西与巴彦淖尔市交界，北与蒙古国接壤。下辖九个区旗县和一个国家级稀土高新技术产业开发区。九个区旗县分别是昆都仑区、青山区、东河区、九原区、石拐区、白云矿区、土默特右旗、达尔罕茂明安联合旗、固阳县，常住人口269万，其中城镇人口217万，有蒙、汉、回、满等43个民族。

一 包头市自然环境及资源概况

包头辖境南北长，东西短，总体属地形起伏不大的高原地貌，由北部丘陵，中部山岳和南部平川三大地貌单元构成。山地占地面积14.49%，丘陵草原占地面积75.51%，平原占地面积10%。南部黄河自西向东流过，中部阴山山脉东西横亘，阴山南、黄河北是狭长的平原地带，是土默川平原和河套平原衔接过渡地带。阴山以北为丘陵草原。阴山山脉过境地段东西长约145公里，南北宽约50公里，群峰连绵，层峦叠嶂，南坡陡峭，北坡舒缓。主要有大青山、乌拉山以及色尔腾山组成，以昆都仑河谷为界，以东为大青山，以西为乌拉山。大青山向东蜿蜒至呼和浩特市以东，主峰海拔2338米，乌拉山向西绵延末于河套平原，主峰大桦背2324米。色尔腾山位于乌拉山北，较为低缓，由东向西进入本市，向东与大青山合拢交会，海拔1800~2000米。

包头光能资源丰富，属富光区，年日照时数2955~3255小时。全市年平均气温2.3~7.7℃，气温变化从南向北递减，且幅度较大。夏季6~8月份大青山南部平均气温在20℃以上，山北大都低于20℃，冬季1月份大青山北部低于-15℃，山南高于-15℃。属中温带气候区，南北差异较大。山南山北降水量少，雨热同期，属于半干旱地区，年降水量240~400毫米，年际变率大，最多可相差五倍，年降水量从东向西，从南向北递减，山区大于平原，山南大于山北；降水量年内分布不均，主要集中在7、8月份，占年降水量一半。

包头的矿产资源具有种类多、储量大、品位高、分布集中、易于开采的特点，尤以金属矿产储量较为丰富，稀土资源得天独厚，已发现矿物74种，主要金属矿有铁、稀土、铌、金等30个矿种，非金属矿有石灰石、白云岩、脉石英等40个矿种，能源矿有煤、油页岩等。

二　包头市历史与沿革

包头在距今六千年以前包头始有人类定居活动。经对大青山台地阿善和西园新石器时代遗址的发掘，证实仰韶时代早中和晚期及仰韶时代向龙山时代过渡时期及龙山时代晚期包头均有人类活动文化遗存。多数学者认为，商代鬼方在包头地区。西周时期猃狁（又叫犬戎）十分活跃，经常威胁西周京城镐京。有的学者认为其活动在内蒙古西部。战国时期林胡活动于包头一带。

战国七雄之一的赵国，到赵武灵王（公元前325～前299年）时，实行著名的军事改革，即"胡服骑射"，使赵国跃为一个军事强国。赵武灵王二十六年（公元前300年），赵武灵王拓地九原（城址为今包头市九原区麻池城址北城），在大青山、乌拉山南麓修筑长城。秦时大将蒙恬于秦始皇三十二年（公元前215年）夺取河南地（今鄂尔多斯高原西北），第二年设置34县（或说44县）。筑长城，自九原至云阳（今陕西淳化县）修直道。秦末农民起义、楚汉相争之际，匈奴复占领河南地。西汉时汉武帝元朔二年（公元前127年）将军卫青率兵夺取河南地，置五原（九原郡改称五原郡）、朔方郡。五原郡郡治九原（包头市九原区麻池城址北城），归属朔方刺史部。汉武帝元封元年（公元前110年），汉武帝亲率18万大军，巡边到单于台，途径包头。汉宣帝甘露二年（公元前52年），匈奴呼韩邪单于款五原塞（今固阳县秦长城），愿在甘露三年正月朝汉。汉元帝竟宁元年（公元前33年），昭君出塞从包头过黄河出阴山。王莽扰乱匈奴，数年之间，北边虚空，野有暴骨。

光武帝建武元年（公元25年），东汉立国。建武五年（公元29年），匈奴在九原县立卢芳为汉帝，据有五原、朔方、云中、定襄、雁门五郡。建武十六年（公元40年），卢芳逃到匈奴，五原等郡回归东汉王朝。仍设五原郡，郡治九原，归属并州刺史部。东汉初年，匈奴继续南下，边郡人民颇多内徙。建武二十四年（公元48年），呼韩邪单于比率部众到五原塞请求内附。匈奴分裂为南北两部。南匈奴各部安置于边境各郡，其中当于骨都侯部在五原。建武二十六年（公元50年）北边渐趋稳定，鼓励当初内迁人民重回边郡，云中、五原、朔方、北地、定襄、雁门、上谷、代八郡民归于本土。此后，北边诸郡若干地区出现汉族与匈奴族错居现象。东汉后期，北匈奴为窦宪、耿秉击破，鲜卑、乌桓活跃于匈奴故地。由于鲜卑侵扰，永和五年（140年）朔方郡治迁五原郡。桓帝初年，150年以后，鲜卑檀石槐在高柳（今山西阳高县）北三百里的弹汗山啜仇水上建立牙帐，组成强大的草原部落大同盟，占有了匈奴故地，即为漠北大草原和内蒙古北部地区。鲜卑东西部大人都归属于他。他属下分为三部，其西部大人之一的推寅，据考证即是拓跋鲜卑的祖先，第二推寅邻。献帝建安二十年（215年），曹操罢省云中、定襄、朔方、五原等郡，置新兴郡，领一县以统旧民。包头尽为鲜卑占据。

早在180年后，拓跋鲜卑从漠北南下时，就落足于五原郡北部的匈奴故地。拓跋部始祖——神元皇帝力微，于魏文帝黄初元年（220年），投靠五原的没鹿回部大人窦宾，在五原兴起。魏高贵乡公甘露三年（259年）拓拔部迁都盛乐（今和林格尔县盛乐古城址）。308年，力微的孙子猗卢总摄各部，掠夺并州杂胡，把他们迁到云中、五原、朔方。365年，前秦王苻坚到北方巡视，设立了朔方郡和五原郡。四世纪末，拓跋珪在盛乐附近"息众课农"，派他的堂弟东平公元仪，带着三万余家在五原到稒阳塞一带开荒屯田，发展农业生产。

北魏立国之初即开始北征高车，并把大批高车人移到云中、五原，以充实北疆防务。大部高车人南迁之后，在大漠南北又出现了一个强大的部族——柔然。北魏前期曾多次征讨柔然，并在阴山北筑长城，设置著名的六镇。北魏六镇自西向东为沃野镇、怀朔镇、武川镇、抚冥镇、柔玄镇、怀荒镇。怀朔镇（今固阳县怀朔镇城圐圙村南）大将往往是兼领武川和沃野二镇军事。523年3月至525年6月爆发北魏六镇起义，之后"六镇荡然，无复落掸"。534年，北魏分为东魏、西魏，后被北齐、北周替代。北齐和北周大抵沿大青山和乌拉山交界的昆都仑沟为界。581年，隋统一全国，在土默川地区设榆关总管，在河套地区设丰州，各下属两个县，主要驻扎军队，防御突厥南下。包头境内隋代至唐初为突厥人驻牧地，无任何建置。唐中宗景龙二年（708年），归唐关内道丰州中受降城（今稀土高新区滨河新区敖陶窑子城址）管辖。唐朔方军总管张仁愿于黄河北筑三受降城，其间，唐玄宗开元十年至天宝八年（723～750年）安北都护府设在中受降城。

辽征服阴山地区后，在其西部设立代北云朔招讨司，后改为云内州，归开远军下节度。云内州下设柔服（今呼和浩特市托克托县城址镇白塔城址）、宁人二县，治柔服。包头大部属云内州管辖，境内西部地区归西夏（1032～1227年）黑山威福军司管辖。1125年，金占领云内州后，仍沿辽旧称云内州。将黄河以南领地划给西夏。辖柔服、云川两县及宁人镇。金太宗天会七年（1129年）迁奚族第一、第三部到云内州守戍，云内州人口达二万四千八百六十八户。云内州生产青镔铁，驰名全国，成为金国著名产铁基地之一。辽金时期阴山以北有汪古部活动。汪古部活动中心在安答堡子（今达尔罕茂明安联合旗达尔罕苏木城址子城址），为金守界壕。

元时包头为腹里，归大同路云内州管辖。云内州领一县，州治柔服县，元初废金国云川县，设录事司，1267年即至元四年省司，县入州。云内州农业、陶瓷业发达。元诗人刘秉忠有诗描绘云内州的风光："出边弥弥水西流，夹路离离禾黍稠"。阴山北部为汪古部领地，汪古部首领阿剌兀思剔吉忽里早在1204年就归附了成吉思汗，并出兵帮助成吉思汗，所以成吉思汗"授开国有功者"九十五个千户中，就有汪古部五千户。成吉思汗还把他的三女儿阿剌海别吉嫁给汪古部长。阿剌海别吉号"监国公主"，史称公主"明惠有智略。祖宗征伐四出，尝摄留务，军国大政，率谘禀而后行，师出无内顾之忧公主之力居多"（阎复：驸马高唐忠献王碑，《元文类》卷二十三）。汪古部领德宁路、净州路、集宁路、砂井总管府及安答堡子等，德宁路故城为汪古部首府，即敖伦苏木城址，在达尔罕茂明安联合旗百灵庙北；净州路故城在四子王旗吉生太乡城卜子村；集宁路故城在察哈尔右翼前旗巴彦塔拉乡土城子村；砂井总管府在四子王旗红格尔苏木大庙西南；安答堡子在达尔罕茂明安联合旗达尔罕苏木古城子地方。云内、东胜、丰州三地始终隶属于大同路，是中书省的直辖地。

明朝建立后，其边界到达了阴山以南广大地区。明太祖洪武四年（1371年）设置东胜五卫，屯田戍边。下属五花所。成祖永乐元年（1403年），撤销了东胜卫，1426年鉴于蒙古的不时侵犯，又恢复了云内州和丰州建置。土木堡之变（1449年）后，明英宗被俘，河套成为蒙古族牧地。1510年达延汗收复了右翼三万户，完成了统一蒙古大业，成为蒙古大汗。达延汗驻察哈尔万户，统领左翼三万户；任命他的三子巴尔斯博罗特为济农，统领右翼三万户。巴尔斯博罗特又将右翼三万户进行调整，其中次子阿勒坦汗（明史称俺答）为土默特万户（又称十二土默特，即十二个部落）首领，在明代中晚期包头是其统治中心。阿勒坦汗的政治中心即今土默特右旗美岱召镇的美岱召城堡，其晚年佞佛久居的地方青山，即今达尔罕茂明安联合旗百灵庙镇北42公里的敖伦苏木城址。明世宗嘉靖二十一年（1542年）衮必里克墨尔根济农去世后，阿勒坦汗统领右翼三万户。蒙古可汗封他为"索多汗"。穆宗隆庆五年（1571年），明封阿勒坦汗为顺义王。阿勒坦汗将藏传佛教引入蒙古大地，废除萨满教，与明朝通贡互市，开发土默川。

1627年察哈尔大汗林丹汗兴起，占据归化城。崇祯元年（1628年），林丹汗被后金（即清）大军追赶，率部西奔。崇祯五年（1632年）林丹汗战败，土默特部归降清朝。后来，又将土默特部分为二旗。清朝认为土默特部"地为我朝赏还之地"，不是"带地投诚"，所以不设札萨克，改为都统、副都统。属理藩院管辖。以古禄格为左翼都统，杭高为右翼都统，统领两翼。以托博克为三等参领，隶属于右翼，称台吉。两旗共十二甲，六十佐领。托博克为阿勒坦汗后裔，姓巴拉格特，为包头巴姓之祖。

清顺治五年（1648年），在土默特西境、西北境设乌拉特三旗；顺治十年（1653年）、康熙三年（1644年）在土默特北境分别安置喀尔喀右翼旗（达尔罕旗）、茂明安旗。

清乾隆元年（1736年）在归化城东2.5公里建绥远城，历四年建成。朔州左卫之建威将军移驻于此，绥远将军作为归化地区及西二盟（乌兰察布和伊克昭盟）最高军事长官，后来，两翼旗都统事务也划归将军管理。乾隆二十八年（1763年）裁撤土默特两翼旗都统，称归化城副都统，改为清廷委派八旗"流官"充任，受绥远城将军节制。

为适应西北用兵的需要，清康熙、雍正、乾隆时期，在土默川大力推行移民屯垦政策。汉族人口日增，垦地日广。包头地区的汉民管理，雍正元年（1723年）设归化城理事同知，隶属于山西大同府，雍正七年（1729年）改隶山西朔平府。雍正十二年（1734年），萨拉齐设笔帖式（协理通判）一员，与同知协办事务。乾隆六年（1741年）设归绥道，归山西管辖，驻归化城，萨拉齐协理通判隶属归绥道。乾隆二十五年（1760年）增置归化、托克托城、清水河、萨拉齐、和林格尔通判五员，并属归绥道。正式将五协理通判升为理事通判厅，称为"口外五厅"，后又增加到七厅、十二厅。包头由萨拉齐理事厅管辖。光绪十年（1884年），理事厅改称抚民理事厅。光绪二十八年（1902年），增设五原、武川抚民理事厅等。五原厅治隆兴长，寄治包头镇（今东河区）。包头大青山后寄居民部分为武川厅管辖。

嘉庆十四年（1809年），裁善岱巡检（从九品，掌捕盗贼，诘奸宄。置于州县关津险要地），新设包头巡检，自此包头改村为镇。包头巡检设把总一员，属萨拉齐厅管辖。嘉庆二十四年（1819年），大水，黄河南迁7.5公里（故道在今王若飞纪念馆南以南，包头东站以北）。道光三十年（1850年）托克托县河口镇码头被淹，西路船筏改在包头南海子码头停泊。道光十六年（1836年），商贸日盛，始设立大行，又称公行、商家会馆。同治三年（1864年）黄河改道，同治十三年（1874年）毛岱渡口移至包头南海子，至此，康熙三十五年（1696年）设置的两处官渡，全部移至包头，增添了包头的繁荣。同治九年（1870年）筑包头城（一说1868年即修北城墙），历四年而竣工。创始者为大同镇总兵马升及包头巡检崔际平。

辛亥革命中，1912年1月11日，山西革命军进入包头，合包头、五原、东胜三地建立革命政权包东州。4月，改归绥道为观察使，改厅为县，改同知通判为县知事。包头隶萨拉齐县管辖。土默特旗改统为总管（委任），喀尔喀右翼、茂明安、乌拉特三旗仍设札萨克（世袭）。1913年包头裁撤巡检，设立警务分局，由萨拉齐县委任分局长一员。1914年成立绥远特别区，与山西分治。1919年，把茂明安旗南部、乌拉特东公旗东部析出设立固阳设治局，属绥远特别区。1923年3月，平绥铁路通车到萨拉齐县包头镇，包头镇始和萨拉齐县分治，析萨拉齐县磴口以西、五原县西山咀以东设包头设治局。1926年设立固阳县、包头县，置县知事治理之。1928年，改县公署为县政府，改县知事为县长。1937年10月，日军侵占包头。德王成立"蒙古联盟自治政府"（1939年改组为"蒙疆联合自治政府"），包头升格为特别市。1938年2月改为包头普通市。今包头境南部归新成立的巴彦塔拉盟管辖。1945年包头市、县并存。1947年2月，包头市和包头县又合署办公，市长兼任县长。

1949年9月19日，以董其武为首的绥远军政干部和地方各族各界代表39人，齐集绥远省银行包头分行，在起义通电上签名，包头获得和平解放。1950年2月13日，包头市人民政府正式成立。蒙绥合并后，1954年3月，原绥远省包头市划归内蒙古自治区，为自治区辖市。1956年，当时称为新市区的昆都仑区、青山区建成，原包头市一、二、三区及回民区合并成立东河区。同年，石拐矿区由乌兰察布盟划入。1958年，白云鄂博镇划归包头市，并改镇为区。1960年原属巴彦淖尔盟的乌拉特前旗划归包头市管辖。1961年以1958年撤销并入包头市的原固阳县辖区复设固阳县（驻固阳城关镇）。1963年将固阳县划归乌兰察布盟，乌拉特前旗划归巴彦淖尔盟。1971年乌兰察布盟所属土默特右旗（驻萨拉齐）、固阳县划归包头市。1996年5月18日，国务院批准将乌兰察布盟达尔罕茂明安联合旗划归包头市管辖。2000年1月1日，包头市郊区更名为包头市九原区，2001年，将石拐矿区更名为石拐区。

三　包头市文物考古发现和研究

（一）文物考古发现

1927年中瑞西北科学考察团在包头的考古调查活动，揭开了包头文物考古的序幕。中瑞西北科学考察团中方团长、北京大学教授徐炳昶率团考察时，将工作情况写成日记，出版了《徐旭生西游日记》[1]一书，其中有些章节记载了包头的考察情况。该团团员黄文弼1927年6月在达尔罕茂明安联合旗找到了汪古部世居的赵王城，即敖伦苏木城址，在城内发现了《王傅德风堂碑记》石碑和蒙文俺答汗石碑。此外，考察团在途经固阳县时，发现秦汉长城，疑为明长城；7月，黄文弼发现了白灵淖城圐圙城址，认为其为汉代稒阳县故址，徐旭生则疑为受降城。美国人欧文·拉铁摩尔（O·Lattimore）在1932年作横断中亚的旅行时，来到敖伦苏木城址，辨识出城址中有十字纹的墓石是景教寺院遗迹，将几张照片登载于1934年出版的《地理学志》上，并发表有《内蒙古的一座景教城市遗址》[2]一文。1936年法国人D·马丁（D·Mortin）考察敖伦苏木城址和位于今达尔罕茂明安联合旗希拉穆仁的德里森呼图克小堡等，并著有《关于绥远归化城北的景教遗迹的初步调查报告》[3]。美国人海涅士（Haenishch）同年也考察了敖伦苏木城址。1935年、1939年、1942年日本人江上波夫等调查敖伦苏木城址，江氏著有《汪古部的景教系统及其墓石》[4]等文章。日本人佐伯好郎根据江上波夫提供的城址内的景教墓顶石撰写了两篇论文[5]。江上波夫在百灵庙附近还发现了鲜卑墓葬[6]。

新中国成立后，内蒙古自治区文物考古研究所的前身内蒙古文物工作组、内蒙古文物工作队在包头做了大量的文物考古工作，这些工作主要有1954年6月在包头南郊麻池村、召湾村清理汉墓11座[7]，1955年和1959年两次对东河区转龙藏址的试掘[8]，1956年4月在包头南郊孟家梁清理汉墓10座[9]，1958年在包头南郊上窝尔吐壕清理汉墓4座[10]，1960年6月在土默特右旗水涧沟门清理战国时墓葬1座[11]，1964年在包头东郊古城湾清理汉墓1座[12]，1974年试掘敖伦苏木城址30号、50号建筑址并在其西北15公里的毕其好来汪古部墓群清理3座墓葬[13]，另在达尔罕茂明安联合旗额尔登敖包木胡儿索卜嘎汪古部墓群清理墓葬1座[14]。1978年和1984年，两次清理发掘达尔罕茂明安联合旗大苏吉明水金元时期汪古部墓群[15]。1980年，对固阳县白灵淖城圐圙城址进行试掘[16]。此外，还调查了麻池城址[17]、敖伦苏木城址[18]、木胡儿索卜嘎城址[19]、大苏吉城圐圙城址[20]、梅令山遗址[21]、古城湾城址[22]、韩庆坝遗址[23]、燕家梁遗址[24]、三元成城址[25]、战国赵长城、秦长城、汉长城[26]等。内蒙古大学蒙古史研究所对固阳和达尔罕茂明安联合旗的秦汉长城进行了调查[27]。1974年，盖山林先生首先在达尔罕茂明安联合旗发现岩画，1980年至1983年比较全面系统地考察了达尔罕茂明安联合旗境内及达尔罕茂明安联合旗与巴彦淖尔市乌拉特中旗交界处一带的岩画[28]。

1978年11月，包头市成立专门的文物管理研究机构——包头市文物管理所（1985年更名为文物管理处）。文物管理所成立后，即开展了大量的田野考古工作。与内蒙古社会科学院合作，1980年对包头东郊阿善遗址进行试掘，翌年6月至9月对该遗址进行正式发掘[29]，1985年对阿善遗址东5公里西园遗址进行发掘[30]。1983年，包头文物管理所对燕家梁元代遗址进行发掘[31]。1988年6~7月，受内蒙古文化厅委托，与内蒙古文物考古研究所（1986年更名）合作举办全区文物干部提高班对西园遗址进行第二次发掘[32]。1988年，召潭火车站北二零八地质队基本建设中发现战国墓葬，包头文管处对其进行了清理[33]。对包头郊区汉墓的清理，1979年又陆续开始。包头文管处（所）1979年[34]、1981~1984年[35]、1986年[36]陆续在召湾清理墓葬近40座，1993年与内蒙古自治区考古研究所合作在召湾清理汉墓8座[37]，1998年包头文管处又在此清理汉墓1座[38]。此外，1988、1994年在下窝尔吐壕清理汉墓6座[39]，1990、1992年在观音庙清理汉墓2座[40]，1994年在上窝尔吐壕清理汉墓2座[41]，1995年在召潭清理汉墓3座[42]并在张龙圪旦清理汉墓1座[43]，1984、1997年在包头铝厂清理汉墓8座，1998年在边墙壕清理汉墓3座[44]。北魏时期遗存，1982年在固阳县城圐圙城址清理寺庙1座[45]，1985年在固阳县蒙中清理墓葬7座[46]，1986年土右旗萨拉齐北清理墓葬1座[47]，1994年配合呼包高速公路建设工程，内蒙古考古所发掘了土右旗沟门乡纳太遗址[48]，包头市文管处发掘了阿善遗址附近的元代遗址，并清理北魏墓2座[49]。1996年内蒙古考古所与包头文管处、达尔罕茂明安联合旗文物管理所合作在达尔罕茂明安联合旗额尔登敖包城址附近清理金元时期墓葬10余座[50]，1997年、2000年，包头文管处在此又分别清理墓葬10余座、30余座。1997年，包头文管处在昆区昆河镇刘二圪梁村清理北魏墓葬2座[51]。同年，内蒙古考古所与达尔罕茂明安联合旗文物管理所对毕其好来汪古部陵园进行清理，发现2座雕刻精致的石椁墓。1999年配合210国道麻池支线公路工程，内蒙古考古所对观音庙汉代遗址进行发掘，并清理汉墓2座[52]。同年，包头文管处还对北郊昆河大桥附近边墙壕障城，西郊哈德门沟城址进行了清理发掘。配合南绕城公路建设工程，内蒙古考古所对张龙圪旦汉墓群和哈林格尔乡尔甲亥明代建筑址进行发掘[53]，包头文管处对燕家梁遗址进行发掘。包头市文管处进行的工作还有，2001年底完成配合丹东—拉萨高速公路建设赵长城阿嘎如泰段的发掘工作；2002年完成了配合土右旗国家粮库建设一座北魏砖室墓的清理，出土北魏太和廿三年（499年）墓志砖两块；同年8月底协助内蒙古考古研究所对达尔罕茂明安联合旗敖伦苏木城址防洪工程建设占地进行了考古发掘工作；2003年在九原区内蒙古华电包头发电公司建设占地范围内卜太村清理汉墓3座；2004年4月配合包头西水科技公司水泥厂建设清理汉墓3座，5月在九原区卜太汉墓群清理墓葬10座，出土铜镇、铜鐎等文物；2006年配合内蒙古华电包头电厂建设，与内蒙古考古所合作，对燕家梁遗址进行大规模发掘，2007～2008年继续进行小范围发掘；2007年在九原区麻池镇西壕口村共清理8座汉代古墓，九原区麻池镇观音庙（城梁三队）清理一座船棚式多室券顶砖室墓，8月与内蒙古考古研究所合作在达尔罕茂明安联合旗后河发掘了一座汉代匈奴墓葬，出土数百具动物骨骼；2008年夏对九原区阿嘎如泰苏木三座汉墓进行发掘，其中一座出有精美彩绘画像石。2009年在九原区麻池城梁加油站清理4座汉墓，同年7月到9月，对白云区东南朝鲁图烽燧遗址进行发掘。2011年秋，对昆区颐和山庄战国赵北长城附近烽燧进行清理，出土陶盆、陶罐、铜布币等文物，同年稍晚对九原区麻池镇召湾墓群进行了清理。2012年7、8月，对石拐区杨家脑包前坡遗址进行清理。2013年5月对达尔罕茂明安联合旗巴音敖包苏木白彦花嘎查巴音宝力格3座墓葬进行清理，出土侈口夹砂陶罐，为鲜卑墓葬。

包头市文物管理处（所）进行的考古调查工作主要有：1979年调查发现阿善遗址[54]，同年调查燕家梁遗址[55]，1983年、1984年调查发现西园、黑麻板、纳太等十余处新石器时代遗址[56]，1985年勘测威俊地面建筑遗址[57]；1986～1988年第二次全国文物普查期间，包头（不含达尔罕茂明安联合旗）发现各类文物点总计达160余处，其间，乌兰察布盟文物工作站（现更名乌兰察布博物馆）与达尔罕茂明安联合旗文物管理所对达尔罕茂明安联合旗农区进行了文物普查，共查明各类文物点80余处；1990年对秦长城进行调查，在固阳县天面此老一带石砌长城上发现岩画百余幅[58]；2000～2004年重点对达尔罕茂明安联合旗额尔登敖包苏木、查干敖包苏木、都荣敖包苏木、新宝力格苏木进行普查，新发现各类文物点100多处，不少为元代村落遗址，为研究元代汪古部遗存增添了新资料；2008年8月至2011年，包头市第三次全国文物普查工作开展，包头市共发现不可移动文物1063处，其中新发现文物868处。

（二）文物考古研究情况

1．新石器时代

包头市目前还没有发现旧石器时代遗址。东河区沙尔沁黑麻板北的大青山中发现山洞，山洞堆积中可见木炭痕迹。山洞可能与早期人类活动有关，情况还有待今后工作的证实。

新石器时代遗址发现较多。在第二次全国文物普查时发现23处。第三次全国文物普查以来在石拐区新发现了鸡毛窑子、木瓜渠等17处新石器时代遗址。主要分布于自土默特右旗美岱召至石拐区后营子一带大青山山前台地、大青山内沟谷地和大青山北及秦长城南的狭长河谷平地。通过对大青山山前台地的阿善、西园遗址的发掘，确认了本地区新石器时代四期遗存的时代序列及文化特征。本地区原始文化遗存发现较多石筑祭坛，我国著名考古学家苏秉琦先生认为"甘肃兰州永登一处几十万平方米的大遗址和大墓群出成系列的'长彩陶鼓'；内蒙古包头塬上遗址出石砌'祭坛'，二者年代大约都属距今四五千年间，与之相近的是山西襄汾陶寺遗址出'磬和鼓'的大墓，它们同样都是探索中华文明起源问题的重要线索"[59]。

（1）仰韶时代早、中期遗存

主要有阿善一期和西园一期遗存，是本地区最早的遗存，直接叠压于生土之上。这一类遗存是内蒙古中南部新石器时代白泥窑子文化的组成部分。白泥窑子文化中心区域分布于河套内外的东北一角，即包头、呼和浩特、准格尔旗、清水河县境内。白泥窑子遗址中期第二段测得一个^{14}C年代，为距今5430±90年，校正年代应为公元前4130年[60]。

（2）仰韶时代晚期遗存

有阿善二期、西园二期遗存，其他本地区新石器时代遗存也多有该类遗存。这类遗存同属海生不浪文化[61]（又称庙子沟文化[62]）阿善类型。这一类文化遗存绝对年代为公元前3700年～公元前3000年。经济类型以原始锄耕农业为主，另有家畜饲养和狩猎业。

（3）仰韶时代向龙山时代过渡阶段遗存

有阿善三期和西园三期遗存。其他本地区新石器时代遗存多有此类遗存。这类文化被命名为阿善文化遗存[63]。西园三期约相当于阿善三期早段。也有不学者将此遗存早段划归"海生不浪文化阿善类型，"而将晚段遗存作为"老虎山文化"[64]的组成部分。

阿善三期一类遗存仍以锄耕农业为主，并有家畜饲养业和渔猎、采集业，晚期出现私有制和阶级。阿善遗址测得阿善三期早段偏晚阶段的三个年代数据，为公元前2875～前2755年。推测这类遗存的绝对年代在公元前3000年～公元2500年。

（4）龙山晚期阶段遗存

仅发现于西园遗址，西园四期属这一时期遗存，是客省庄文化系统北上河套地区的遗存。发现的窖穴为长方形覆斗状。陶器为夹砂红陶、砂质红陶和泥质灰褐陶。器表除了素面磨光外，纹饰多为竖直线条状篮纹，并有绳纹、划纹、指甲切纹。可辨器形有小口高领广肩瓮、小口鼓腹罐。

2. 青铜时代

青铜时代发现遗存较少，在昆都仑区北发现陶三足瓮，属朱开沟文化遗存[65]，时代约相当于夏。东河区发现西园春秋墓地。西园墓地共清理墓葬7座，祭祀坑2座[66]。墓均为小型土坑墓，墓坑的左壁大都有向外扩挖的偏穴坑。这些墓葬文化特征体现了与西戎文化较多的联系。据人骨线粒体DNA研究，很可能是从蒙古高原以及外贝加尔地区南下迁移到今天的内蒙古地区有着血缘关系的一群牧民[67]。

包头发现的岩画有一部分属于这一时期，如在达尔罕茂明安联合旗达尔汗苏木查汉敖包发现的人面具岩画、两马或四马单辕双轮车辆岩画，可能与商周时期生活在北方的鬼方有关。固阳的鹿像岩画大抵属于春秋时期[68]。

3.战国秦汉时期

这一时期本地区遗存最多，特别是汉代遗存，最为丰富。土默特右旗水涧沟门清理的一座战国时期土坑墓为匈奴墓葬，出土有铜戈、铜兽、铜象牌饰、环首青铜刀、铜泡和马衔等物。战国赵武灵王为从秦国后方直南袭之，在包头修筑九原城（今包头南郊麻池城址北城），并在大青山、乌拉山下修筑长城[69]。召潭火车站北二〇八战国墓地，与赵国拓地九原后之移民有关，也有一些游牧文化的因素。本地区发现的属战国时期的文物有"安阳"布币石范及布币和刀币[70]。

秦始皇三十三年（公元前214年），秦在阴山北坡修筑长城。随后，又于秦始皇三十五年（公元前212年）自九原（今包头南郊麻池城址北城）至云阳（今陕西淳化）修筑直道1800里（约相当于现在的700公里），加强对北方的控制。

蒙恬新筑长城自狼山北坡东行，经固阳县中部、武川县西南，至呼和浩特北郊坡根底村与赵长城会合[71]。包头境内还没有发现秦直道遗迹。鄂尔多斯发现的直道遗址从伊金霍洛旗掌岗图四队向北到达拉特旗高头窑乡吴四圪堵村东，全长100公里保存较好，大抵沿北偏东10度方向向北行进。直道经丘陵的脊部，开凿的豁口一般40~50米；经过低谷地方，对沟谷又进行填垫，直道路基底部最宽60米，顶部宽30~40米，填充部分最厚6米以上[72]。从鄂尔多斯发现直道的走向分析，包头的秦直道大抵从昭君坟渡口以东过黄河，经麻池西壕口一带到达麻池城址北城。

汉五原郡郡治九原在今包头麻池城址北城。因为包头扼关中北大门，所以西汉王朝对这一地区的军事防御十分重视。除重新修缮了蒙恬新筑的长城，又于武帝太初三年（公元前102年）命光禄勋徐自为筑五原塞外列城。现在达尔罕茂明安联合旗草原两道东北—西南走向的长城，即是汉代新修建的。这两道长城被称为汉外城。汉外长城北线可能是光禄勋徐自为公元前102年修建的，这条长城在当年秋天被匈奴毁坏。汉外长城南线稍后修建。《汉书·匈奴传》载"其明年（公元前78年），匈奴三千余骑入五原，略杀数千人，后数万骑南旁塞猎，行攻塞外亭障，略取吏民去。是时，汉边郡烽火候望精明，匈奴为边寇者少利，希复犯塞。"此处的"塞外亭障"应指汉外长城南线，而且"烽火候望精明"符合南线汉长城设置特点[73]。笔者在汉外长城南线一处试掘点见到黑釉瓷片，说明其在晚期曾沿用。也有学者认为，汉外长城南线为光禄塞，当年为匈奴所坏，因使用时间短，故沿线汉代遗物少。之后又新修了汉外长城北线[74]。

包头地区的汉代城址共发现9座（与长城相关的障城除外），古地名考订的有：麻池城址北城为秦九原城、汉五原郡九原县城，麻池城址南城为汉五原郡五原县城，东河区古城湾城址为汉五原郡稒阳县城，孟家梁城址为副（稒）阳城，哈德门城址为原亭城。另外，包头附近的乌拉特前旗三顶账房城址为成宜县城，达拉特旗昭君墓城址为宜梁县城[75]。

包头地区的古塞有石门障、稒阳塞、五原塞、光禄塞等。石门障，据出土印有"石门"字样的陶片，有人推断为梅令山城址[76]，但从地理位置看，昆都仑沟障城（位于大青山昆都仑南口什鸡王圪旦）更与《水经注》所记相吻[77]。五原塞指今乌拉特前旗和固阳县境内的秦长城，这段长城在汉代又重新修缮利用[78]。西汉时匈奴呼韩邪单于附汉、东汉初呼韩邪单于日逐王比附汉都是先款五原塞。光禄塞指达尔罕茂明安联合旗境内及向西北延伸的汉外长城。稒阳塞当与石拐及其以西大青山、乌拉山前的赵长城有关，这段长城在汉代也曾利用，其防御中心是昆都仑沟。

达尔罕茂明安联合旗后河石人沟清理的一座牲殉墓葬，为汉代的匈奴墓葬[79]。包头清理发掘的汉墓有百余座，主要集中于南郊。这些汉墓形制有土坑墓、木椁墓、砖室墓、土洞墓四类。墓葬时代上迄元朔二年（公元前127年），下至建安二十年（215年）。墓葬以西汉晚期、东汉后期墓葬数量为多。包头汉墓数量众多，序列基本完整，大型墓葬较多，出土文物丰富且较为精美，文化特征具有一定游牧文化因素，是汉代北边一度出现的民族交融，社会安定，经济发展的历史写照。

谎粮堆汉墓位于九原区阿嘎如泰苏木，其南不远为乌拉特前旗三顶账房城址，出土彩绘画像石，特征与陕西神木县大保当汉墓出土画像石最为接近[80]。东汉鲜卑势力渐强，百灵庙砂凹地的鲜卑墓属东汉末期，是拓跋鲜卑南迁遗迹之一[81]。在达尔罕茂明安联合旗达尔罕苏木查干敖包发现一幅岩画，马的头部靠前长鼓包，应当是拓跋鲜卑在阴山以北活动的遗存。

　　4．魏晋—隋唐时期

魏晋十六国时期遗存发现较少，包头南郊麻池城址附近曾征集到十六国时期的半人面瓦饰。白云鄂博朝鲁图清理的窑址和墓葬、达尔罕茂明安联合旗西河乡东黑沙图出土的金步摇和金龙项饰[82]，属鲜卑文物，时代约在魏晋到北魏初。

北魏时期的城址发现三座。固阳县白灵淖城圐圙城址是北魏六镇之一怀朔镇城址。达尔罕茂明安联合旗希拉穆仁城圐圙城址是六镇之一武川镇址[83]。武川县二份子城址有人认为是武川镇址[84]，但从其位置来看更可能是六镇沿线新筑的城址。白灵淖城圐圙城址曾清理出佛教殿堂址，并出土一批彩绘泥塑佛造像。

北魏明元帝在泰常八年（423年）曾自赤城至五原修筑长城。从考古发现的情况看，战国赵长城沿线的边墙壕障城、哈德门沟障城，都有北魏时遗物，并有较厚的地层堆积，证明包头北郊的赵长城在北魏时曾沿用。有人据此提出北魏长城沿用战国赵长城的观点[85]。至少，北魏长城西段如此。达尔罕茂明安联合旗东南石宝镇西营盘和希拉穆仁镇境内东北—西南走向的长城，和其西北达尔罕茂明安联合旗西营盘、大苏计、石宝等地东北—西南走向长城，是北魏长城。其南线修筑于献文帝皇兴年间（467～471年），北线修筑于孝文帝太和八年（484年），长城又称六镇长城[86]。

北魏时墓葬发现有固阳蒙古族中学墓群、土右旗萨拉齐太和廿三年（499年）姚齐姬墓、包头西郊吴家圪旦墓群、包头东郊阿善墓群、昆都仑区昆河镇刘二圪梁墓群、固阳怀朔镇补卜代墓葬等[87]。

唐代在包头设中受降城，位于稀土高新区万水泉办事处敖陶窑子村。城址北部正中，有一呈"凸"字形的大型建筑基址。有人考证拂云堆拂云祠就是城址"凸"字形的建筑[88]。在达尔罕茂明安联合旗明安镇新宝力格、百灵庙附近共发现三座石雕像，原立于长方形石板墓前。石像雕法粗糙，仅为上身轮廓，面部雕出眼、鼻、嘴，右手持小罐，左手置于下腹部，腰系带。

5．辽西夏金元时期

辽和西夏时期遗存发现较少。东河区沙尔沁镇阿都赖[89]和土右旗沟门乡马留村[90]都曾出土过西夏窖藏铁钱。东河区沙尔沁的边墙路，长约2.3公里，有人认为是金界壕[91]，也有人认为是辽长城。固阳县城东南3公里明登山阴坡，有一道绵延几公里的长城，有人认为是金界壕[92]。但经长城资源调查得知，此段长城与石拐区发现的汉长城相衔接，应为汉长城。包头发现的金、元代时期遗存较多。达尔罕茂明安联合旗东南达尔罕苏木额尔登敖包和石宝镇坤兑滩的东北—西南走向的土筑长城，双墙双壕，重要地段设三墙，戍堡、障城齐备，为金界壕[93]。始建于金太宗天会年间（1123～1137年），后金章宗明昌年间（1190～1196年）因鞑靼兴起加筑。是规模宏大的古代军事防御工程。这段长城在武川县二份子乡境内与外线汉长城交汇。

达尔罕茂明安联合旗达尔汗苏木额尔登敖包东15公里古城子地方的安答堡子城址（又称古城子城址、木胡儿索卜嘎城址），是汪古部早年的政治中心。达尔罕茂明安联合旗百灵庙镇北的敖伦苏木城址是元德宁路（静安路）治所，也是汪古部首府所在，俗称赵王城。城内曾发现《王傅德风堂碑记》石碑、景教徒墓顶石及罗马风格的小石狮子头、花纹贴面砖等重要文物[94]。汪古部世居阴山地带，崛起于金代。蒙古成吉思汗与其部长阿剌兀思剔吉忽里联姻后，汪古部便成为蒙古国的重要力量。黑水新城元德宁路建成后，汪古部政治中心便北移至今敖伦苏木城址。有观点认为敖伦苏木城址即是安答堡子，后来在此基础上扩建黑水新城，成为汪古部首府[95]。从两座城址及其附近墓葬的出土文物看，安答堡子城址有辽金时期沟纹砖出土，墓葬时代有的可到金代，而敖伦苏木城址附近未发现辽金时期遗物。从汪古部替金守界壕这一史实出发，汪古部政治中心应该在界壕以南而不是以北。因此安答堡子只能在古城子城址。达尔罕茂明安联合旗石宝镇大苏吉城圐圙城址（乌沙堡）、小文公乡的小城壕城址[96]等，为金代城址。九原区麻池镇的燕家梁遗址以出有元代青花瓷罐而著称[97]，2006年为配合电厂建设进行大规模发掘[98]，2007～2008年又继续进行了小范围发掘。遗址遗迹保存较好，街道及房屋布局清晰，出土青花、釉里红等珍贵瓷器及其他丰富遗物，为研究元代村镇及驿站提供了宝贵资料。石拐区曾发现元代窖藏铜铁器[99]，东河区沙尔沁镇莎木佳出土过窖藏，有瓷器、铁器、铜器[100]。

包头地区金元时期墓葬主要发现于阴山北汪古部领地。安答堡子城址西部山梁阳坡的墓群多见长方形竖穴土坑并穴墓，墓葬出土有豆青釉刻花高足瓷杯、蓝釉黑花带盖瓷罐、钧釉碗、白瓷碗、"心"形饰件（玉、料、滑石质）、"一捻金"墨、石砚、银杯、耳环（金、银、铜质）、铜簪等。墓棺多见彩绘，棺盖横截面呈梯形。墓坑四角多置彩石。安答堡子城址东北清理一座长方形砖室墓，墓顶及东墙已塌，被盗扰，墓西壁、北壁保存壁画较好。壁画绘于上下两排方格内，绘有人物事迹画。达尔罕茂明安联合旗石宝镇大苏计明水墓地出土文物较为丰富，其中的丝织品尤为丰富多彩。一座为长方形竖穴土坑直洞室墓，死者为男性，身着织锦大袍、头带风帽，随葬有高足金花银杯、葡萄酒瓶、桦树皮盒等物。敖伦苏木城址西北的毕其好来陵园清理的两座石椁墓，石板内侧雕刻有人物、动物、花卉等图案，为以往考古发现所少见。墓葬还出土镏金錾花银碗及碗托。敖伦苏木东北墓群地表多有石头圈遗迹，清理3座墓葬均为竖穴土坑单人仰身直肢葬，因盗扰，随葬品仅见桦树皮鞋垫。该墓群还发现有"泰定四年"（1327年）石碑和其旁用汉、古回鹘蒙古文、古叙利亚文三种文字书写的残碑，以及刻有十字架的古叙利亚文碑一块。墓葬多为长方形竖穴土坑墓，也有带二层台土坑墓、石板墓、长方形竖穴土坑直洞式墓等。出土随葬品较少，主要有桦树皮顾姑冠、铜耳环、铜簪等[101]。

6. 明清时期

土默特右旗美岱召是明末蒙古土默特部首领、成吉思汗17代孙阿勒坦汗（史称俺达汗）政权的早期政治中心，也是藏传佛教在蒙古地区传播的重要弘法中心。美岱召其城与寺相结合的特点，在全国仅有。美岱召被誉为"壁画艺术博物馆"，殿宇四壁及顶部木结构满绘壁画，蒙古族贵族礼佛图、达赖三世画传、殿顶木结构画等，弥足珍贵。美岱召对于研究明代蒙古族历史、艺术、宗教、建筑等，有着极为重要的作用。美岱召最早称为五座塔，后为大板升城，后为福化城（蒙语称"呼和浩特"）[102]。

敖伦苏木城址城内也发现有明代喇嘛教庙宇，城外曾发现有俺答汗蒙文碑铭。2004年笔者在达尔罕茂明安联合旗百灵庙南营所调查时，在一户牧民家檐台重新发现这块石碑。《万历武功录》记载"俺答常远处青山"，这个"青山"与同书的"请工师五采建寺大青山"的"大青山"当有所区别。青山或指敖伦苏木城址北的黑山。

清代喇嘛教寺院在康熙—乾隆年间又掀起建筑高潮。梅力更召、百灵庙建于康熙年间，昆都仑召始建于雍正年间，普会寺、五当召建于乾隆年间。从建筑风格来讲，百灵庙大殿与美岱召大殿属同一类型汉藏结合式建筑，三座勾连搭式的歇山顶，经堂围以一层围墙；梅力更召大殿（经堂与佛殿分离）与普会寺大殿属同一汉藏结合式建筑类型，经堂二层、佛殿三层藏式建筑，顶部覆以汉式歇山顶；昆都仑召大殿、五当召建筑群则属于纯藏式建筑，大殿一般前面的两层为经堂，后面三层为佛殿。五当召苏古沁殿二楼的外墙回廊有九组著名佛寺壁画[103]，壁画是研究这些著名佛寺历史沿革及寺庙建筑不可多得的宝贵资料，清代寺庙中留有壁画的除五当召外还有昆都仑召、达尔罕茂明安联合旗希日朝鲁庙。希日朝鲁庙为一小庙，但是壁画绘制精致，工笔细腻。壁画有四大天王及佛传故事图。五当召现在馆藏的文物有清早期官窑瓷器及早期佛教造像等，是清宫赐予召庙的物品。五当召根皮庙及东河区沙尔沁镇庙沟、昆区卜汉图、固阳银号和大仙山、石拐鸡毛窑子、东河区庙沟、土默特右旗喇嘛洞等地，都有藏传佛教石刻。

包头地区汉地寺庙现存较好的有南龙王庙（康熙五年，1666年）、财神庙（嘉庆十年，1805年）、土右旗关帝庙（雍正十三年，1735年）等，清真寺有东河区清真大寺（道光十三年，1833年扩建）、萨拉齐清真寺（乾隆四十七年，1782年始建）等。东河区西脑包大照壁是乾隆六十年（1795年）因调解乌拉特三公旗和土默特旗地界纠纷而设，现仍留存，为民房包围。

7. 近现代

这一时期文物以包头老城东河区为最多。随着天主教、基督新教的传入，兴建不少教堂，留存的有土右旗二十四顷地天主教堂（光绪二十四年，1898年）、美岱召天主教堂（1911年）、固阳天主教堂（1933年改建）、东河官井梁天主教堂（1934年）等，基督教堂留存的有东河区解放路东堂钟楼（1929年）。包头回族围寺而居，定居人口不断增多，清真寺数量也增加，这一时期留存较早的有瓦窑沟清真寺（1918年）。汉族移居人口增多，新建了龙泉寺（道光二十九年，1849年）、吕祖庙（同治五年，1866年）等寺庙建筑，光绪十三年（1891年）大同总兵林成兴重建大仙庙，在庙门石匾上题"有仙则名"四字。包头城依山而建，呈椭圆形，设五个门（1925年辟新南门，增为六个），似一龟伏于黄河岸边。现东河区大仙庙巷牛奶场院内有城墙遗迹。北梁为老包头留存遗迹最多地区，一些民居、街巷仍保持当年面貌，尤以三官庙社区召梁头道、二道、三道巷等保存较好。清光绪末年，包头成为塞外著名商业重镇，包头商会下设九行十六社，商会旧址在今东河区清真大寺西南，现留存商会大门。和平路鑫彩华商号旧址，是保存不多的老包头商号。东门外原二十中（现包二中新校址）驻兵营房，1926年由爱国将领冯玉祥修建，后为侵华日军盘踞。20世纪30年代，阎锡山编制了晋绥军屯田兵，开始开发以包头为中心的西部地区，绥区屯垦督办办事处设包头，阎锡山任督办，东河区胜利路现有其旧址，后为侵华日军驻包司令部。日军侵华期间，修建了留保窑子水源地水厂及碉堡，都保存完好。大东亚圣战纪念堂抗战胜利后改为中山堂，庆祝抗战胜利、绥远"九·一九"起义曾在此集会，新中国成立后称人民影城。

包头近现代革命史迹十分丰富。东河区转龙藏河槽的太平桥，1911年12月24日辛亥革命义军经此桥由东门进入包头，包头商会旧址是著名的马号事件发生地，郭家巷是辛亥革命就义的郭鸿霖烈士宅院[104]，刘宝窑子村有王定圻烈士陵园，后迁至该村东梁[105]；东河区福徵寺东前院，1925年中共北方区委包头工作委员会李裕智书记曾在此活动；1931年9月，共产国际东方部派王若飞同志从苏联回国，与乌兰夫等同志取得联系，建立了中共西北特别委员会，王若飞同志不幸于11月21日晚在包头泰安客栈被捕入狱，现泰安客栈开辟为王若飞纪念馆；1936年初中国共产党领导的百灵庙抗日武装暴动以及1936年底的绥远抗战百灵庙大捷都发生在草原古镇百灵庙；1938年6月，八路军120师358旅715团，改建为大青山支队挺进大青山，土右旗九峰山林场巴总窑子村有李井泉支队司令部旧址，固阳县下湿壕小帮朗村是支队政治部主任彭德大同志殉难地；原东河宾馆后院的抗日忠烈祠是为纪念抗日战争时期包头战役牺牲的国民党将士而修建；土右旗美岱召北有萨拉齐县人民政府1939年驻地旧址；解放军曾两次攻打包头，著名的绥远"九·一九"起义发生在包头，这些战役和活动现在都有迹可寻。包头的革命斗争在中国近现代史上写下了光辉的篇章。

除了上述几个时期的历史文物外，包头地区的岩画分布众多。岩画主要集中在达尔罕茂明安联合旗达尔罕苏木、查干哈达苏木、满都拉镇、明安镇，固阳县金山镇、银号镇等地有少量岩画分布，乌拉山沟谷据反映也发现有岩画。包头岩画的时代上自新石器时代，下至明清。岩画主要与历史上生活于阴山及其以北的少数族如鬼方、匈奴、鲜卑、柔然、回纥、突厥、蒙古等有关。岩画以家畜、放牧、蹄印等与畜牧业有关的画幅占优势，反映的是草原畜牧人的生活，表现手法上常采用抽象化、图案化、符号化的艺术风格。

注释

[1]　徐旭生：《徐旭生西游日记》，宁夏人民出版社，2000年8月，第8、17、18、24页。

[2]　O·拉铁摩尔：《内蒙古的一座景教城市遗址》见作者的《边疆史研究论集》，1962年伦敦版，第219～240页。

[3]　D·马丁：《关于绥远归化城北的景教遗迹的初步调查》，《华裔学志》第3卷第1期，1938年。

[4]　江上波夫：《汪古部的景教系统及其墓石》，《东方文化研究所纪要》第二册。

[5]　佐伯好郎：《论内蒙古百灵庙附近的景教遗迹》，《东方学报》（东京），第9册；《再论内蒙古百灵庙附近的遗迹》，《东方学报》（东京），第11册之一。

[6]　江上波夫：《内蒙古百灵庙砂凹地的古坟》转引自宿白《东北、内蒙古地区的鲜卑遗迹》，《文物》1977年第5期。

[7]　李逸友：《包头市郊汉墓》，《文物参考资料》1955年第10期。

[8] 汪宇平：《林西县锅撑子山等地的文化遗址》，《考古学报》1957 年第 1 期。

[9] 李逸友：《包头市孟家梁汉墓》，《文物参考资料》1956 年第 8 期。

[10] 李逸友：《包头市窝尔吐壕汉墓》，《文物》1960 年第 2 期。

[11] 郑隆：《土默特旗水涧沟出土铜器》，《内蒙古文物资料选辑》，内蒙古人民出版社，
1964 年。

[12] 陆思贤：《包头市古城湾村的古城与古墓》，《包头文物资料第一辑》。

[13] 盖山林：《阴山汪古》，内蒙古人民出版社，1992 年，第 187 ～ 188 页。

[14] 盖山林：《阴山汪古》，内蒙古人民出版社，1992 年，第 190 ～ 191 页。

[15] 夏荷秀、赵丰：《达尔罕茂明安联合旗大苏吉乡明水墓地出土的丝织品》，《内蒙古文
物考古》第 6、7 期合刊，1992 年。

[16] 内蒙古文物工作队、包头市文物管理所：《内蒙古白灵淖城圐圙北魏古城调查与试
掘》，《考古》1984 年第 2 期。

[17] 李逸友：《内蒙古西部地区的汉代和匈奴文物》，《文物参考资料》1957 年第 4 期。

[18] 李逸友：《达尔罕茂明安联合旗阿伦斯木元代古城》，《内蒙古文物资料选辑》，内蒙古
人民出版社，1964 年。

[19] 盖山林：《阴山汪古》，内蒙古人民出版社，1992 年，第 120 ～ 122 页。

[20] 盖山林：《阴山汪古》，内蒙古人民出版社，1992 年，第 129 页。

[21] 张郁：《固阳县梅令山汉代遗址》，《内蒙古文物资料选辑》，内蒙古人民出版社，
1964 年。

[22] 同注 [12]。

[23] 郑隆、张郁：《包头市韩庆坝文化遗址》，《考古通讯》1956 年第 4 期。

[24] 张郁：《包头市麻池村元代遗址》，《内蒙古文物资料选辑》，内蒙古人民出版社，
1964 年；盖山林：《内蒙古包头市郊麻池出土铜范》，《考古》1956 年第 5 期。

[25] 张郁：《固阳县东之汉代长城古塞》，《包头文物资料第一辑》。

[26] 盖山林、陆思贤：《阴山南麓的赵长城》，《中国长城遗迹调查报告集》，文物出版社，
1981 年；盖山林、陆思贤：《内蒙古境内战国秦汉长城遗迹》，《中国考古学会第一次
年会论文集》，文物出版社，1980 年。

[27] 唐晓峰：《内蒙古西北部秦汉长城调查记》，《文物》1977 年第 5 期。

[28] 盖山林：《乌兰察布岩画》，文物出版社，1989 年。

[29] 内蒙古社会科学院历史研究所、包头市文物管理处：《内蒙古包头市阿善遗址发掘简
报》，《考古》1984 年第 2 期。

[30] 内蒙古社会科学院历史研究所、包头市文物管理处：《内蒙古包头西园遗址 1985 年的
发掘》，《考古学集刊》第 8 期，1994 年。

[31] 资料待刊。以下未注明者同。

[32] 西园遗址发掘组：《内蒙古包头市西园新石器时代遗址发掘简报》，《考古》1990 年第
4 期。

[33] 包头市文物管理处：《包头市二〇八墓地》，《内蒙古文物考古》1997 年第 2 期。

[34] 包头市文物管理所：《包头郊区召湾汉墓清理简报（二)》，《包头文物资料》第一辑。

[35] 同注 [34]。

[36] 魏坚主编：《内蒙古中南部汉代墓葬》，中国大百科全书出版社，1998 年。

[37] 同注 [36]。

[38] 包头市文物管理处：《召湾和边墙壕清理的四座汉墓》，《内蒙古文物考古》2000 年第 1 期。

[39] ~ [43] 同注 [36]、[37]。

[44] 同注 [38]。

[45] 刘幻真：《北魏怀朔镇寺庙遗址》，《包头文物资料第二辑》。

[46] 包头市文物管理处：《包头固阳县发现北魏墓群》，《考古》1987 年第 1 期。

[47] 郑隆：《内蒙古包头市土右旗北魏姚齐姬墓》，《考古》1988 年第 9 期。

[48] 内蒙古自治区文物考古研究所：《土默特右旗纳太遗址发掘简报》，《内蒙古文物考古》2000 年第 1 期。

[49] 魏坚主编：《内蒙古鲜卑墓葬的发现和研究》，科学出版社，2004 年。

[50] 内蒙古自治区文物考古研究所、包头市文物管理处、达尔罕茂明安联合旗文物管理所：《达尔罕茂明安联合旗木胡儿索卜嘎墓群的清理发掘》，《内蒙古文物考古文集》第二辑，中国大百科全书出版社，1997 年。

[51] 同注 [49]。

[52] 内蒙古自治区文物考古研究所、包头市文物管理处：《包头市麻池三队遗址发掘简报》，陈永志主编《内蒙古文物考古文集第三辑》，科学出版社，2004 年。

[53] 内蒙古自治区文物考古研究所：《包头市尔甲亥明代寺庙遗址》，陈永志主编《内蒙古文物考古文集第三辑》，2004 年。

[54] 同注 [29]。

[55] 刘幻真：《包头市燕家梁出土元代瓷器调查记》，《内蒙古文物考古》1981 年创刊号。

[56] 包头市文物管理处：《内蒙古大青山西段新石器时代遗址》，《考古》1989 年第 9 期。

[57] 刘幻真：《包头威俊新石器时代地面建筑遗址》，《史前研究》1988 年辑刊。

[58] 张海斌、李虹、姜涛：《固阳县天面此老长城岩画》，《内蒙古文物考古》2000 年第 1 期。

[59] 苏秉琦：《中国文明起源新探》，生活读书新知三联书店，1999 年，第 116 页。

[60] 魏坚、崔璇：《内蒙古中南部原始文化的发现与研究》，《内蒙古文物考古文集第一辑》，中国大百科全书出版社，1994 年。

[61] 田广金：《内蒙古石器时代——青铜时代考古发现与研究》，《内蒙古文物考古》总第 6、7 期，1992 年。

[62] 魏坚：《试论庙子沟文化》，《青果集》，知识出版社，1993 年。

[63] 崔璇：《阿善文化述论》，中国考古学会第八次年会论文，1991 年。

[64] 同注 [61]。

[65] 张海斌：《夏代三足瓮》，《中国文物报》1998 年 5 月 17 日。

[66] 内蒙古自治区文物考古研究所、包头市文物管理处：《包头西园春秋墓地》，《内蒙古文物考古》1991 年第 1 期。

[67] 常娥、张全超、朱泓、周慧：《内蒙古包头市西园春秋时期墓地人骨线粒体 DNA 研究》，吉林大学边疆考古研究中心编《边疆考古研究》第 6 辑，科学出版社，2007 年。

[68] 刘幻真：《固阳县前公中村发现鹿像岩画》，《包头文物资料第一辑》。

[69] 包头市文物管理处、达尔罕茂明安联合旗文物管理所：《包头境内战国秦汉长城与古城》，《内蒙古文物考古》2000 年第 1 期。

[70] 李逸友：《包头市窝尔吐壕发现安阳布范》，《文物》1959 年第 4 期。

[71] 张海斌、杨恬恩主编：《固阳秦长城》内蒙古大学出版社，2007 年。

[72] 杨泽蒙：《世界古代高速公路之首——秦直道》，《内蒙古文物考古》2005 年第 2 期。

[73] 同注 [69]。

[74] 见本书"汉外城南线"。

[75] 张海斌：《九原地望及相关问题》，《2012 中国"秦汉时期的九原"学术论坛专家论文集》，内蒙古人民出版社，2012 年。

[76] 刘幻真：《石门障今地考》，《包头文物资料第二辑》。

[77] 郭建中、车日格：《包头段黄河沿边汉代古城考》，《内蒙古文物考古》2007 年第 1 期。

[78] 同注 [37]。

[79] 内蒙古自治区文物考古研究所主编：《2007 年内蒙古考古年报》。

[80] 陕西省考古研究所、榆林市文物管理委员会办公室：《神木大保当汉代城址与墓葬考古报告》，科学出版社，2001 年。

[81] 宿白：《东北、内蒙古地区的鲜卑遗迹——鲜卑遗址辑录之一》，《文物》1977 年第 5 期。

[82] 陆思贤、陈棠栋：《达尔罕茂明安联合旗出土的动物形金器》，《文物》1984 年第 1 期。

[83] 包头市文物管理处、达尔罕茂明安联合旗文物管理所：《达尔罕茂明安联合旗希日穆仁城圐圙古城调查》，《内蒙古文物考古文集第二辑》，中国大百科全书出版社，1997 年。

[84] 乌兰察布博物馆：《武川县二份子北魏古城调查记》，《内蒙古文物考古文集第一辑》，中国大百科全书出版社，1994 年。

[85] 郭建中：《北魏泰常八年长城寻踪》，《内蒙古文物考古》，2006 年第 1 期。

[86] 见本书《达尔罕茂明安联合旗北魏六镇长城南、北线》

[87] 同注 [49]、[51]。

[88] 刘幻真：《唐拂云祠地望考辩》，《内蒙古文物考古文集第一辑》，中国大百科全书出版社，1994 年。

[89]　何林：《浅谈包头出土的古货币》，《包头文物资料第一辑》。

[90]　史银堂：《内蒙古土默特右旗马留村发现西夏铁币》，《考古》1995 年 10 期。

[91]　金申：《从阿都赖出土西夏铁币兼谈萨尔沁村的边墙》，《包头文物资料第一辑》，
　　　1984 年。

[92]　李绍钦主编：《包头史话》，内蒙古人民出版社，1994 年，第 86 页。

[93]　任永利主编：《固阳县志》，内蒙古人民出版社，1999 年 1 月。

[94]　邓宏伟、张文芳：《敖伦苏木古城遗址》，《内蒙古文物考古》1992 年第 1、2 期合刊。

[95]　盖山林、盖志勇：《内蒙古敖伦苏木古城考辩》，《北方文物》1992 年第 4 期。

[96]　包头市第三次全国文物普查资料。

[97]　同注 [55]。

[98]　塔拉、张海斌、张红新主编：《包头燕家梁遗址发掘报告》，科学出版社，2010 年。

[99]　张海斌：《石拐窖藏铜铁器》，《内蒙古文物考古》2000 年第 1 期。

[100]　刘媛：《包头市莎木佳元代窖藏》，《内蒙古文物考古》2004 年第 2 期。

[101]　盖山林：《阴山汪古》，内蒙古人民出版社，1992 年，第 188 ~ 190 页。

[102]　张海斌主编：《美岱召壁画与彩绘》，文物出版社，2010 年。

[103]　王磊义：《五当召九大佛寺壁画》，《内蒙古文物考古》2000 年第 1 期。

[104]　张贵：《辛亥英烈　光照千秋——记包头民主革命的先驱者郭鸿霖》，见作者《河水
　　　集》，远方出版社，2005 年 1 月。

[105]　张贵：《青霞奇志　丰碑永存——记包头民主革命的先驱者王定圻》，见作者《河水集》，
　　　远方出版社，2005 年 1 月。

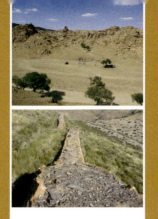

文化遗产

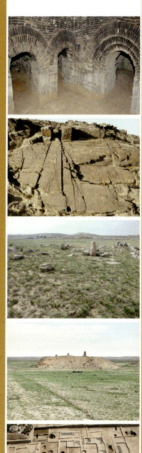

文化遗产 目录

新石器时代

　　新石器时代遗址发现较多。经第三次全国文物普查后共有四十余处，主要分布在东河区五当沟往东至土默特右旗美岱召一带大青山山前台地，以及石拐后营子一带大青山内沟谷地和大青山北及秦长城南的狭长河谷平地。经过对大青山台地阿善和西园遗址的发掘，证实在仰韶时代早、中、晚期及仰韶时代向龙山时代过渡时期，及龙山时代晚期，包头均有人类活动文化遗存。

⫿⫿1⫿⫿东河区阿善遗址

撰稿：刘媛

摄影：刘幻真 董勇军

全国重点文物保护单位。

阿善遗址是我国黄河流域最北端的一处新石器时代的氏族聚落遗址。该遗址位于包头市东河区沙尔沁镇阿善沟门村东圪滕盖沟两侧的台地上。台地北依大青山，南临黄河，圪滕盖沟终年泉流不绝。阿善即蒙古语"甘泉"的意思。

阿善遗址是1979年发现的。1980年至1981年，包头市文物管理所与内蒙古社会科学院历史研究所共同对该遗址进行了两次考古发掘，并发表发掘报告。这两次发掘在1070平方米范围内共发现新石器时代的房址24座、窖穴240个，出土了各类文化遗物1600余件。另外，还发现了围绕原始村落砌筑的围墙2200米。残高于地面0.1米～0.3米，遗址范围内大部分已辟为现代耕地，边缘地带未经耕扰的地表裸露出许多石筑房子的基墙。1983年刘幻真先生在遗址中寻找到大型祭坛一处。阿善遗址的许多发现属于我国新石器时代考古工作的重大发现，为研究内蒙古中南部地区新石器时代文化及我国文明的起源提供了重要的实物资料。

阿善遗址Ⅰ区的文化遗存属新石器时

遗址全景

代，Ⅱ区除主要属新石器时代的遗存之外，还包含有极少青铜时代及其以后的文化遗存。

阿善遗址现存面积约5万平方米，文化层堆积厚度在1～2米之间，共发现了4个时期文化遗存的叠压关系。前3个时期均属新石器时期，即阿善第一、二、三期文化，第四期为青铜时代的遗存。其中阿善一期文化的年代，根据器物形态学的比较研究认定为公元前4000年左右。阿善二期文化的年代，根据3个碳标本的碳14测定，分别为公元前3760年、公元前3415年和公元前3040年。据此，阿善二期文化的年代大体为公元前3700～公元前3000年，历经700年左右的发展过程。阿善三期文化的2个碳标本测定的年代，分别为公元前2875年和公元前2755年。

以上三个文化时期年代的确定，不仅对阿善遗址三种新石器文化年代的确定有着地层学和器物形态学的可靠依据，而且对以往内蒙古中南部地区所发现的同类遗存也确定了标准，找到了相应的层位序列。在一处遗址中发现3种原始文件的地层迭压关系，在国内亦属少见。

阿善遗址的一、二、三期新石器时代文化，各期都有一批代表性文化遗存，现就主要部分介绍于下：

第一期文化的遗存分布比较稀疏。原生层位大都遭到晚期地层的破坏，发现的遗迹较少，遗物也大都散落于地表或者混杂在晚期的层位之中。这一期陶器的风格特征与陕西省半坡遗址早期的陶器相同，有些器物又与河南省安阳后岗一期的陶器存在共同之处。所以学术界对阿善一期的看法是：这里是仰韶文化从中原地区由南

向北的延伸。这一时期的原始先民的居住址都是选择了山前开阔台地，背风朝阳，靠近水源。房子都是半地穴式的方形间，面积一般在10～20平方米左右。他们使用的生产工具有磨制或者打制的石器，也有用陶片改制和骨制的工具。主要的工具有石斧、石刀、陶刀、盘状器等。阿善文化一期文化陶器主要有泥质红陶和夹砂褐陶。纹饰见于泥质陶的有磨光、素面、彩陶，见于夹砂陶的有弦纹、绳纹。器形有直口圆底钵、折沿盆、双唇小口瓶等。彩陶以黑彩为主，红彩较少。阿善一期文化是目前所知的内蒙古中南部地区最早的定居农耕文化。

发掘现场

阿善二期文化的遗存比较丰富。这一时期的先民是在一期文化的原址上继续生息繁殖起来的。这一时期居民的房子的数量明显增加，活动范围也扩大了，在阿善遗址周围发现了十多处同类型的文化遗址。它的主要文化特征是：房子多为方形或者长方形的半地穴式，室内设有两个灶，房子的附近都挖有储存食物的窑穴，最大的窑穴可放粮食千斤以上。该期文化遗物中出土了大量的石斧、石刀、石磨盘、磨棒等生产工具和许多细石器工艺的狩猎工具。作为生活用具的陶器，形式多种多样，不少的器物还饰有彩绘图案。陶器主要属泥质和夹砂褐陶、砂质白陶。泥

质陶多磨光、素面，有的施豆青色陶衣，夹砂与砂质陶多绳纹与附加堆纹，篮纹较少，彩陶不多，红彩居多黑彩较少。典型的器物有泥质折腹钵、小口双耳罐和砂质的大口平沿直腹罐、敛口侈沿罐。颈部施以附加堆纹的敛口侈沿罐，这种文化以往在内蒙古中南部地区也有发现，像托克托

房址

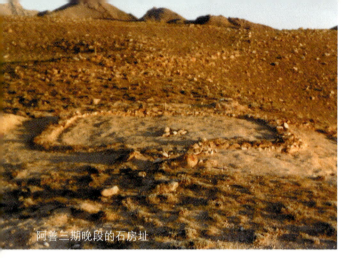
阿善三期晚段的石房址

县的海生不浪，和林格尔县的申二十家子，清水河县的白泥窑子，它曾被定名为仰韶文化海生不浪类型。从发现的许多野生动物和家畜遗骸来看，此时的先民除从事原始农业以外，还从事狩猎和饲养业。

阿善遗址中第三期文化遗存最为丰富。这一时期的文化遗迹非常密集，遍及整个遗址和邻近的山前台地。从发掘出的遗迹看，三期文化呈现出的是一派村落毗邻、炊烟相望的繁荣景象，应该是这一地区原始文化的全盛时期。阿善第三期文化分为早晚两个发展阶段。早期的房子为浅地穴式，也有沟槽木骨泥墙的地面建筑。房子的平面多呈梯形或者长方形，进深都大于间宽。在房子南墙正中，有凸出的斜坡状门道。晚期的房子为在地面直接起筑的石墙房子。这一时期的房子非常密集，遍布整个台地，而且布局也井然有序。有些房子的一侧还附筑有一间3平方米左右的耳房，从发掘情况看，这些耳室应该是储存杂物的库房。该期文化中发现的窖穴较二期有所不同，其特征是容积较二期明显减小，但是数量却成倍增加。值得一提的是，这些窖穴中除了有一部分是用来储存粮食外，还发现一些窖穴是用来储水的水窖。

阿善三期文化遗存中的生产工具种类繁多，数量较二期大大增加，可分为石器、细石器，陶制器和角骨器。石器有斧、铲、凿、砍伐器、纺轮、刀刃等。大型石器有制作规矩精致断面呈梭形的打制石斧，断面呈矩形的磨制石斧，磨制的长方形刀有磨槽穿孔、钻孔和直接钻孔，出现精工细作的单孔石铲，凹形器呈方形台状（陈永志先生、张文平先生称其为取火石），半月形磨棒体扁平，细石器工艺的镞除扁平三角形外，又出现细长柳叶形。角骨器有针、锥、鱼钩、匕、矛、梭子、装饰品等。引人注目的是，在一把出土的骨柄石刃刀的刀柄上，发现了刻划的具有文字功能的符号。这一时期陶器的品种繁多，制作也很精致，陶器以泥质灰陶为主，以篮纹与磨光纹为特点且常见连点刺纹，不见三足、圈足、环底器。纹饰以篮纹和锥刺的连点纹为主。器物的种类有瓮、罐、盆、钵、瓶、壶、杯、盘和豆等。典型器形是浅腹或深腹折腹钵，颈部施有附加堆纹的敛口双耳罐、单耳罐、篮纹砂质罐、折沿罐、大口双耳罐等。

阿善第三期文化是阿善遗址三种原始文化中最具特色和代表性的一类文化遗存，它是在阿善第二期文化基础上发展起来的，既不同于前两种文化遗存，又不同于以往发现的任何一种新石器时代文化遗存。它延续发展达500多年，与中原的仰韶文化向龙山文化过渡阶段的文化遗存比较，发展时间长，更具稳定性，到阿善第三期，这里的原始文化已完全形成了自身的文化体系，从整个文化遗存来看，它无疑是这一地区原始文化的全盛时期，阿善三期文化的影响甚至延伸到晋西北和陕中一带，大青山南麓很可能是这一原始文化的北缘。因而是内蒙古中南部地区一种新的、独立的考古学文化类型。因此，学术界已经将阿善三期文化命名为阿善文化。

阿善遗址包含的三种原始文化遗存，层层叠压，如同一部用实物编织成的历史长卷，记述了生活在这里长达2000多年的原始先民生息繁衍的艰难历程。阿善遗址三种原始文化遗址中出土的各种生产工具，以用于农业生产的占有绝对优势。石斧是用来砍伐树本、建造房舍和开辟耕地的；陶铲和骨铲是松土和点种的工具；陶刀和石刀是用来收获农作物的；星罗棋布的窖穴除了一部分用来贮水外，大部分是贮藏农产品的；形制规整的石磨盘和磨棒，是加工谷物的工具。根据对出土的大批狗、羊、猪等家畜的骨骼分析可知，家畜的饲养在当时的经济活动中已经占有一定的比重。从出土的大量石镞、角矛、石球、鱼钩、网坠等工具以及鹿、狍子、獐、野山羊、羚羊、鱼、龟与鸟类的遗骸来看，可知先民们已经充分利用了当地的自然资源，渔猎业也非常活跃。总之，早在6000多年前的新石器时代．包头地区的先民们就过着以农业为主的定居生活，在他们创造的灿烂文化中，也包括原始农业。

以往对河套地区新石器时代先民的生产活动所作的以狩猎或者畜牧为主的论断，多出于臆测，恐怕是以有文字记载以后的我国北方民族的生产方式来推论的。考古资料表明，以畜牧为主的生产活动和经济生活在河套地区的出现，最早是在青铜时代，并非自古以来就是以畜牧为主。是什么原因导致了这一变化，还是一个有待于深入探索的问题。

在阿善遗址第三期文化遗存中发现的环绕遗址的石砌围墙是非常重要的发现，它是我国目前发现的时代最早的石砌围墙，为了解我国早期城堡式聚居提供了实例。从解剖的四段石墙遗址来看，存高在0.18～1.7米之间，这些石墙现在都掩埋在地下，地表裸露部分不足30厘米。石砌的围墙都建造在遗址所在台地的边缘，连绵不断，出入城堡的通道口还设有一间守候人员住的小石房子。石墙的外侧山势险峻，显而易见，石墙的修造是出于防卫的目的。与石墙同时出现的地面建筑物是遗址中的大型石砌祭坛。祭坛的形式是由象征天圆地方的圆形和长方形石框组成，建筑布局为南北方向排列，中轴对称。祭祀遗址的出现，代表着阿善三期原始宗教的萌芽和发展。

阿善遗址三期文化中布局井然的房舍，环绕村落起筑的高大的具有防卫功能的围墙，以及专供从事宗教活动的祭坛，绝不是偶然现象，这是社会发展到一定阶段的产物。阿善三期文化的年代与中国考古学的龙山文化年代大体一致，也与古史传说中的"夏鲧作城"的年代相吻合。这

石墙

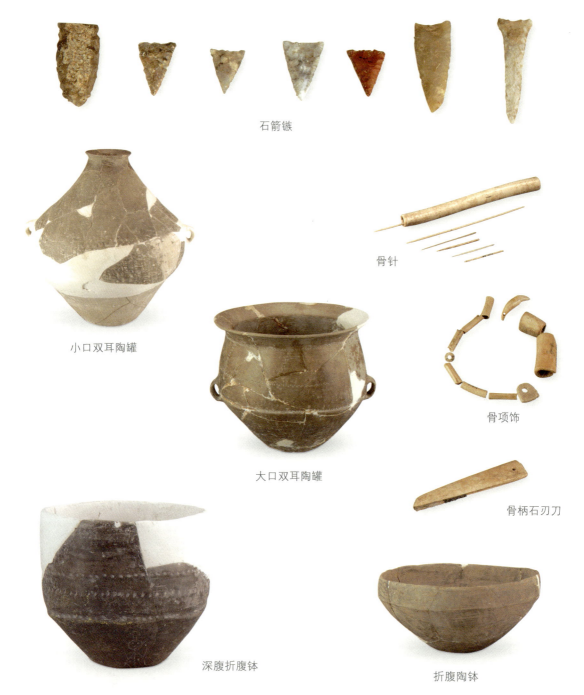

石箭镞

骨针

小口双耳陶罐

大口双耳陶罐

骨项饰

骨柄石刃刀

深腹折腹钵

折腹陶钵

深腹折腹钵下腹部人物图案

一时期是我国原始社会向奴隶制社会过渡的重要时期。学术界一致认为，此类城堡的出现，标志着此时氏族社会已经开始瓦解，文明的曙光已经隐约可见了。

2 东河区西园遗址

撰稿：刘媛
摄影：刘幻真　董勇军

内蒙古自治区重点文物保护单位。

西园遗址是内蒙古中南部地区一处规模较大的新石器时代氏族聚落遗址。遗址位于包头市东河区沙尔沁镇西园村西北大青山南坡的二级台地上。这里西去5公里是阿善新石器文化遗址。西园遗址所在的台地分为东西两个部分，西园遗址总面积约两万多平方米，地势平坦，北依大青山，南临黄河，一条水沟纵贯其间，自然环境非常宜于远古人类生存。该遗址是刘幻真先生在大青山西段考古调查时发现的，调查报告刊于《考古》1986年6期。1985年，内蒙古社会科学院与包头市文物管理处对遗址进行首次发掘，发掘报告刊于1994年科学出版社出版的《考古学集刊》。1988

发掘现场

年，内蒙古考古研究所与包头市文物管理处再次对遗址进行发掘。发掘简报刊于《考古》1990年4期。西园遗址的两次考古发掘共揭露面积1355平方米，发现了新石器时代房屋建筑遗址45座、窖穴161座，另外还有属于青铜时代的墓葬9座（材料已另行发表），出土生产工具、生活用具及其各类文物标本800多件。上述发现为进一步研究该地区新石器时代文化提供了重要实物资料。

西园遗址的文化层堆积约在1米左右，保存较好地段的地层叠压关系分属四个不同时期的新石器文化遗存，其中第四期文化遗存的发现是主要收获。现举主要介绍以下：

第一期文化遗存。西园遗址第一期文化遗存的遗迹都已经被后期人类活动的遗迹所扰乱，仅保存零星的地层堆积，可以确认的一期文化的遗物都是陶器，而且都夹杂于后期文化的堆积中。这一期文化的陶器分为泥质陶和夹砂陶两大类。

以泥质红陶为主，夹砂红褐和灰褐陶产量少，夹砂陶胎质粗且疏松，多呈红褐色和黄褐色，泥质陶器均磨光素面，彩陶数量较多，其中以黑彩为主，红彩和褐彩数量少，纹样以宽带纹为主，另外还有勾叶纹和弧线纹等，夹砂陶以弦纹、绳纹为主，陶器均为手制，器形规整，部分器物口部有慢轮修整痕迹，器形有钵、罐、盆，典型器物有泥质红陶钵、夹砂红陶叠唇口弦纹罐。西园二期、三期遗存丰富，二期早晚两段房子

1988年西园遗址发掘现场

差异不明显，主要有圆角方形和前宽后窄的圆角梯形两种，均为半地穴式，平面布局规整，居住面及墙壁均抹白沙泥。门向南或西南，斜坡式门道，宽约50厘米，室内略靠门处设50厘米，深10厘米圆角方形坑灶，部分设有附灶。

西园三期房子形制主要有圆角方形，圆角梯形这一点延续二期形制，另外又增加圆形和凸字形两种形制，房间大体按东西方向成排分布，间距约5～10米，门向大多偏西南，三期晚段大多以前宽后窄长梯形房子为主，其形制和前期存在许多共同之处，不同处在于其进深明显大于间宽，说明其延续了二期前宽后窄的房子形制，也继承了设附灶和居住面、墙壁上抹白沙泥的习惯，二、三期灰坑差异不大以圆形、圆角方形、长方形多种类型，三期则以袋形灰坑为主，三期的窖穴出现在房子内设窖穴的现象。

二期的生产工具数量较少。石斧平面多呈三角梯形，横剖面呈扁圆形。两侧带缺口的长方形石刀发现较多，另外现有石磨盘。骨器发现针、针筒、簪制作精细。石环、陶环数量多，断面呈三角形。三期生产工具数量和种类都比较多，细石器除三角形另外发现柳叶形。石斧平面近长方形，横剖面多作椭圆形和近方形。穿孔石刀数量增多。骨器有凿、锥、刀、针、针筒、播种器、簪制作精细种类增多。石环、陶环断面呈半圆形。

二期陶器以泥质陶为主，其中褐陶最多，灰陶、红陶、橙黄陶次之，器形有弧腹钵、小口尖底瓶、直壁缸、敛口或直腹夹砂罐，夹砂罐多饰附加堆纹，通体饰绳纹，小口尖底瓶瓶底夹角近90°饰横篮纹，晚段彩陶数量减少，蓝纹增多以横向装饰为主。

三期陶器泥质以灰陶、灰褐陶、黑陶数量最多，红陶、褐陶数量减少，已不见彩陶，篮纹增多，以斜篮纹为主，折腹钵数量多。灰陶、灰褐陶胎表一致，黑陶、

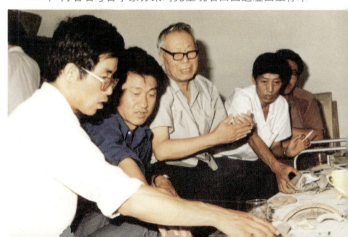

1986年8月著名考古学家苏秉琦先生观看西园遗址出土标本

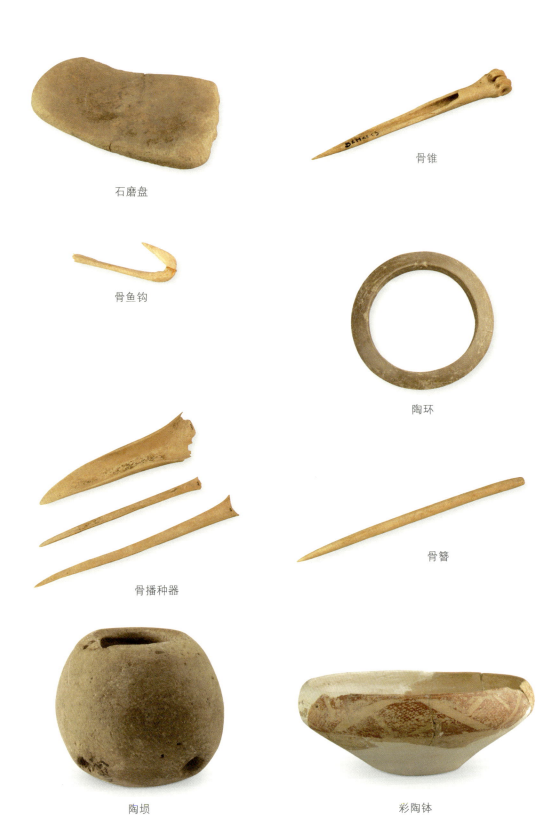

石磨盘

骨锥

骨鱼钩

陶环

骨播种器

骨簪

陶埙

彩陶钵

褐色陶往往胎灰表黑或胎红表褐，砂质陶器壁薄而匀称，胎多呈灰白色，表多呈灰褐色，夹砂陶以灰褐色居多，陶器均手制，大型为内条盘为主，小型的为捏制，有的口沿经过慢轮修整，纹饰主要为横向、斜向篮纹，有少量附加堆放、压印纹、方格纹、划纹，篮纹普遍应用于各种器物腹部、颈、肩、耳等处，手指压印的条状附加堆放纹见于瓮类颈部，坑点压印纹多见于瓮、壶颈部和折腹钵的腹部，器物种类有瓮、罐、盆、钵、瓶、壶、杯、器盖皆平底器。三期中还出土陶埙一件。

西园四期文化遗存陶片有泥质红陶、灰褐陶，夹砂红陶砂质红陶，纹饰有竖直线条状篮纹、绳纹、划纹、指切纹等，另外还有磨光者，器形有瓮和罐。

西园遗址发现的第一、二、三期文化遗存在内蒙古中南部地区是普遍存在的。第四期文化遗存在这一地区还是首次发现。这一遗存的发现不仅填补了河套地区原始文化序列的空白，也对于研究内蒙古中南部地区与邻近其他同时期文化遗存的关系十分重要。

关于西园第一期文化。西园第一期文化遗存发现不多，所见陶器包含有仰韶文化的后岗类型、半坡类型和庙底沟类型的文化特征，也与阿善遗址第一期文化的年代相同。

西园第二期文化遗存最为丰富，其文化特征与阿善遗址第二期文化基本相同。根据阿善第二期早晚两段^{14}C测定的数据，其年代分别为公元前3760年和公元前3415年。西园第二期文化在内蒙古中南部地区分布甚广，北起大青山，南到河曲，东至乌兰察布市。这一类文化遗存，自具明显的文化特征，是我国新石器时代文化中一个独特的文化类型。因而，可以确立为一个新的考古学文化。已有学者命名它为"海生不浪文化"，因为这类文化遗存最早发现于内蒙古托克托县的海生不浪遗址。西园第二期也与陕西关中地区仰韶文化的西王村类型有一些相似之处，反映出它与周邻地区文化产生过交流。

西园第三期文化。西园三期的文化面貌和特征，均显示它与阿善第三期文化以及周边地区同时期文化为一类型文化遗存。这一类型文化在内蒙古中南部地区不仅分布广泛，而且较密集，遗存已非常丰富。考古学界已经把这一类文化遗存命名为"阿善文化"。阿善文化的遗物分为早晚两个时段，西园遗址第三期文化亦与之相同。阿善文化三期早段^{14}C测定的数据年代为公元前2875年，晚段的数据为公元前2755年。

西园第四期文化，西园四期文化发现的文化遗存不是很多，遗迹都被近现代农耕扰乱，主要遗存是发现于耕土之中的生活器类。这一期陶器的种类、造型特征和装饰纹样个性都很强，在这一地区尚属首见。这种类型的器物却与陕西关中地区龙山文化时代的客省庄文化有些近似。西园第四期文化的年代应与之相同，约为公元前2500年左右。

西园第二期文化与西园第三期文化是属于同一个文化系统不同发展阶段的两种原始文化。它们的文化内涵有许多共同性，两者之间的承袭关系非常明显。西园一期文化与西园二期文化和西园三期文化与西园四期文化都没有发现彼此之间有承袭关系，而且时代上也存在缺环，解决这些问题都有待今后做深入细致的工作。

青铜时代

青铜时代遗存较少。夏商遗存，仅在昆都仑区北部发现夏代三足瓮，属朱开沟文化遗存。东周时期的遗存相对较多。西园春秋墓地清理墓葬七座、祭祀坑两座。达尔罕茂明安联合旗草原岩画中有一部分可到这个时代。固阳县前公中鹿像石大抵属于春秋时期。

⫼ 3 ⫼ 昆都仑区金兴药业遗址

撰稿：邢燕燕
摄影：刘小放

位于昆都仑区阿尔丁北大街与莫尼路交叉口北约0.5公里的包头市金兴胶囊有限公司院内。1996年夏，为配合金兴药业厂房建设而进行抢救性发掘，于地表2米深处清理出土一三足瓮。目前，遗址所在地为厂房。

三足瓮出土时倒置，除器身有三道裂纹外，其他均完好无损。瓮为泥质陶，器表灰色，器口略呈椭圆形，方唇，平沿，敛口。近口沿处抹光，卵形腹，圜底。底部接有三个小乳状袋形足。瓮身满饰细密绳纹，有裂纹，较长的裂纹有两两相对的4个修补孔。孔自外钻入，外径1.2、内径0.4厘米。瓮口径26、高57.5厘米。

该三足瓮具有器壁较薄，敛口，圜底，乳状足，器表施细密的绳纹，近口沿处磨光等特点，符合夏代三足瓮的特点。另外，器形与朱开沟遗址出土三足瓮相似，属于朱开沟文化范畴。考古工作者于1984～1997年对伊金霍洛旗朱开沟文化遗址先后进行了四次发掘，共发掘不同时期的房址83座、瓮棺葬19座，出土可复原陶器约510件、石器270件、骨器420余件、铜器50余件。专家们在对出土的遗址、遗物进行综合分析后认定，朱开沟遗址的时代上限相当于距今4200年的原始社会晚期，下限约相当于距今3500年的商代前期。朱开沟遗址，内涵丰富，特点鲜明，被学术界命名为朱开沟文化。

夏代三足瓮是包头地区首次发现的夏代遗存，这一发现不仅表明包头地区夏代遗存的存在，也为寻找包头地区夏代遗存提供了线索。

四个修补孔

乳状袋形足

椭圆形敛口

三足瓮

4 东河区西园春秋墓地

撰稿：邢燕燕

摄影：张海斌

位于东河区沙尔沁镇西园村北的大青山南坡台地上，距市区20公里，京包铁路与呼包公路均由村前东西穿过。

1983年春天，包头市文物管理处的工作人员进行第二次全国文物普查时，在大青山西段墓地所在的台地上发现了丰富的新时期时代文化遗存。经国家文物局批准，内蒙古社会科学院历史研究所和包头市文物管理处组成发掘小组，于1985年秋天对遗址进行试掘。在200平方米的发掘区内，除发现了内涵丰富的新石器文化遗存外，还试掘了两座春秋时代北方游牧民族的墓葬。1988年内蒙古文物考古研究所和包头市文物管理处在对西园新石器遗址作重点发掘的同时，在遗址范围内还发掘清理了春秋墓葬五座，祭祀坑两座，其文化面貌和1985年所发掘的两座墓葬完全相同。两次发掘共清理春秋墓葬7座。

墓葬所在的台地呈现北高南低缓坡状，平面为扇形，台地高出山下地表50余米。1985年发掘的两座墓葬位于台地的中心位置，1988年发掘的五座墓葬和两座祭祀坑都集中分布在台地西缘一座土丘的阳面斜坡上。台地上杂草丛生，地面没有墓葬标志。

所发掘的7座墓葬都属于小型土坑墓，墓口均在地表下20厘米开口，均呈长方形，四角弧收口。墓坑左壁下大多数挖有一个伸入坑壁偏穴，偏穴顶略呈弧形，偏穴的底都大于墓口。墓坑右半部都有长度和墓口相等的二层葬土坑。所有的墓都没

墓葬发掘区

5号单人墓葬

有葬具，成人墓长2~2.1、口宽1~1.8、深1.1~1.4米；儿童墓口长1.15~1.7、宽0.7~1.03、深0.7~1.08米。

葬式以仰身直肢葬为主、兼有少数屈肢葬和侧身直肢葬。无论哪种葬式，死者的右手均放在腹部，有的双脚相叠。葬法有单人葬和合葬两种，以单人葬为主，合葬墓仅有一座。死者年龄最大者30岁左右，最小1~1.5岁。

七座墓葬中都发现有牲畜头骨，以牛和羊两种为主，个别墓中有牛肩胛骨和蹄骨。各墓殉牲数量不一，多者46具，少者只有4具。殉牲的头骨都整齐地摆放在墓坑右半部的二层台上，其顺序以形体硕大的牛头摆放在最前面，羊头排列其后，且所有畜头的吻部均一致朝前，面向着墓主人。

随葬品多寡数量不一，数量悬殊较大。鉴于墓葬保持较好，各墓随葬品器物的陈放位置明确，组合完整，遗物亦保持完好。随葬品按质地分有铜、骨、石、蚌等几种。器类以装饰品为大宗，兵器不多，生活用具极少，没有陶器、生产工具和马具。装饰品约占随葬品总数的95%，其中以青铜制成的扣形饰、环和管形饰为主，此外还有铜耳环和用骨料和石料制成的项饰。兵器有铜刀、镞等。铜刀均为刀

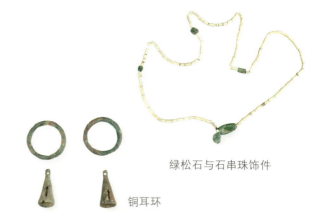

绿松石与石串珠饰件

铜耳环

身的一截，不见刀柄。镞多见骨质，铜镞只有一件。七座墓葬出土遗物共497件，其中青铜器180件、骨器40件、石器和料器318件（枚）。

西园墓葬的随葬器物与其他地区春秋晚期至战国早期的遗存相比较，其风格和形制相同，因此可以推断出该墓地的时代应为春秋晚期至战国早期。从墓地的丧葬习俗以及普遍的殉牲现象，可以表明畜牧业是当时社会经济活动的主要内容，墓主人以"逐水草往来、居无常处"而生活，具有明显的北方游牧文化特点，属于我国北方青铜文化系统遗存。此外，墓地内还埋有两座卵石祭祀坑，反映出死者生前有崇拜石头的习俗，这类遗存在内蒙古长城地带青铜文化遗存中尚属首例。

4号单人墓葬

3号合葬墓

⫴ 5 ⫴ 固阳县前公中鹿像石

撰稿：刘幻真
摄影：刘幻真　张海斌

包头市重点文物保护单位。

前公中鹿像石位于固阳县城东北24公里的前公中村，地属银号镇管辖。这里地处阴山山脉北麓的丘陵地带，周围群山环绕。1979年秋，在该村东北隅的山梁上发现一处鹿像石刻，像石面朝东南，是一座平地突起的天然岩壁，高约1.8米。刻像岩面十分平滑，似经人工琢磨，像石前为一平坦台地，面积约一千平方米。

鹿像是以线造型，线条用凿击法加工，印痕浅而密，色呈灰白，鹿的背部和臀部隐约可看到轻轻凿击的斑纹。鹿的形象为挺胸回首站立，双耳上耸，前腿作推拿状，取其动静相间，形态显得十分健

鹿像石老照片

美。整个画面构图非常简练，比例匀称，表现出耐人寻味的艺术效果，充分显示岩画作者观察大自然生活、表现大自然的艺术才能。

根据前公中村鹿像石刻所选择的地形位置及周围环境分析，鹿像石应是我国古代北方某一少数民族的图腾遗迹。

图腾制在我国出现很早，图腾崇拜并不是一种神教。在人们还尚未认识自然界的时候，自然界很多事物都被赋予神圣性。其中动物被神化是各民族宗教史上普遍存在的现象。"人在自己的发展中得到其他实体的支持，但这些实体不是高级实体，不是天使、而是低级实体，是动物。由此就产生了动物崇拜"（《马克思恩格斯全集》27卷64页）。《通鉴外记》就有"轩辕教熊、貔、貅、虎与炎帝战"的记载；另《国语·周语》亦记载周穆王在征伐犬戎的战争中"得四白狼四白鹿以归"。上述这些动物名称，实际上就是以动物为图腾的民族或部落之称。后来这种图腾制逐渐演变为原始宗教崇拜的内容。他们认为其原始祖先是从某种生物转化而来，从而便给予某种生物以最大的神秘性，认为人们如若侵犯它，便有各种灾难降临。因此，我们把前公中村这处鹿像石刻视为古代某一民族从事原始宗教活动的场所是有一定道理的。至于它的时代和族属问题，还有待进一步探索。

‖‖ 6 ‖‖ 达尔罕茂明安联合旗推喇嘛庙岩画

撰稿：王英泽
摄影：张海斌

内蒙古自治区重点文物保护单位。

位于达尔罕茂明安联合旗百灵庙东北45公里的查干散包地方，是一片山峦起伏的丘陵地，水草丰美。此地归达尔罕苏木，原有清代古刹，故名推喇嘛庙。约六百多年前，元代汪古部统治这一带的时候，留下了较大的村落遗址和农具，还有猎牧人的踪迹。是内蒙古草原牧业文化的发源地之一。

推喇嘛庙岩画可分为42个地点，庙周边就有10处，还包括道头岩画、五花散包、汉吉图、毕其格淖、哈达图、后河哈达等。其中岩画最密集的是推喇嘛庙西北约2公里的第一条岩脉上，西高东低，长400余米，宽10～20米，岩画凿刻在黑色或灰色的石块上，画面大部分完好。最为罕见的是一幅高1.41、宽1米的动物群图，有岩羊、北山羊和马等动物形象；还有马蹄印和里面有圆点和其他图形，巧妙的构成了一幅图案。

岩画凿刻于一列列纵横分布的岩脉上，画作于岩脉阳坡后面。岩画附近多有墓葬和小的居住址分布。

推喇嘛庙岩画的题材广泛，内容丰富。有人物、动物、居所、车辆、道路、什物、符号文字、天体岩画等。野生动

岩画上的马

推喇嘛庙附近草原

动物群

兽面纹及动物

舞者

梅花鹿群

马、鹿、虎、蹄印

舞者和动物

物岩画是达尔罕茂明安联合旗岩画表现最多的内容，种类有野羊、野马、野驴、虎、狼、豹、鹿、狐狸等；表现天象的有太阳、月亮、行星、飞行物；动物有狼、虎；生产工具有弓、箭、车等。此外，还

蹄印

头相对的盘羊

有人物肖像、碑碣和文字等。这些动物与古代先民的生活相关，是他们赖以生存的物质基础。至今一些奇怪的文字符号都无人可以破译，成为千古之谜。

岩画主要采用磨刻、凿刻和划刻的方法制作。磨刻法是早期岩画制作中经常采用的方法，它是用石头在岩画上进行长时间研磨形成图案，画面光滑细密。凿刻法是岩画制作的主要方法，是用金属锐器在岩面上凿刻出图像，画面自然、规整、清晰、造型生动、准确、流畅。划刻法是用金属锐器在岩石上划刻出图像，划痕细而浅，属于线条式的绘画。使用划刻法制作的岩画画面明快简洁，作画时代一般较晚。

岩画的创作年代最早可到五千年前的新石器时代，最晚也不会晚于元代，也有明清时期的。文化传承历史九千余年，这

也是草原岩画的一个特点。推喇嘛庙岩画的发现以后研究和了解古代北方少数民族的生活习惯和丧葬习俗提供非常重要的实物资料。

金钱豹、盘羊等

牵鸟赶马图

战国秦汉时期

　　战国秦汉时期遗存较多，特别是汉代遗存，最为丰富。中原农耕势力未达到之前，包头一带是匈奴的势力范围。在土默特右旗水涧沟门清理的一座战国时期土坑墓，为匈奴墓葬。

　　公元前300年，赵武灵王拓地九原，势力到达包头一带。包头市九原区的麻池古城北城即为赵的九原郡故址。赵国还在大青山、乌拉山南麓修筑了赵北长城。召潭火车站北二○八战国墓地，与赵国拓地九原后之移民有关，也有一些游牧文化的因素。达茂旗草原岩画有一部分属于这一时期。

　　秦汉时期本地区遗存最多。秦统六国后，北击匈奴，夺取河南地。公元前214年，又渡北河夺取高阙、阳山、北假，修筑秦长城，固阳县中部的秦汉长城即为其孑遗。随后，秦又于公元前212年自九原至云阳修筑直道1800里。直道与长城被誉为剑与盾的组合。

　　包头地区的汉代古城共发现9座，其中汉代麻池古城北城为秦九原城、汉五原郡九原县城，麻池古城南城为汉五原郡五原县城，古城湾古城为汉五原郡稒阳县城。包头清理发掘的汉墓有百余座，主要集中在南郊，经整理可分为5期。从墓葬反映的情况看，包头汉代在西汉晚期和东汉晚期经济文化较为发达。此外，达茂旗草原上新修两道汉长城。

7 ┃┃┃ 九原区麻池城址及周边汉墓

撰稿：张海斌

摄影：刘小放　董勇军　张海斌　刘幻涛　李烈

全国重点文物保护单位。

位于包头市九原区麻城镇镇政府西北200米。麻池城址周边汉代墓葬分布众多，数以百千计，有召湾、西壕口等十多个墓群。麻池城址和周边汉墓群分布区域，总体地势较为平缓，偶见小土梁分布。城址向北正对阴山山脉之大青山和乌拉山分界沟——昆都仑沟口，两者相距20公里。城址往南9公里为黄河。

1　麻池城址及研究

麻池城址是由两座城构成，一座位于东南（称南城），一座位于西北（称北城），东南方向城址的西北角和西北方向城址的东南角连接在一起。南面城址

麻池城址南城南墙

的西南角呈矩尺形内折。北面城址的西南角斜折。麻池城址最新测绘的总周长是4805.3米，占地面积为1100716.4平方米，合1651.0747亩。其中北城北墙长767米，西墙长561米，西南内折墙180米，南墙352米，东墙573米；南城东墙671米，南墙511米，东南角内折墙南北175米、东西98米，西墙290米。北城北墙正中设一门，南城南墙正中也设一门。20世纪60年代资料说南城西墙设一门，现已分辨不清。现南城东墙正中有一缺口，车辆可通行，不能确定是否是当年城门。北城北墙和南城南墙设城门，城门宽15米。城址方向8度。

城墙均为土筑，北城城墙残高约2米，宽约3米，夯层厚9厘米。南城城墙保存较好，最好的南城墙高在7、8米，宽20米，夯层厚10～15厘米，夯层间还见杠

孔。南城南墙东端1988年立一汉白玉保护标志，背后说明文字讲城址是汉五原郡稒阳县城，后北朝初期为五原县城址。说城内"文物蕴藏丰富，叠压关系复杂，北部以汉式为主，南部多为北朝初期建筑"。北城内南部约为南墙的中间位置发现三个夯土台阶，南面一个位于南墙附近，高1.5米，东西长13米，破坏较为严重。北面两个位于南部夯土台阶的北174米，较南面的规模大，两个相距72米，东边一个现底径33.6米，高4米，西边一个底径32米，高4.5米。三个台基呈"品"字形分布，约呈覆斗状。

关于麻池城址的地望，一说是汉五原郡稒阳县城，依据是麻池城址西南角内折，与《水经注》记载的是河水决其西南隅特征相符，但《水经注》记载的是黄河水而非石门水。此一说不能成立。也有人

麻池城址南城东墙

认为其为临沃城，是基于巴彦淖尔市三顶账房城址是九原城而言。

麻池城址北城应当是战国、秦九原城，汉五原郡九原县县城，南城是汉五原郡五原县城，汉之后到北朝有沿用。《水经注》河水三"又东经九原县故城南"下，注曰：九原县"西北接对一城，盖五原县之故城也"。麻城城址的两座城东北-西南分布，北城的东南与南城的西北相衔接，此种形制与《水经注》所记九原相对位置及"对接"的特点相吻合。按照郦道元所记九原在东南，五原在西北。但从实际考古调查看，两个城的时代北早南晚，西北方向城有秦和汉代的遗物，东南方向城有汉和北朝的遗物。城墙的夯层也是北城更窄一些。郦道元生活的时代相距汉代已有三百年历史，不一定准确无误记

述汉代历史地理，很可能出现记载上的颠倒失误。这样，麻池城址北城是九原城，是战国、秦九原，也是汉代五原郡郡治。南城是五原城，是汉代五原郡五原县。有人提出汉代两个县城为什么会连在一起？可能无法回答这个问题，但《水经注》确凿记载这两个县城连在一起，且麻池城址南城南北宽671米，东西长在700米以上，也够一个县城的规模。

麻池城址北城是包头及附近发现的面积最大秦汉时期城址，地处阴山重要通道昆都仑沟南口，地理位置十分重要；城址的位置在直道正对的方向，九原作为秦直道起点，符合史书记载"直通之"的记载；城址有三个高大夯土台基，在秦直道的终点陕西淳化林光宫遗址也有数个类似的大型夯土台阶；城址附近发现了数量众

城址附近征集的铜熏炉

城址附近征集的铜四神燃炉

城址附近征集的陶瓦当范祖（正面）

城址附近征集的陶瓦当范祖（侧视）

多的战国、汉时期墓葬，表明麻池城址一度曾经是阴山以南至关重要的边城。

包头附近具备以上特征的城址唯有麻池城址，麻池城址北城为九原城，当无疑义。东汉时期五原郡有一位著名人物太守崔寔，《后汉书》中有《崔寔列传》，传中记载这样一个故事，五原地方当时比较落后，虽然该地土壤适宜种植麻等纤维作物，但民间却不知纺织。老百姓冬天没有衣服穿就睡于草窝中，见地方官吏时则"衣草而出"。崔寔到五原后就"斥卖储峙，得二十余万，诣雁门、广武迎织师为作纺绩、织纴，练缊之具以教之，民得以免寒苦"。麻池得名是因为附近有许多沤麻的水池，看来麻池一带种麻、沤麻的历史已有1800多年历史。这也从侧面证实了麻池与九原城的联系。

九原城确定后，包头附近其他几个五原郡汉代城址依次考订为：昭君坟城址为宜梁县城（原在黄河北），三顶账房城址为成宜县城，孟家梁城址为稠阳县城，哈德门沟城址为原亭城，东河区古城湾城址为稠阳县城。

2 麻池城址附近墓葬

城址附近墓葬主要分布在城址的西南、东和东北以及北方。西南方向有距离城址7公里的召湾汉墓群、距离城址5公里的二道梁汉墓群、距离城址3公里的西壕口汉墓群、距离城址1公里的张龙圪旦汉墓群、距离城址2.5公里的卜太汉墓群，东部的有距离城址1.5公里的观音庙汉墓群等，东北的有距离城址4.5公里的窝尔吐壕汉墓群等，北部的有距离城址2公里的召潭汉墓群。

包头汉墓早在20世纪50年代为配合包钢建设由当时的内蒙古文物工作队就开

始发掘。1954年6月在包头南郊麻池村和召湾村清理汉墓11座，1956年4月在包头南郊孟家梁清理汉墓10座，1958年在包头南郊上窝尔吐壕清理汉墓4座，1964年在包头东郊古城湾清理汉墓1座。1979年开始内蒙古文物工作队和包头市文物管理所在召湾发现墓葬6座，编号为BZM40-45，其中M43破坏较甚未作清理，此前的1954年和1956年内蒙古文物工作队曾在召湾清理和发现墓葬39座，资料没有全部发表。之后，从1981年开始，一直到1998年，召湾汉墓的清理工作断续进行，具体情况为：1981年5月，包头市文物管理所清理墓葬3座，编号为BZM46-48；1982年包头市文物管理所清理6座墓葬，编号为BZM49-62，其中M50、M52-58因残破，未作清理；1983年，包头市文物管理所清理墓葬20座，编号为M63-85，其中M69、M75、M76破坏严重未作清理，M69有征集到的陶器；1984年，包头市文物管理所清理墓葬2座，编号

BZM86、M87；1986年包头市文物管理所清理墓葬2座，编号BZM88和M89；1992年，内蒙古文物考古研究所和包头市文物管理处清理墓葬8座，编号为BZM90-97；1998年，包头市文物管理处清理墓葬1座，编号为BZM98。其他地方的汉墓清理工作也在进行，这些工作均由包头市文物管理处完成，具体有1988、1994年在下窝尔吐壕清理汉墓6座，1990、1992年在观音庙清理墓葬2座，1994年在上窝尔吐壕墓葬2座，1995年在召潭清理墓葬3座，并在张龙圪旦清理墓葬1座，1984和1997年在包头铝厂清理墓葬8座，1998年在包头北郊边墙壕清理墓葬3座，2000年10月在明天科技股份公司，原包头市第四化工厂院内清理墓葬1座，2004年为配合内蒙古华电公司包头分公司河西电厂建设在哈林格尔镇卜太村南清理汉墓12座。另外，1999年内蒙古文物考古研究所为配合210国道建设在麻池乡城梁三队（观音庙）发掘墓葬3座，为配合包头南

张龙圪旦汉墓群航拍图

1号墓葬

墓葬

墓葬

卜大汉墓木椁墓

二道梁汉墓四室墓墓门墓道

二道梁汉墓四室墓中室

二道梁汉墓四室墓中室墓顶结构

绕城公路建设，在张龙圪旦清理了墓葬5座。2007年包头市文物管理处在九原区萨如拉办事处二道梁清理汉墓8座，城梁三队清理汉墓1座。汉墓的墓葬形制可分为如下几类：土坑墓，土洞墓，木椁墓、砖室墓四大类。

土坑墓平面呈长方形，竖穴较深，主要出土陶器。

土洞墓多带台阶和斜坡结合式墓道，个别为斜坡式墓道。墓室多为长方形，有

的在墓室一侧带一小龛或耳室。少量为方形墓室带后耳室，一例为多室土洞。

木椁墓分为带墓道木椁墓和无墓道木椁墓两种。带墓道木椁墓发现较多，有并穴合葬和单穴葬。椁外塞填残砖瓦陶器残片的木椁墓发现多，是包头汉墓一特色。

砖室墓，发现较多，分为单室墓和多室墓两类。单室墓一般为长方形，多葬二人，个别墓室窄葬一人。多室墓形制较多，有顶为纵向并列券的横置长方形前室

带侧耳室和后耳室的（有的为多个后耳室），有主室穹隆顶带并列券顶后耳室的，也有多室穹隆顶耳室围绕主室分布的，还有一种中轴线布局穹隆顶。

包头汉墓多数墓葬不同程度早年受过盗扰，随葬品保存完整的墓葬较少，给墓葬分期工作带来一定困难。墓葬出土器物以陶器为大宗，另有铜器、铁器、骨器、石器等。陶器出土多。

第一期　属西汉中期（公元前127年~公元前49年）。本期墓葬的上限定为公元前127年，下限大体到宣帝时期即公元前49年。此期墓葬仅在召湾和卜太两地发现。墓葬有长方形竖穴土坑墓、无墓道土圹木椁墓、带墓道土圹木椁墓。墓葬多有铜器出土，有铜锺、钫、熏炉等。陶器多见罐，有彩绘陶罐。多见漆器随葬现象。墓葬多单棺，单棺有横置棺现象。墓

葬的墓道多为台阶式。

第二期　属西汉晚期。约当元帝至平帝时期（公元前48年~公元6年）。

墓葬多为夫妻合葬墓，墓葬形制多见有带斜坡或台阶墓道的椁外塞填陶瓦片的木椁墓，长方形单室砖墓，长方形墓室带墓道土洞墓，有的在土洞墓室一侧开一龛。墓葬有并穴合葬的习俗。随葬品多见陶器，组合有壶、罐、灶、井为基本组合，另有博山炉、鼎、灯等。壶类为大宗，且盘口壶最多。灶为五孔或三孔船形灶，头比较圆。井有方形口的，似较"井"字形口的为早，"井"字形口的井，其宽井缘的似较窄井缘的流行早。釉陶器出现，有的特别精致，如召湾M47乙室出土的黄釉陶樽。晚期偏晚开始有陶俑，在灶旁，是庖厨俑。

第三期　属西汉末至东汉初。约当新

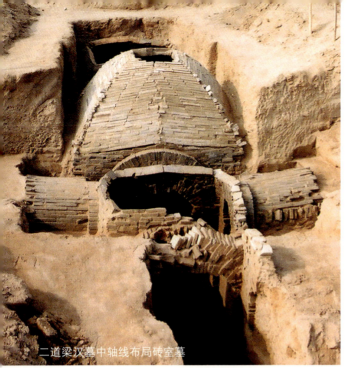

二道梁汉墓中轴线布局砖室墓

二道梁汉墓三室砖室墓

井井框一般细而规整。多见四乳四螭镜和"大泉五十"钱。墓葬多为夫妻合葬墓，个别为单人葬。横前室带双后耳室墓葬一墓内葬多人。

二、三期带墓道椁外夹塞陶瓦片的墓葬，陶瓦片中出土"单于天降"和"单于和亲"瓦当。此种墓葬在包头地区发现较多。包头的木椁墓，其内部结构基本相同，一般四角立柱，墓中央亦立一柱，此柱顶一竖梁，竖梁上担横木。墓门一侧立柱，其余三面顺墓壁横放木椁。包头汉墓中砖壁木椁墓在巴彦淖尔市磴口县汉墓有较多出现。

第四期 属东汉前期。约当光武帝二十六年至章帝时期（公元50年～公元88年）。

受王莽时期及东汉初的政治动乱影响，墓葬较少。方形墓室开始出现，一改以前以长方形墓室为主的习俗。墓葬为夫妻合葬墓。发现土洞墓和主室穹庐顶带小耳室砖室墓。土洞墓方形墓室带一后耳室，也有多室的。墓葬随葬品多见陶器，组合为罐、灶、井，以罐为主，罐为中领小口，肩部较鼓。不见壶。灶有圆角方形，也有尖头船形的。井为圆形。

第五期 属东汉后期。约当和帝时期至献帝建安二十年（公元89年～215年），发现的墓葬均为砖室墓，均带耳室。有夫妻合葬墓，也有一夫多妻的墓葬，如M91前室葬二女性，其应是墓主的妻妾。也有在一墓内埋葬多对男女的，应为家族墓。墓葬主室均是穹庐顶，耳室有单券顶的，也有穹庐顶的。墓壁砖较多见三横一竖的砌法。偏晚的墓葬墓壁微外弧。墓道多见窄长斜坡式。有明显封土堆，与西汉墓葬

莽至光武帝二十五年（公元7年～公元49年）上期流行的墓葬形制仍可见到，椁外夹塞陶瓦片的木椁墓带弧形墓道，较为少见。土洞墓有所变化，壁上的龛变成一小室。新出现横前室带耳室的墓葬，而且数量较多。此期墓葬多出敞口壶类和深盘口壶类。敞口壶有的有展沿的趋势，深盘口壶，显得口部宽大。釉陶器多。有直立的女陶俑，头上似顶一物，在该期新出现。船形陶灶头有变尖的趋势。"井"字形

召湾汉墓出土铜鎏金弩机

召湾汉墓出土四神陶博山炉

卜太汉墓出土朱雀玄武铜博山炉

四神陶博山炉青龙

四神陶博山炉白虎

四神陶博山炉朱雀

四神陶博山炉玄武

比，墓葬埋葬较浅。墓葬较多见一种中轴线布局的砖室多室墓，有的还有左右对称的耳室。这种墓葬在东汉后期北边较为流行。墓葬随葬品出土以陶器为多，基本组合为罐、灶、井。罐多为矮领鼓腹，器形较大，有的在肩部有纹饰。灶为方形，三釜孔，上面多有装饰。井为圆形井口，多带井架。壶较少，发现两件，为盘口圈足细颈，圈足呈高的倒置的碗状。另见耳杯、樽、盆、盘、火盆、豆、盒等。墓葬有大型模型冥器如陶楼等出现。见各种动物俑。出现绿釉陶器。墓葬中多见有画像砖，题材有马、虎等，墓底铺砖有的用文字砖，上写"富乐未央子孙宜昌"。墓葬有的有壁画，在砖上直接作画。墓葬有立碑的习俗。墓葬中多见石屋出土，是祭祀用的享堂。有的墓葬有明显的牲殉习俗，殉葬有牛、马、羊、骆驼等的头骨或其他骨骼。

包头汉墓从文化特征来看，一、二、三期是渐变的过程，三、四期间是突变，四、五期间又是个渐变的过程。三、四期间的突变与东汉初将五原郡，人民内迁有关。

包头汉墓墓葬形制和演变序列基本完整，以西汉晚期、东汉后期墓葬数量为多。汉墓出土陶器最多，有井、灶、壶、罐、鼎、盒、耳杯、案、樽、火盆、灯、豆等，另有漆、铜鎏金、银、铜、铁、石、骨、料珍珠、嵌珊瑚等器。大型墓葬有召湾M51木椁墓、召湾M91七室砖室墓、张龙圪旦M1七室砖室墓、观音庙M1六室砖室墓等。精致的出土物有黄釉陶樽、四神陶博山炉、铜朱雀灯、彩绘楼及各种人物、动物俑等。召湾出土的"单于天降"、"单于和亲"瓦当是与重大历史事件相关联的文物，反映的是西汉呼韩邪单于附汉和昭君出塞的史实。东汉时期包头地区石刻、砖刻艺术空前发展。石刻、砖刻出土物有汉建宁三年（170年）石碑、石享堂（屋脊雕刻青龙、白虎、龙等）、画像石、画像砖等。包头的画像

召湾汉墓出土黄釉陶樽局部

召湾汉墓出土黄釉陶樽

召湾汉墓出土"单于天降"瓦当　　　　召湾汉墓出土"单于和亲"瓦当

张龙圪旦汉墓出土彩绘陶盒

西壕口汉墓出土黄釉陶俑

张龙圪旦汉墓出土陶羊　　　　　　张龙圪旦汉墓出土陶猪

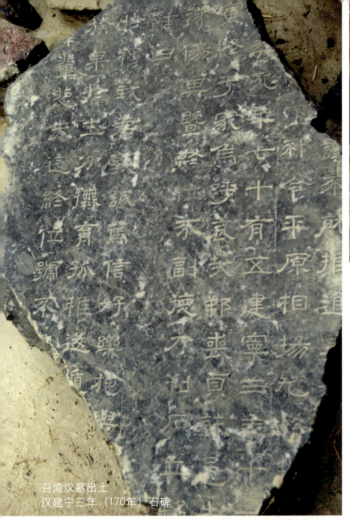

召湾汉墓出土
汉建宁三年（170年）石碑

二道梁汉墓出土漆奁

二道梁汉墓出土漆匙

观音庙汉墓出土朱雀衔环石墓门

石最早1990年出土于观音庙汉墓，刻绘朱雀、铺首衔环。包头的画像砖均为阴线刻，题材有马、虎、骑者等，笔法洒脱，粗犷豪放。

从墓葬反映的情况看，包头汉代在西汉晚期和东汉晚期经济文化较为发达。西汉晚期出土有雕塑精细的黄釉陶樽，四神博山炉等，是这一时期文化艺术的经典之作。形成西汉晚期经济文化繁荣的局面，是与昭君出塞后北边出现六十余年的安宁环境有关。正如《汉书·匈奴传》所记，"北边自宣帝以来，数世不见烟火之警，人民炽盛，牛马布野"。

东汉时期政府鼓励对五原等地边疆的开发，公元65年（汉明帝永平八年），汉

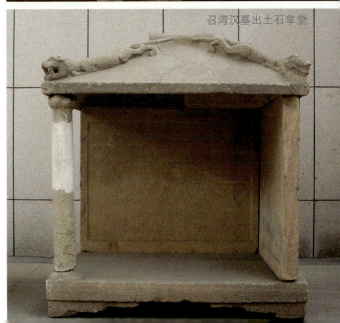

召湾汉墓出土石享堂

在曼柏设度辽营，派中郎将吴棠行度辽将事，副校来苗等屯田五原。并将各郡死囚减罪一等，赐予弓弩、衣、粮，至五原屯田。还有崔寔任五原太守时教人民纺织麻布，又"整厉士马，严烽候"，五原经济在东汉后期得到发展（《后汉书·崔骃列传》）。加之有匈奴不断南附，汉匈文化的交流，这一时期五原一带经济文化发达。

据《汉书·地理志》和《后汉书·郡国志》记载，五原郡西汉时人口为231，328人，东汉时为22，957人。东汉时汉人人口较西汉时差十倍。与此相反，东汉南匈奴内附后，包括五原在内的沿边各郡，南匈奴人口大增，到公元90年前后，已有户三万四千，人口二十三余万。就包头附近东汉和西汉时期墓葬比较，二者相差并不很多。包头东汉时期墓葬出现大量殉葬马、牛、羊等动物骨骼的现象，非常值得研究，它们或当与东汉内附的匈奴人有关。

8 固阳县城梁城址

撰稿：张海斌
摄影：张海斌

包头市重点文物保护单位。

位于固阳县下湿壕镇城梁村，省道311线北。城址附近为低山丘陵地形，东南和北方远望有山峦绵延，西方为山前梁坡。城址南距省道100多米。20世纪80年代包头市文物管理处曾对城址做过调查。城址构成较为复杂，以村中南北走向沟（当地人称井壕）为界可分为东城和西城，其中西城又分为四座城，自北向南一列分布，东城城墙不甚清楚，大致分为三座城。城址方向5度。城址总体平面形状似竖立长方形去掉右上角一横小长方形。保存较好的城墙宽6.5~7米，保存较差的宽3~3.5米，墙体外侧一面高约1米，内侧几乎与地平。因为多数城墙低矮，与地垄近似，实地不宜辨识。西城四个城自北向南编为1~4号城，东城也由北向南编为1~3号城，下面分别叙述。

西城1号城位于城梁村西北，较为完整，城址轮廓清晰，平面呈长方形，南北长215米，东西宽124米。城内地势西高东低，北高南低。北墙最北界向南102米为

西城2号城北城墙及1号城南墙

西城1号城南墙

西城2号城北墙

西城2号城东墙向北

东城北墙所正对位置。城内遗物较少，见到有泥质灰陶旋断绳纹的陶片，其中一件有暗纹，还有一夹砂灰陶方唇敛口陶器残片，肩部似有绳纹。该城与其南城址毗邻，但不共用城墙。

西城2号城位于1号城直南7米，与1号城方向、宽度相同，但不共用北墙，与其直南城址共用南墙。平面呈长方形，2号城规格为南北长129米，东西宽124米。城内东南角有民居。

西城3号城位于2号城直南，与2号城共用北墙。平面呈长方形，城南北长134米，东西宽124米。城址东北部较大面积为村民民房占据，东墙模糊不清。城南北部有建筑基址，可见板瓦、筒瓦等建筑构件。南墙、东墙保存较好。城内陶瓦片较多。

西城4号城位于3号城南，二城毗连，南墙保存较好，北墙利用3号城南墙，西墙破坏严重，不清晰，南墙西段50米隆起较高，东墙不存。从残存情况看，城址平面略呈长方形，城南北长114米，东西宽124米。城内东半部为民居占据。此城南墙与东城南墙在东西一条线上。

东城1号城位于西城1号城东南，西城2号城之东，城址西部为谷地，城内西南有树木及民房，南墙南部也为民居占据。平面略呈方形，边长236米。北城墙较为清晰，上堆散小石块，并建有少量泥质灰陶片，现墙体上建有小庙。南城墙与西城2号城南墙平齐，南、北城墙在低谷地带地表不见痕迹。西城墙与西城1、2号城共用。

东城2号城位于东城1号城南，西城3号城东。城址平面呈长方形，东西长236米，南北宽162米。墙体保存均较差。西墙利用西城东墙。南墙在西城3号城南墙东西延长线稍靠南位置。城内西部为低谷地，树木较多，东北为民居占据一小角。

东城3号城位于东城2号城之南，西城4号城之东。城址墙体保存不好，东南角城墙走势不清晰，约呈长方形，东西长

西城3号城西墙向北

西城3号南墙附近陶片、瓦片

236米，南北宽85米。北墙与东城2号城共用，西墙与西城东墙共用。城内北部正中和东部城墙有民房，西壁低谷地有树木。此城南墙与西城南墙平齐。

据当地村民反映，西城陶片及建筑材料地表散落较多，东城较少，井壕曾挖出人骨架，有的有口含钱，城内捡到过钱币。文物部门征集有"大布黄千"钱币。由于城址破坏严重，城门均不详。从地表遗物看，城址为汉代城址。

城梁城址处于阴山山脉大青山和什尔腾山相夹的东西狭长平川地带，向东可通武川，向西可通明安川，南通过五当沟可进入大青山以南平原地区，其东南2、3公里下城湾村西南也有一座汉代古城——下城湾城址（东西长542米，南北宽275米）。城梁城址所在位置为汉五原郡属地，该城址也是大青山后固阳境内面积较大的城址，或为五原郡下属某一县城。

9 ▍▍▍ 东河区古城湾古城

撰稿：王晓玲
摄影：王立新

包头市重点文物保护单位。

位于东河区沙尔沁镇古城湾村下古村委会南。城址背靠大青山，南邻黄河，背山面水，势当要衡。

1964年，内蒙古文物工作队的陆思贤曾对古城进行调查。在对古城全面调查的基础上，作了较为详尽的描述。包头市文物管理处的郭建中、车日格撰写的《黄河包头段沿岸汉代古城考》及张海斌撰写的《包头境内的战国秦汉长城与古城》均对古城进行了较为深入的论述。古城最早修建于战国，因筑于大青山和黄河相夹最近地方，扼东西交通的咽喉，所以它的军事性质是显而易见的，属于长城之内的一个塞上城堡。到汉代扩建，大概能够上一个县的规模。元代沿用。

由于历年雨水的冲刷、农耕与取土的原因，城墙大半已遭破坏，只有北墙和东

城址北墙

墙比较明显。古城平面略呈方形，土筑城墙。1964年调查时，北墙全长约610米，方向92度。墙体最高处5米，平均高2米左右，残基宽5米。黄灰色土，杂有大量砂石，夯层厚10～12厘米。现北墙墙基上建有一排平房，墙体高度不足1米。东墙仅残存北段，方向8度，残长23米，残高不足2米，基宽3米。南段依村中长者确指，距东墙残存处215米，全长575米。据此推算古城的面积应为36万平方米左右。南墙为取土平地埋没；西墙方向178度，可断续找到墙体遗迹，最高处约1.5米左右。城内为耕地和温室大棚。据村民介绍，80年代建温室时曾在地下挖出过方砖，现仍有一块被盖在温室墙下的水道上面，方砖边长30厘米，厚5厘米，没有纹饰。地表下1米层面曾发现有水冲后留下的淤泥层，古城附近

发现较多汉代墓葬，其中一墓葬瓦砾中发现模印牛头形象瓦当。古城内曾采集有汉式板瓦、筒瓦、陶器残片，元代人物石刻及钧窑磁州窑瓷片。城址西一卫生院前有元代石狮一对，风化严重。

关于这个城垣的埋没，早期与山水或洪水有关，因古城的地形是北高南低，北墙挡住了山水，故城外有厚约1米的砂石沉积。城内的地表淤泥层，则愈南愈薄，说明除山水外，还经过洪水的荡涤。而且在开辟农田以后，残存的遗迹也被逐渐夷为平地。城内遗物所反映的时代比较复杂，半卷式侈口陶盆，上限可以到战国，一般的绳纹陶器常见于西汉中晚期，而灰白色胎的素面陶器，东汉及稍晚一段时间较多。三国以后城址似已被废弃。遗物中的黑灰色胎卷口瓮和盆，以及钧窑瓷片，则

在元代遗址中常出现，说明元代曾沿用。

《水经注》记载的临沃县在石门水的西侧，这个县的位置应在包头市东河区以西和麻池古城中间。这一带至今未发现古城。临沃县之下是稒阳县城，古城湾古城与稒阳县的位置吻合。《水经注》记载稒阳县"河水决其西南隅"，说明稒阳县距黄河较近，附近地势平坦，易遭黄河水患。这与现在古城湾一带情形完全一致。所以古城湾古城应为汉五原郡稒阳县城。古城东两公里处，山与河相距不足3公里，是黄河与阴山之间一处狭窄地带，稒阳县扼山河之狭地，守东西进出之咽喉，因以"稒阳"为名。"稒"通固，有固守山河之意。此城名之稒阳县名副其实。

元代石狮头部

元代石狮侧面

元代诗文人物石刻

汉代牛头瓦当

‖10‖ 包头战国赵北长城

撰稿：苗润华　魏长虹
摄影：苗润华　魏长虹

全国重点文物保护单位。

在包头市境内大体呈东西走向，沿大青山和乌拉山南麓山脚下分布，东由呼和浩特市土默特左旗陶思浩乡圪力更村西北进入土默特右旗，起自美岱召镇楼房沟村东北0.9公里处，经土默特右旗、东河区、石拐区、青山区、昆都仑区和九原区等6个旗区，止于九原区哈业胡同镇西滩村西北1.4公里处（东经109°23'47.80"、北纬40°38'14.80"），向西进入巴彦淖尔市乌拉特前旗巴彦花镇乌宝力格村。包头市境内长城墙体全长近134公里，沿线调查烽燧40座、障城15座。

早在北魏时期，郦道元就曾发现并记录了这条长城。他在《水经注》中记载："芒干水（即今大黑河）又西南径白道南谷口，有城在右，萦带长城……。顾瞻左右，山椒之上，有垣若颓基焉，沿溪亘岭，东西无极，疑赵武灵王之所筑也。"1961年夏，翦伯赞、范文澜和吕振羽等著名历史学家应乌兰夫之邀访问内蒙古自治区，历时近两个月，行程1.5万里。翦伯赞在其考察报告《内蒙访古》中谈到，"现在有一段古长城遗址，断续绵亘于大青山、乌拉山、狼山靠南边的山顶上，东

西长达二百六十余里，按其部位来说，这段古长城正是赵长城遗址……我们这次访问包头，曾经登临包头市西北的大青山，游览这里的一段赵长城。这段长城高处达五米左右，土筑，夯筑层次还很清楚"。1964年，盖山林和陆思贤先生对赵北长城作过调查，较详细的踏勘了自呼和浩特西至包头市一段。1987～1989年，包头市文物管理处李虹、姜涛、张海斌等对赵北长城进行了专题调查。2009年6～8月，内蒙古自治区文物考古研究所与包头市文物管理处按照国家文物局长城资源调查的相关标准规范，对赵北长城进行了系统的科学调查。

包头市境内的赵北长城墙体，基本上都是夯筑土墙，局部见有石筑或土石混筑及山险墙体。通过石拐区南福永居长城4段、边墙壕长城2段等几个与长城墙体

石拐区南福永居长城1段沿山脊北行的墙体（南—北）

石拐区三元沟长城2段（东—西）

垂直的冲沟断面测量，测得墙体基宽在6～7.2米之间，夯层厚6～8厘米，层与层分明，平整而坚硬。测得墙体现存的两个最高点分别为6.6和6.8米。基宽在7.2米以上的墙体，都见有明显的后期补筑痕迹，最宽处的墙体达14.5米。墙体向上有收分，在青山区兴盛镇边墙壕长城1段，发现长城墙体南壁的原始轮廓，测得坡度为80°～85°。在这个壁面同时发现版筑痕，初步推测筑墙夹板高为40厘米。墙体均是直线构筑，一般是拐大于90°的斜角弯，也见有直角弯，通过折角变换方向，不见弧形转弯墙体。墙体经过阴山前南出的沟口，常常采用"八"或"几"字形建筑布局。既先沿着河谷东岸上溯，寻找适宜的通过点，过河谷后再沿西岸回折，至与东岸墙体折弯点相对应的地带再继续前行，如九原区梅力更长城12～14段为典型代表。也见有倒"八"字形者，既顺下游河岸环绕，主要见于较窄的沟谷，石拐区

永居1、2号烽燧、后坝烽燧、克尔玛沟烽燧、边墙壕烽燧、大庙烽燧，青山区二相公1~3号烽燧、东边墙烽燧，昆都仑区西水泉1号、2号烽燧，均为此类特征。二是九原区等山前相对平缓的丘陵地带则是倚墙体修筑烽燧，阿嘎如泰2~8号烽燧、乌兰不浪2~4号烽燧、阿贵沟1、2号烽燧、梅力更2号、4号烽燧和西滩烽燧，皆属此类。三是于障城内或附近设置烽燧，具体是克尔玛沟烽燧修筑在障城西南70米的山丘上，卜汉图烽燧建在障城内靠近北墙，阿嘎如泰1号和乌兰不浪1号烽燧均建在障城东北角，梅力更3号烽燧修筑在障城北墙中部外侧，三座烽燧均与障城连为一体。第四类是选择墙体南侧的高坡地上修筑，此类烽燧发现4座，分别是沙兵崖烽燧、庙湾烽燧、前口子烽燧和梅力更1号烽燧。烽燧之间的距离远近不等，地势平缓的地段距离近，最近者仅为200米，低山丘陵地段相隔较远，最大间距为2400米。庙湾烽燧是境内赵北长城沿线迄今耸立着的两座烽燧之一，底部长7.1米，宽5.4米，现存高6.45米；现烽燧体已出现两道纵向裂缝，随时有坍塌的危险，亟待抢救保护。

赵北长城沿线障城，均分布于墙体内侧，大多设置在沟口两岸。阴山中南北贯通的昆都仑沟、哈德门沟等沟口是防御的重点地带，调查发现昆都仑沟东西两岸墙体内侧各修筑一座障城，溯沟向北2.4公里的簸箕形山坡上，再修筑一座障城，作为沟口防御的前哨，三座障城在昆都仑沟南口呈"品"字形布局。哈达门沟障城呈"回"字形，外城东西213米，南北247米，内城置于外城中北部，呈不规则方

边墙壕长城6段和青山区前口子长城皆属此类；通过沟口两岸上溯或下延布局墙体，无疑拓展了区域性防御纵深。

　　包头市境内赵北长城沿线发现的烽燧，均为土筑，建筑在长城墙体内侧，或倚之于墙体内外两侧。根据烽燧的分布特点可分四类：一是低山与丘陵地貌选择墙体南侧的自然山丘顶部修筑，借助自然山势，登高望远，起到事半功倍的作用。土默特右旗胡洞沟门烽燧、石拐区南福

石拐区边墙壕长城2段（西—东）

形,边长45米左右,为境内赵北长城沿线最大的一座障城。昆都仑区虎奔汉沟西岸南北分布两座障城,平面形制呈长方形,其中北城南墙利用长城墙体,东西长71米,南北宽约47米。九原区梅力更障城呈南北向长方形,长50米,宽46米。除此之外的青山区二相公障城、昆都仑区卜汉图障城、九原区大坝沟障城和乌兰不浪障城也均修筑在沟口岸边,足见沟口是其防御的重点部位。石拐区后坝障城平面形制呈方形,边长80米,现存城墙最高处达8.5米。克尔玛沟障城平面呈方形,边长25米,北墙利用长城墙体构筑。

赵北长城障城中及烽燧下分布有较丰富的陶片,以泥质灰褐陶素面陶钵居多,其次是宽沿敞口盆,第三类是短颈鼓腹及折肩鼓腹罐,也见有粗绳纹圜底罐和陶瓮。前口子烽燧发现有陶豆,后坝障城中还发现残铁锛。

赵国是战国时期各诸侯国中较早修筑

土默特右旗庙湾烽燧(北—南)

九原区梅力更障城(东北—西南)

昆都仑区前口子长城附近出土的陶盆

长城的国家，赵肃侯十七年（公元前333年）以漳水、滏水（今滏阳河）的堤防为基础，筑长城，以防齐、魏。因所筑长城，位于南部，史称"赵南长城"。赵武灵王二十六年（公元前300年）于张家口之坝上及阴山南麓一带筑长城，东起代郡（今河北省西北部的蔚县），西至高阙（今内蒙古巴彦淖尔市乌拉特前旗乌兰布拉格沟口），抵御北方民族侵袭。因位于赵境的北部，史称"赵北长城"。《史记·匈奴列传》记载："赵武灵王

亦变俗胡服，习骑射，北破林胡、楼烦。筑长城，自代并阴山下，至高阙为塞。而置云中、雁门、代郡。"长城修筑的另一意图，是取道九原，"直南袭秦"。《史记·赵世家》载："武灵王二十六年复攻中山，攘地北至燕代，西至云中、九原。二十七年武灵王自号为主父，主父欲令子主治国，而身胡服，将士大夫西北略胡地，而欲从云中、九原直南袭秦。"

翦伯赞先生曾赋诗《登大青山访赵长城遗址》："骑射胡服捍北疆，英雄无愧武灵王。邯郸歌舞终消歇，河曲风光旧莽苍。望断云中无鹄起，飞来天外有鹰扬。两千几百年间事，只剩蓬蒿伴土墙。"2008年，石拐区人民政府与包头市文物管理处合作，在克尔玛沟的山丘上树起"赵武灵王胡服骑射铜像"一尊，兴建了"胡服骑射"广场。结合长城墙体与烽燧史迹，供游人参观凭吊。

‖ 11 ‖ 固阳秦汉长城

撰稿：苗润华

摄影：孙培新　苗润华　张海斌　董勇军

全国重点文物保护单位。

固阳秦汉长城大体呈东西向横贯于固阳县中部。东由呼和浩特市武川县庙沟乡黄家村进入固阳境内，起自银号镇陈家村东南0.9公里处，沿阴山北麓色尔腾山北坡上缘蜿蜒西行，经银号镇靳家沟南、大庙北、小窝兔南、三元成北和耳驹沟南，金山镇天盛城、车铺渠北、四成功北、康兔沟和天面此老北，西斗铺镇后西永兴北、邬家边墙壕北，止于王如地村西1.5公里处（东经109°39'40.90"、北纬41°12'13.70"），西偏北进入巴彦淖尔市乌拉特前旗东北部小佘太镇永新村东北。境内长城墙体全长近96公里，沿线调查发现

康兔沟段长城断面（东－西）

烽燧173座，障城5座。

1974年，贾洲杰、李逸友先生曾调查银号镇的一段长城。1987~1989年，包头市文物管理处对秦汉长城做专题调查，1990年在天面此老段石筑长城墙体上调查发现长城岩画106幅，以北山羊、骆驼等动物图案为主，亦见有骑马、骑骑驼及舞者等人物形象。1996~1999年的第二次全国文物普查期间，李逸友先生对包括固阳秦汉长城在内的内蒙古长城做了专题调查工作。2007年，包头市文物管理处组织专门队伍做了首次较为系统的调查，编写出版了《固阳秦长城》调查报告。2009年9~10月，内蒙古自治区文物考古研究所与包头市文物管理处按照国家文物局长城资源调查的相关标准规范，对固阳秦汉长城进行了系统的科学调查。

固阳秦汉长城墙体选择山峦的北坡上缘构筑，沿着山脉与丘陵蜿蜒起伏行进，墙体外高内低，旨在借助山势，居高设

天面此老段长城岩画—骆驼

天面此老段长城岩画——骑者和北山羊

防，易守难攻，以其实现防御功能的最大
化，是该长城修筑的显著特征。长城修筑
因地取材，石料充足的山地一般都是构筑
石墙，土壤充裕的地段则改筑土墙，土、
石墙交替，表现出墙体修筑上的灵活性。
在总长近96千米的长城墙体中，石墙59.7
千米，约占墙体总长的62%。金山镇天盛
城以东的石墙体多采用花岗岩石块砌筑，
中段车铺渠、四成功、康兔沟至哈叶忽洞
的石墙体，基本上都是采用山体上的黑

天面此老段长城岩画——驼鹿

色坋岩石块修筑，金山镇永和公段以西的
墙体大部分采用凝灰岩石块砌筑墙体。花
岗岩与坋岩石块砌筑的墙体整齐而坚固，
部分地段的石材呈较规范的长条形，加工
较为规整，大部分墙体现今依然遗存。沿
线在天盛城、天面此老等地发现3处采石
场，有的地段于墙体内侧采石后特意留下
石阶梯，便于士兵巡防攀爬。墙体修筑采
用水平错缝垒砌的方法，在纵向坡地上表
现得尤为突出，同时见有多处上下通直的
斜缝隙，倾角在45°～75°之间，类似于
"伸缩缝"，其目的是防止长城墙体整体
顺坡坍塌。通过大小沟谷时，根据过水量
在大小而于下部设置相应的排水涵洞；墙
体内侧常常发现排水或挡水矮墙，表明长
城修筑之初就非常注重水患防护，避免雨
水侵袭。墙体自下而上有收分，实测坡度
在75°～85°之间，银号镇水口长城4段

康兔沟段墙体（东—西）

冲沟断面测得一组数据为：基宽4.2米，顶宽2.9米，残高2米。金山镇天盛城长城1段"水门"处2007年曾修缮加固，墙体基宽5.5米，顶宽4米，外侧高5米。哈叶忽洞长城2段一段石墙体仍然保留着原始形态，基宽3.7米，顶宽2.2米，外侧高4.6米，内侧高1.6米，墙体外壁收分坡度为76°。土墙体长29.2公里，约占总长的30%。穿过川地、坡谷等石料缺乏的地段皆修筑土墙，现今一般呈明显的土垄状，夯层分明，板结而坚硬。通过两个冲沟断面测得的墙体基本数据，对墙体的原始形态得以大致把握：银号镇三元成长城1段墙体基宽3.2米，顶宽2.9米，高2米；哈叶忽洞长城4段墙体基宽4.8米，顶宽4米，残高2.3米，夯层厚10～14厘米。土筑长城墙体穿沟谷时，一般于易遭水患的谷底部位改筑石墙。第

三类是土石混筑墙体6.4公里，接近总长的7%。这类墙体一般出现在土质较差的地段，如银号镇大庙和西斗铺镇邬家边墙壕段，构筑方法是两侧垒砌石块，中间夯土而成。除以上三类墙体外，还发现山险墙145米、山险478米。

固阳秦汉长城墙体沿山背坡修筑，内侧的山丘或山峰顶部成为修筑烽燧的理想之地，借助山势，登高望远，便于及早发现敌情。在调查发现的173座烽燧中，土筑136座，土石混筑19座，石筑11座，利用自然山头修整的烽燧7座。山地中的烽燧间距大多在500米左右，丘陵间的烽燧相距在800米上下。现大部分呈土丘或石堆状，底部直径一般在9～13米之间。调查测量的几组数据，对烽燧的建筑规格可做大体了解：银号镇三元成3号土石混筑烽燧，方形，边长9米。三元成5号石筑烽

燧呈长方形，东西长9米，南北宽6米。金山镇程顺渠2号土石混筑烽燧呈长方形，东西9米，南北8米。西斗铺镇奋子塔1号石筑烽燧保存较好，呈方形，底边长10米，顶边长9米，残高3.5米。邬家边墙壕1号烽燧，夯土修筑，方形，东西长8.5米，南北宽6米，残高1.8米。这座烽燧是秦汉长城沿线保存较完整者之一，烽燧南坡连着居住址，长6米，宽约3米。四周有低矮的土垅状围墙，南北长约34米，东西宽29米。辟南门，宽2米。围墙西南部有11处石基址，为摆放的单排石块，多方形，边长在2～6米之间，也见有圆形的，直径6.5米。这类遗迹在平缓地带的烽燧附近几乎均有发现，多分布于烽燧南侧，平面呈方形，有的呈"田"字形，一般2～5个不等，布局简单，推测为夏季酷暑时节戍边士兵临时搭建的"窝棚"址。后西永兴7号烽燧，利用自然山头修整，顶面砌筑有长方形平台，长10.7米，宽4.5米。平台周围散布有陶片。

固阳秦汉长城沿线共发现障城5座，规格大小不一。银号镇长发城障城，坐落在沟谷南侧的低矮丘陵之上，北距长城墙体80米，呈南北向长方形，城墙土筑，长40米，宽26米。辟南门。碾房城址位于长城墙体南部2.2公里的川地北坡上，黄土夯筑墙体，平面呈方形，边长316米，方向180°。三分子障城位于河槽东岸的台地上，北距长城墙体300米，城区被辟为耕地，城垣现已不存，地表大体可分辨出两个建筑土台基，周围散布着筒板瓦及陶片等遗物。金山镇永和公障城修筑在河谷西岸、墙体南侧60米的坡地上，夯筑土墙，平面呈东西向长方形，长约90米，宽45米，北墙偏东部倚城墙外侧筑烽燧。西斗铺镇赵碾房城址位于村东南780米的河谷南岸台地上，南距长城墙体1.1公里。

天盛城段长城墙体（东—西）

耳驹沟11号烽燧（西北—东南）

后西永兴长城墙体及7号烽燧（北—南）

土筑城墙，城区现辟为耕地，墙体低矮，平面呈长方形，东西89米，南北69米。障城中的碾房城址，规模较大，保存较好，沿线仅此一座，应是汉代修筑的具有指挥中心性质的边城。赵碾房城址在长城墙体外侧，且附近未见烽燧。可以明确定为障城的，是长发城、三分子和永和公障城，结合烽燧，构成史料所载的"筑亭障"。所谓"亭"，也称作"亭燧"，指烽燧及与之连为一体的居住址，"障"是障城。

　　烽燧下大多都可以采集到陶片等标

天面此老长城1段墙体（东—西）

天盛城长城及土筑烽燧（东南—西北）

本。陶器可辨器形以宽沿盆居多，其次是矮颈罐、夹砂陶釜、瓮、甑和纺轮等。盆的口沿下一般施凹弦纹带，下施弦断绳纹；罐的腹部多施凸弦纹带，带间施泥条贴塑或压划的波浪纹；釜为圜底，下腹部施粗绳纹，上腹部有的压印"石门"戳记。采集的铁器有釜、锛和镬。王如地3号烽燧下还采集到青绿色玢岩日晷残片。

《史记·秦始皇本纪》载：三十三年（公元前214年），"又使蒙恬渡河，取高阙、阳山、北假中，筑亭障，以逐戎人"。明确记载了固阳秦汉长城修筑的统领者和始筑年代。两年后，秦直道开工建设，秦朝北部边防整体得到巩固与加强。《汉书·匈奴传》载：元朔二年（公元前127年），"汉遂取河南地，筑朔方，复缮故秦时蒙恬所为塞"。说明秦长城曾为汉代所沿用，调查采集的标本基本上是汉代遗物，由此通称为秦汉长城。调查发现西斗铺镇王如地有一段双墙，其中坡上的墙体为土石混筑或土筑，应为秦代始筑的墙体，汉代沿用时，已不堪复缮，因此于其北取直另筑新墙（长1019米，调查时列为附墙），这道新墙就应该是汉代沿用的直接证据。此外，沿线也常见"双"烽燧的情形。银号镇坝底长城2段骑墙修筑的

邬家边墙壕2号烽燧陶釜上的"石门"戳记

西永兴3号烽燧采集的铁镬

烽燧（调查时称马面）与东南坡上的烽燧相距88米，大德恒1号烽燧与倚墙修筑的烽燧相距34米，苏计坝4、5号烽燧相距46米。这类间距如此相近的烽燧，显然并非一个时期形成，而是秦汉时期相继修筑的结果。

罗哲文先生曾说："固阳秦长城是我国早期长城的典型代表，是中华民族灿烂文化的一个亮点"。

天盛城长城排水通道（南—北）

葛家边墙壕长城1段墙体及烽燧远眺（东—西）

‖12‖ 包头市汉外长城南线

撰稿：苗润华
摄影：杨建林　魏长虹

包头境内的汉外长城南线，东南由呼和浩特市武川县西红山子乡土城子村进入固阳县境内，起自银号镇石兰哈达村东北部的沙河西岸，在蒙古高原上沿低缓的丘陵谷地西北行，经银号镇杨树公村南、怀朔镇东北部的牛粪沟村、西号村、灰吞合少村南、后二圈村南、南曹力干村南、东海卜子村南、周喜财村西南、后板申图村南和边墙壕村进入达尔罕茂明安联合旗。再经该旗西河乡亢家渠村东南、铁勒格图村西、希拉哈达村中、楞子圐圙村南、西河村南、圐圙点力素和艾卜盖村北、明安镇绍日格图、浩来东北和乌兰敖包牧点，在钦布勒牧点西北1.5公里处（东经109°21′44.55″、北纬41°43′6.28″）进入巴彦淖尔市乌拉特中旗。境内长城墙体全长135公里，沿线调查发现烽燧42座，障城20座。

1975年，贾洲杰、李逸友、宝音陶克涛和唐晓峰曾对汉代"外城"做过调查。1986年～1989年，包头市文物管理处李虹、姜涛和张海斌曾徒步走完全线长城。2009年10～11月，内蒙古自治区文物考古研究所与包头市文物管理处按照国家文物局长城资源调查的相关标准规范，对汉外长城南线进行了系统的科学调查。

固阳县境内的汉外长城南线墙体长39公里，达尔罕茂明安联合旗境内墙体长96公里。长城墙体的分布与走向具有普遍规律性，即始终是选择低缓的丘陵谷地作东南-西北向穿行。长城墙体分土筑和土石混筑两类，土筑墙体总长104公里，占总长度的77%；土石混筑墙体31公里，占墙体总长的23%。除固阳县境内长城墙体部分消失外，达尔罕茂明安联合旗的长城墙体基本上都能够接续，连成一线。土筑墙体现呈低矮的土垄状，底宽在2～12米之间，顶宽1～5米，残高0.1～1.8米。夯筑土墙，夯层厚一般都在10厘米上下。土石混筑墙体集中在达尔罕茂明安联合旗明安镇的乌兰敖包至白兴一线，墙体两侧垒砌石块，中间夯土而成，基宽3～4米，残高0.3～0.5米。全线未发现明显的墙体断面，因此无从把握墙体修筑的原始规格；结合土石混筑墙体的数据分析推断，原墙

白兴长城6段墙体（西北-东南）

钦布勒长城2段墙体（西北-东南）

那日图长城1段土石混筑墙体（西北–东南）

体基宽应在3～3.2米之间。那日图长城1段土石混筑墙体保存较好，其南侧出现了一段土筑弧形附墙体，长666米，两端均与主墙体连接，平面略呈"橄榄球"形，有人认定是"障城"，但与现有发现的障城特征相去甚远。

调查发现的41座烽燧在固阳县分布7座，达尔罕茂明安联合旗34座；包括长城沿线设置烽燧与高山烽燧两类。其中长城沿线烽燧34座，包括土筑烽燧25座，土石混筑的3座，石筑6座。土筑烽燧现呈大小不一的覆钵形圆丘状，底径6～16米不等，一般在10米左右；高在1～1.5米之间。有的烽燧外围尚存有围墙，固阳县土城子烽燧围墙土筑，南北长28米，东西宽20米。围墙呈低矮的土垄状，底宽2米，残高0.1～0.4米。土

石混筑烽燧主要见于长城前半段的固阳县怀朔镇和达尔罕茂明安联合旗的西河乡，灰吞合少烽燧基础部分为石筑，上半部土筑，现呈圆锥体，底径8.5米，顶部直径2米，残高1.4米。外围筑长方形石墙，南北19米，东西15.5米，东墙南半部借用突兀的自然岩体。西河乡德成永烽燧，是沿线唯一修筑于长城墙体外侧山丘上的烽燧，南距谷地中的墙体550米。烽燧南侧是一处较大的石基址，长12.5米，宽9米。东侧的石基址呈方形，边长6.2米。北侧的三座石基址较小，作三角形分布，边长分别为3.5米、3米和2米。石筑烽燧集中在达尔罕茂明安联合旗明安镇乌迪阿玛以西一线，那日图和白兴烽燧基本保留着原始形态，近方形，底边长分别为6.8和8米。据此推测，包括土筑在内的烽燧原状都应该是

灰吞合少烽燧及围墙（西南—东北）

方形的高台体。烽燧附近一般都有居住基址，两者是分开的，白兴烽燧南侧石基址呈长方形，东西8米，南北5米，墙宽1米。这三类烽燧距墙体最近的10米，最远者1.6公里，以距离50～800米的较多见。烽燧之间的间距，按最近距离推算，应在950～2000米之间。

高山烽燧7座。在达尔罕茂明安联合旗营路至乌迪阿玛东南－西北40公里的范围内，长城墙体穿行的谷地南部是一条连绵起伏的山岭，与长城走向大体一致；山岭上有数座突兀的高山，海拔高程在1570～1650米之间。高山的顶端，前后分布着远离长城墙体的烽燧7座，可称之为高山烽燧。这些烽燧，自身有四个方面的本质属性：一是均建在高山上，平均高出墙体所在地貌100米左右；二是距离长城墙体明显偏远，在2.1～8公里之间；三是其北部的长城墙体沿线亦筑有烽燧，属于"重复"设置；四是烽燧皆为石筑。塔布敖包、稍林房子、那仁宝力格3座烽燧，在山脚下筑有将整座山体包围起来的石围墙；围墙底宽1.5～2.5米，残高0.5～1.5米。塔布敖包烽燧石围墙最为完整，周长2745米，面积近60万平方米。居中的稍林房子烽燧东侧围墙大部分借用自然山体为险，断豁处用石墙补齐。周长2070米，面积34万平方米。艾不盖2号和石龙烽燧围墙建筑在山峰顶部；仅同圣唐和窑子2座高山烽燧外围不设围墙。烽燧均建筑在山之最高点，烽燧下分布有石砌房基址。那仁宝力格烽燧位于最西端，坐落在海拔高程1645米的黑色半环形孤山上，山之西、北两面为悬崖峭壁，在东南－西北长1.3公里的

山岭上修筑石砌烽燧3座（调查时按1处统计）。面向东方的1号烽燧建在山丘顶部，呈覆斗状方形，底边长10米，残高1.5米。面向北方的2号烽燧建在山岭中部的最高点，亦作方形覆斗状，底边长9.5米，残高3.5米，东侧坡下平缓处是一长方形石基址，南北长11米，东西宽6米，中间有墙相隔。石墙基宽1.2米，残高1.2米。面向西北方的3号烽燧建在山岭顶部，呈较大的圆形石堆状，直径12米，残高3米。烽燧西侧也见有一处石基址，南北长15米，东西宽6米。外围石墙北、西两侧构筑在陡峭山崖的顶部，石墙宽约2米，残高1米左右。南部围墙

低矮简陋，局部仅见一行带有示意性的石块。围墙周长4050米，面积130万平方米。东北距长城墙体7.8公里，登临烽燧，视野开阔，控扼三方，十数公里范围内的敌情尽在把握之中。此类烽燧，与长城防线、沿线烽燧构成纵深达十公里的综合防御体，当具有区域性侦察指挥的功能，应为汉代"斥候"据守之所。

　　沿线调查发现障城共20座，其中小障城（铺房）13座，大障城7座。固阳县仅发现大障城2座，其余大小障城均分布在达尔罕茂明安联合旗境内。小障城呈方形或长方形，边长15～16米或长方形12×14米、14×15米、15×16米和16×18米等几种规格，墙体底宽5～7米，残高0.5～1.3米。由于障城较小，内部常常因积土而高于外部。小障城沿墙体南侧设置，较有规律性。距长城墙体在7～35米之间，以10余米者居多。辟东门或南门。沙茹勒拉2号与圐圙1号小障城的间距为1500米，那日图与其前面的小障城相距亦为1500米，表明此类障城是按等距离设置的。大障城平面形制多为方形或"回"字形，边长在130米左右，也有近于方形的长方形者，形制较为规范。达尔罕茂明安联合旗绍日根图1号障城位于较平缓的草原箕形坡地中央，夯土修筑。平面形制为"回"字形，内外墙间距15米。内城墙东西长133

希拉哈达烽燧及围墙（西—东）

塔布敖包高山烽燧及石筑居住址（东—西）

米，南北宽131米，四角筑有角台；外城东西长163米，南北宽161米，四角呈"垛口柱"状外突。东墙中辟门，门宽7米，外加筑半环形瓮城。方向128度。城墙底宽8～9米，顶宽2～4米，残高0.7～1.5米。调查的障城距墙体最近者25米，最远的是1.1公里，大多在二三百米之间。绍日根图障城西北距圐圙障城和东南距红卜其窑子障城（"回"字形）均为14.4公里，而红卜其窑子障城东南距圐圙点力素障城为5.1公里，圐圙点力素障城东南距德和泉障城为18.2公里，系包头境内汉外长城南线障城相距最近和最远的两个可靠数据。

《汉书·武帝纪》载：太初三年（公元前102年），"遣光禄勋徐自为筑五原塞外列城，西北至庐朐，游击将军韩说将

兵屯之，强弩都尉路博德筑居延。秋，匈奴入定襄、云中，杀略数千人，行坏光禄诸亭障"。汉外长城有南、北大体并列的两条线，不可能"同时修筑"，那么究竟哪条长城是史料所载的"光禄塞"呢？调查发现，只有汉外长城南线沿线分布着密集的大障城，间距在几千米至十几公里之间，与史载的"塞外列城"相吻合。在长城资源调查过程中，大小障城中或烽燧下，均未采集到陶片等相关沿用的遗物，这和遗物较为丰富的赵北长城与固阳秦汉长城的情形反差较大，分析当与长城沿用的时间密切相关；因为长城修筑的当年，匈奴既"行坏光禄诸亭障"。因此，汉外长城南线是徐自为修筑的"光禄塞"。

乌迪阿玛小障城（西北—东南）

南曹力干障城（南—北）

‖13‖ 包头市汉外长城北线

撰稿：苗润华
摄影：苗润华　魏长虹

全国重点文物保护单位。

包头境内的汉外长城北线，东南由呼和浩特市武川县二份子乡头份子村北进入达尔罕茂明安联合旗境内，起自石宝镇西沟子村东南2.1公里处，经石宝镇后哈彦忽洞村中沿狭窄的谷地作北偏西行，在前哈彦忽洞村西转西北行，进入宽阔的谷地，经下苏记村南、干楼铺村东，西北进入百灵庙镇。又经下房子村南、砖窑村东、黄花滩村和农牧队村中、蒙公所西，基本上是在省道104东侧与之并列西北行。大体于百灵庙北部穿越艾卜盖河后复转西北行，经阿玛音乌苏南、小林场东北、巴音花镇格吉格图东北、乌兰布拉格北、扎玛音呼都格东北、阿日呼都格、呼和鄂日格和胡勒斯台东北，始终沿着平缓的谷地西北向蜿蜒穿行。在呼莫格南穿越沙河，于河西转西偏北行。止点位于呼莫格牧点西南3.1公里处（东经109°29'45.15"、北纬42°6'12.65"），向西进入巴彦淖尔市乌拉特中旗，与白音查干长城相接。境内长城墙体全长近137公里，沿线调查发现烽燧7座，障城3座。

1974～1975年，贾洲杰、李逸友、宝音陶克涛和唐晓峰曾对汉代"外城"做过

调查。1986～1989年，包头市文物管理处李虹、姜涛和张海斌曾徒步走完全线长城墙体。2010年5～6月，内蒙古自治区文物考古研究所与包头市文物管理处按照国家文物局长城资源调查的相关标准规范，对汉外长城北线进行了系统的科学调查。

汉外长城北线在包头市分布在达尔罕茂明安联合旗境内的石宝、百灵庙和巴音花三镇，分布与走向和汉外长城南线相近，也是选择低缓的丘陵谷地作东南－西北向穿行。东南端两条长城墙体相距24公里，西北端相距44公里。以百灵庙镇为界，其东南部的墙体受历史上的农田耕种、道路修筑和村落建设等因素影响，石宝镇的东滩长城连续消失达12.7公里，总体保存差；百灵庙镇西北部的长城墙

赛巴雅尔长城1段墙体（东南－西北）

满达图长城1段"S"形墙体（东南-西北）

浩勒包长城1段墙体及外壕（东南-西北）

体，所经地貌为丘陵草原，整体保存状况明显优于东南部，除水土流失导致的长城墙体局部消失外，大部分墙体可以接续，连成一线。墙体皆为土筑，地表呈土垄状，底宽在2～8米之间，顶宽1～2米，残高0.1～1.5米。仅在百灵庙镇农牧队村长城1段断面上发现夯层，厚10厘米。墙体在草原谷地上蜿蜒前行，大部分地段呈内外弯曲分布，多处见有"S"状延伸的墙体，数公里长的直线段墙体较少。遇到山梁，均选择垭口处弯曲穿越。墙体保存较好的地段，外侧均可隐约发现壕的痕迹，局部地段较明显，

壕宽2～4米不等；表明筑墙主要是从外侧取土。百灵庙以西的草原地段，于黑敖包、西呼力苏、查干朝鲁、乌兰布拉格和呼和鄂日格等七个地点发现有护基石墙。这类石墙多出现在垭口处的墙体外侧，最高的不过三层石块，多数情况是墙基下摆放的一行石块。调查分析推断，石墙的功用应是对墙体的维护与加固，表明长城墙体曾经延续使用。

汉外长城北线调查仅发现7座烽燧，其中分布在石宝镇的是西沟子烽燧，百灵庙镇的是丹山烽燧和赛巴雅尔烽燧，西呼力苏、查干朝鲁1～2号烽燧和扎玛音呼都格烽燧均分布在西北部的巴音花镇。除查干朝鲁烽燧外，其余6座烽燧均建筑在海拔高程1480～1710米石砬山顶部，高出附近长城墙体所经地貌30～110米，自数千米之外即可眺望到山峰顶端"敖包"状的烽燧。烽燧均为石筑，现多已坍塌呈高大的圆丘状，底径18～30米，顶部直径8～10米，残高1.2～9米。烽燧下一般有石砌居住址，西呼力苏烽燧南侧的基址呈东西长方形，长13米，宽6米。查干朝鲁2号烽燧修筑在丘陵顶部，东、南和西南侧各分布有石砌建筑基址，均为方形，东、南两侧的基址边长5米，西南部的基址边长2米。丹山烽燧建筑在陡峭的山脊山，底部呈方形，边长10米，为烽燧的原始规格。受地势影响无法修筑居住址，但其东南200米为丹山障城，烽燧的值守者可直接居住在障城中。与汉外长城南线烽燧的最大区别，是烽燧四周不设围墙。烽燧皆建于长城墙体内侧，查干朝鲁2号烽燧距长城墙体0.3公里，距离最近；丹山烽燧距墙体2.8公

赛巴雅尔烽燧（东-西）

苏木图障城（西南-东北）

里，距离最远。查干朝鲁2号烽燧东南距1号烽燧2.5公里，西北距扎玛音呼都格烽燧8公里。据这两个较为可靠的数据分析，汉外长城北线烽燧的设置，远比汉外长城南线稀疏的多。

汉外长城北线的3座障城，分别是百灵庙镇的丹山障城和巴音花镇的苏木图障城、巴彦敖包障城。前两座障城是典型的"山城"，修建在高山顶部。丹山障城修筑在山峰顶端的东坡上，石块砌筑城墙，平面呈不规则五边形，略呈三角形。东北墙为直墙，西北墙沿山岭外弧，南墙中部向外突出。周长209米，面积为2801平方米。南墙中部外突处辟门，门宽4米。方向135°。墙体基宽5米，顶宽4米，残高约1~3米。城中地势西北高东南低，中部是一座长方形石砌平台，东西长20米，南北宽8米。平台中部有石砌房址，仅暴露

丹山障城及烽燧远眺（东南-西北）

东北角。东部是一道与东墙平行的石墙，宽0.7米，长24米，两端筑墙与东城墙相连，形成借用东城墙的简陋的长方形石基址。苏木图障城修筑在平顶石砬山的顶端，海拔高程为1550米。城墙为黄土夯筑，筑墙土自山下搬运而来。平面呈不规则梯形，东北墙长25米，夯层厚9～15厘米，2米多高的残垣赫然耸立。西北墙长38米，残高1～2米。西南墙长30米，宽2米，残高1～3米。东南墙长26米，残高0.2～0.4米；墙中辟门。障城周长119米，面积约为885平方米。西南角向外伸出边长为3米的石砌方形角台，与修筑在西南640米、更高山峰之上的苏木图烽燧遥相呼应。巴彦敖包障城位于境内最西端呼莫格村西南的沙河西岸台地上，平面呈方形，边长131米，南墙中辟门，外加筑瓮城。方向165°。城墙现呈高大的土垅状，底宽15～20米，顶宽4～6米，残高3～4米。周长524米，面积为17161平方米。北墙外42米并列一墙，较低矮，应为外城墙，表明障城原应为"回"字形城。

苏木图障城城墙与烽燧远眺（东北—西南）

巴彦敖包障城（东北-西南）

其余三面外城墙，皆因沙河水冲击而消失。障城规格与汉外长城南线基本相同，惟内外城墙相距稍远。该障城东南距苏木图障城29公里，推断为障城设置的大体间距，是汉外长城南线障城平均间距的两倍。

《汉书·匈奴传》载："其明年（公元前78年），匈奴三千余骑入五原，略杀数千人，后数万骑南旁塞猎，行攻塞外亭障，略取吏民去。"汉武帝太初三年（公元前102年）修筑光禄塞的24年之后，匈奴"行攻"的只能是汉外长城北线"塞外亭障"，因为南线已不复利用。汉外长城北线，当修筑于匈奴"行坏光禄诸亭障"之后至公元前78年之前的这段时间。长城沿线或障城采集的标本为绳纹、弦断绳纹陶片，加之墙体的局部修复痕迹，说明汉外长城北线曾持续使用。

‖14‖ 达尔罕茂明安联合旗愣子圐圙敖包

撰稿：杨建林
摄影：张海斌

位于达尔罕茂明安联合旗乌克忽洞镇楞子圐圙村北1.2公里。原来应是一座汉代烽燧，后被改建成了敖包。

敖包毛石干垒，整体呈锥形。顶部有现代人用毛石垒砌的锥形石堆，底部较阔。东南侧有一道贯通敖包顶部与底部的凹槽，宽约0.7米，为上下敖包的通道，隐约可见台阶。南侧残留有原石砌壁面的痕迹。敖包现高约7米，底部直径11～14米，顶部直径1～3米。在敖包周围，围绕敖包，有呈放射状分布的小敖包。

该敖包位于汉外长城南线北约1.7公里的山丘顶部，占据着这一带的制高点，视野极为开阔。经全国长城资源调查发现，沿着包头境内的汉外长城南线，分布有40多座烽燧，大部分位于长城墙体南侧，只有德成永烽燧在长城北侧500米之外的山丘上。德成永烽燧在愣子圐圙敖包西南约1.7公里，二者外形大体相同。不同的是，德成永烽燧土石混筑，在周围发现了四处类似于小房址的石基址。而愣子圐圙敖包毛石干垒，带有在烽燧中不见的登台通道，以及周围呈放射状分布的小敖包。这两点直接将其与烽燧区别了开来。

愣子圐圙敖包全景

但是，从愣子圐圙敖包南侧残留的石砌壁面来看，它原来应该是方形的，后来由于坍塌及人为改建变成了锥形。敖包一般平面呈圆形，而烽燧的原始形态一般平面呈方形，再加上愣子圐圙敖包与汉外长城南线的区位关系，表明它与汉外长城南线有很大关系，或是其沿线烽燧，后来被人为改建成了敖包。

草原上的牧人们对于改建和垒砌锥形敖包十分热衷。在固阳县中部的秦汉长城、达茂草原上的南北两道汉外长城沿线，凡是石砌的烽燧，几乎均被牧人们或多或少地"改建"过。或是在其顶部垒砌了锥形石堆，或是干脆改建成了敖包样式。德成永烽燧顶部也被堆了一个锥形石堆。

据学者考证，敖包的基本形制包括三部分：石堆；插置于石堆中央的树干或树枝；悬挂于树枝上的附属物，成条状的布匹（"克莫尔"、"哈达"）或其他物品。这三者中，石堆是敖包最核心的部分。而建造敖包时，一般都选择地势最高，植物最茂盛的山梁或丘陵顶部建造。这种特殊的选址正好与萨满教的天地宇宙观相吻合。敖包祭祀，除了它的宗教内涵之外，还有世俗功能，"在于标志特殊地形或疆界、道路等，也指示其界限"。草原上的秦汉石筑烽燧正好符合了修建敖包的这几个条件。首先，它出现较早，又

南侧残留的原石砌壁面痕迹

周围放射状分布的小敖包

占据险要位置，比较显眼，在茫茫草原上能成为一地的标识性建筑，往往也能成为路标，具备了敖包的世俗功能；其次，石砌的烽燧稍加改造便可变成敖包的最核心部分——石堆，为敖包建造提供了最为简捷便利的途径；第三，烽燧往往建于地势较高、视野开阔的地方，符合了敖包建造时的选址要求。以上三条决定了草原上的不少秦汉石筑烽燧，被后世改造成了敖包。愣子圐圙敖包便是其中的一个典型。通过对它的剖析，可以为敖包的起源提供一条研究线索。

║15║ 达尔罕茂明安联合旗后河墓葬

撰稿：孙金松
摄影：苗润华

位于达尔罕茂明安联合旗白灵镇西约5公里的后河村石人沟内，因遭到盗掘，内蒙古自治区文物考古研究所于2007年9月组队对该墓葬进行抢救性清理。

该墓葬为长方形、南北向，东西长约6米、南北7米，地表未见封土痕迹，墓室内填充大量巨型石块。墓底北部发现大量殉牲，只有长方形墓穴，未见尸骨。

根据墓葬形制、殉牲状况及填土中出土的扣饰分析，此墓应属于汉代匈奴时期。

墓葬远景

墓葬全景

墓葬殉牲

墓葬发掘现场

║16║ 九原区阿嘎如泰谎粮堆墓群

撰稿：张海斌
摄影：乌力吉

包头市重点文物保护单位。

位于包头市九原区阿嘎如泰苏木西部的谎粮堆地方。墓群北距包兰铁路80米，现筑有南围墙和东围墙分别从墓群东部和南部穿过，西围墙在南北土路路边，隔墙与巴彦淖尔市交界。墓群南距巴彦淖尔市乌拉特前旗先锋镇三顶账房村0.7公里，西南距五原郡成宜县故城三顶账房城址（位于下城壕村及西南）约1.5公里。

墓群多有高大封土堆，处于墓群西北角的一个封土堆高约8米、直径30米，一般墓葬封土堆亦在2～3米高。地表共发现21个封土堆，面积约98万平方米。墓葬近年不同程度遭到盗掘破坏。1980年，巴彦淖尔盟文物工作站和乌拉特前旗文化局曾对该墓群进行了清理。共清理六座墓葬，其中，M1-5为砖室墓，有多室墓和长方形单室墓，出土有陶灶、耳杯、盘及"五铢"钱等；M6为土坑竖穴墓，出土有虎、鹿、羊等动物金箔片，银柿蒂饰，铜印章、灯、厌胜钱等。墓葬时代为西汉晚期至东汉后期。

2008年包头市文物管理处在此抢救性清理了3座墓葬，其中一座木椁墓和一座

汉墓封土堆

壁画墓墓道（自里向外拍摄）

画像石墓墓门

画像石墓前室东南角

画像石墓后室

画像石墓后室顶部

砖室墓已严重破坏，另一座砖室墓也早年
被盗，但出土精美彩绘画像石。该画像石
砖室墓位于围墙区域的西南部，为多室穹
庐顶砖室墓，墓道向北，由长斜坡土墓
道、砖砌洞式甬道以及砖砌的前室、前室
西耳室、前室东耳室（两个）以及后室组
成。墓葬结构完整，墓内遗物早年被盗。
在墓道与甬道接合处设石墓门。石墓门门
楣已残短，一块较大，顶部横楣绘一组车
马出行图，墓门侧框绘应龙、白虎、楼
阁、人物等。墓门已经残破，绘朱雀铺首
衔环图案。画像石均采用减地平雕手法，
雕刻出轮廓，细部用彩绘表现。

门楣车马出行图两端残，最前为轺
车，惜前半部损毁，车内乘坐二人，车盖
伞形。后一骑，骑者穿赭红上衣下露裤，
戴进贤冠，前竖写墨书榜题一行，已模糊
不清，骑枣红马。之后为辎车，白马驾
车，旁墨书题"夫人辎车"，前一驭者，
后为红衣人，鳖甲式顶，前有帷幔下垂，
车内似有一双丫髻小孩。辎车车轮部位用
透视法绘画，画出车厢及里面一车轮轮
廓，红彩画出飞軨。辎车汉代多为妇女乘
坐，无后辕，内蒙古和林格尔东汉壁画墓
曾有"夫人辎车"榜题。辎车为后为辇
车，拱形顶，一人驾车，马车中间上方一
竖行墨书题记，模糊不辨。左下前方前有
一骆驼，之后一骑牵一马，前骑马身有黄
白色颜料残留，骑者着皂衣，戴进贤冠，
骑者前竖写墨书一行，可辨认"门下小
吏"四字，后面字模糊不清。后牵黄白色
马，备鞍，下有红线勾勒边缘红、白两色
鞍垫，马尾挽髻，鞍后有一红绳拖地，
末端如刷状，马前上方竖写六字，可辨第
二、三字为"阳令"，最后一字"马"。

画像石横楣残块

画像石横楣局部

画像石横楣局部辇车

画像石上部边缘饰以草叶纹，边缘线下饰以四只飞翔凤鸟。画面右下有山峦瑞草及长尾狐、凤鸟、奔兔，一只回首鹿画面残。画面用色主要为红、白、黑三色，各种造型有的涂色，有的用石原色，有的局部涂色。

门框两侧的画像内容大体对应，都分为上、中、下三部分。上部画两层楼阁图，庑殿顶，一层二羽人掩门，二楼对坐二人，四屋檐角上方各立一回首凤鸟。中部西侧门框刻绘二白虎，带翼，一执棨戟，一口内衔花，均作昂首阔步状；东侧门框绘应龙，带翼，执棨戟，昂首阔步，尾曲上翘，左刻绘悬圃及嘉禾。下部两侧各刻绘一门吏，着皂衣，执笏，东侧人物带进贤冠，旁有一几，西侧人物戴武弁，上方刻绘玄武，人物旁前上方均有墨书题记；在人物后上方有圆形花瓣状边缘装饰，代表日月，人物前下方还有桃形花叶装饰等。石刻先刻出图案轮廓，再部分或整体涂彩装饰，细部用墨线表现。

包头画像石1990年在观音庙汉墓中曾出土过，是雕刻朱雀衔环图案的一对石墓门，谎粮堆彩绘画像石属内蒙古首次报道的彩绘画像石墓。笔者曾在鄂尔多斯青铜博物馆见到类似彩色画像石发现。这些画像石风格与陕西神木大保当汉墓（该墓地被认为是匈奴墓地）画像石内容、风格相同。它们属于同一画像石墓区域，其风格体现了浓郁的北方草原文化因素。

画像石横楣

画像石墓门

画像石门框上部

⫴17⫴ 达尔罕茂明安联合旗敖伦敖包岩画

撰稿：张海斌　邢燕燕
摄影：张海斌

位于达尔罕茂明安联合旗查干哈达苏木腾格淖嘎查，敖伦敖包蒙语是"有许多敖包"的意思，因附近地形有一座座状似敖包的小山包而得名。这里深居内陆腹地，地处中蒙边界，属中温带半干旱大陆性气候。

岩画群分布在敖伦敖包向阳的石质山包或山梁上，共发现四百余幅岩画，其中有十余幅画幅较大，图案几乎布满石面。岩画的作画手法主要为敲凿和划刻，内容

敖伦敖包地貌

有狩猎、舞蹈、驾车、骑马等人物及车辆、建筑、蹄印、符号、文字等。

在这众多的岩画中，有一幅长5.1米、宽3.4米的大型岩画，是至今所见的草原岩画中最大的一幅。该岩画凿刻于一块向阳的平整岩石上，主要内容有毡帐式建筑、牵手长队舞者、曲折的道路、车辆、动物等，内容丰富，凿刻清晰。从画面看，图案之间有打破叠压关系，说明绘画不是一个时期完成的。一种凿刻较深，边缘齐整的动物图案，被敲凿较浅的毡帐式建筑图案打破。画面中的三个蒙古包建筑，其中一个建筑内一人坐于几上，旁有一兔首人物捧一器皿跪献，另一建筑两侧各刻一对飞翔人物，在整个画面的左上方刻有两个尾部相连的人物。这些画面明显受到汉代流行的西王母、玉兔捣药、羽人、伏羲和女娲等神话传说题材的影响，旨在祈求长生不老、成仙得道、生殖繁衍等。

敖伦敖包岩画所绘的人物中，有一幅两人并立的岩画，其中左侧的人物可清晰地看到头戴龙纹冠饰，与山西曲沃晋侯墓地出土西周玉人造型和所戴冠饰相同；戴牛角冠的骑者，其冠的形制与战国中山国玉人所戴冠相同；头部有兔状双耳的人物，与贝加尔湖查干扎巴的双角和近似三角形身躯的人物造型相同。

敖伦敖包岩画的时代主要为西周到秦汉时期。岩画画面清晰、内容丰富、造型生动、刻画精致、内涵深刻，具有较高的历史艺术价值，也折射出一定的思想性，在国内发现岩画中极为少见。敖伦敖包岩画许多题材内容为国内首次发现，为研究古代草原民族生产、生活、艺术思想情况提供了宝贵资料。

最大的草原岩画——草原聚落图

草原聚落图局部

两人并立

‖18‖ 达尔罕茂明安联合旗墙盘岩画

撰稿：王英泽
摄影：张海斌

包头市重点文物保护单位。

墙盘岩画又称呼热好来岩画，位于达尔罕茂明安联合旗新明安镇莎茹塔拉嘎查呼热好来牧点北，一列较高的山的阳面半坡。20世纪80年代初盖山林先生曾考察墙盘岩画。岩画数量较少，但绘画精致、凿

牧马图右上部

牧马图左局部

刻清晰、形象生动。其中有一幅牧马图，画面长2.25米，高1.35米，刻有50余匹马。这是一副宏伟生动的牧马图，牧马人在画面中间偏下位置，数十匹马宁静的在草场上食草。右上方有几位骑马者。马群之中有一昂头翘尾的牧犬。马形象逼真，少数简化，马多数有尾上翘，腰下凹的特点。距该岩画东50米左右的一岩面上也有几幅岩画，有策马扬鞭的马队、马匹、羊等。东南一公里岩石上有北山羊岩画。

牧马岩画群作为新发现具有典型的代表性和重大的文物价值，为研究草原民族的生产、生活、艺术提供了宝贵资料。

岩画人、动物、骑者

岩画人、动物、骑者局部

牧马图全景

魏晋北朝隋唐时期

魏晋北朝隋唐时期遗存发现较少。白云区朝鲁图发现有魏晋时期北方少数族遗存，有窑址和墓葬，利用了汉代烽燧遗址。包头南郊麻池古城附近曾征集到十六国时期的半人面瓦饰。

北魏时期的城址发现3座。固阳县白灵淖城圐圙城址是北魏六镇之一怀朔镇城址，达尔罕茂明安联合旗希拉穆仁城圐圙城址可能是六镇之一武川镇。在达尔罕茂明安联合旗东南部有北魏六镇长城南、北线。北魏时期的墓葬有固阳县蒙古族中学墓群、土默特右旗萨拉齐太和廿三年姚齐姬墓、包头西郊吴家圪旦墓群等。

隋的势力未到达包头。唐在包头设中受降城，城址北部正中，有一呈"凸"字形的大型建筑基址，有人考证为拂云堆拂云祠。

阴山北的草原地区是突厥人活动区域，草原上见到的地表垒砌石块的方形墓葬与突厥人有关。

‖19‖ 达尔罕茂明安联合旗东黑沙图遗址

撰稿：杨建林

摄影：张海斌　孔群

位于达尔罕茂明安联合旗乌克忽洞镇东黑沙图村西南。1981年，当地村民何继玲在遗址中发现金器窖藏，计有龙饰1件、牛头鹿角饰2件、马头鹿角饰2件。出土时金龙围绕其余四件。近来，文物工作者在出土地南约500米的地方发现有石圈遗址，是一近半圆形的石圈，痕迹比较模糊，可能与出土的金器有一定的关系。

金龙饰　长128厘米，重212克。两端均作龙头。形象相同，金片卷成圆管状制作，形制瘦长，五官、两鳃、下颌的纹饰点缀均匀，细巧精致。双角、双目、鼻孔，耳朵对称分布在中脊线两侧。龙角是在一根直的金丝上绕密圈，镶嵌焊接在龙头上。龙角前方两侧是龙眼，用狭薄条金片圈成桃形，尖部即作为眼角上翘，眼外加一周鱼子纹。眼两侧有金线盘曲的龙须。再前是用金丝圈成四个相背的桃形饰表示髭与鼻，鼻穿双孔，鼻髭之间有一串钉直通额部，用以贯联衔环。

金器窖藏出土地全貌（土房为金器窖藏发现者居所）

村民手指当年金器窖藏发现地点

龙身用金丝编缀，作绞索式管状空腔，外观似鳞片相叠，盘曲如蛇。龙身开端用一根金丝作七次屈曲，围合焊接封闭，构成一个具有弹性的环，固着在龙颈内的串钉上，作为第一节。第二节环做法相同，每一屈曲顺序套连在第一环的两屈曲之间，两端结合后焊接封闭，两环互相勾连。整个龙身由270个环连缀而成。因每一环自成一个封闭圈，与前后两环套连，它们可以任意环绕，伸缩自如。

金牛头鹿角饰 通高17.5、最宽处10.5厘米，每件重92克和89克。脸和角的正面用范浇铸，轮廓清楚，中心部位作鼓出的上大下小的葫芦形，布列五官，边缘平整。纹饰是用镶嵌、焊接等方法附加上去的。脸面作圆首宽额，颊部成弧线内收，嘴角外撇，吻部平整，整体轮廓与牛脸逼真。鼻尖作等腰三角形，内镶白色料石，上连三道鱼子纹，构成鼻梁，鼻孔向下，一似兽鼻。眉目圈

成桃形和圆形，原镶料石已脱落。脸框边缘平面用两周鱼子纹，内作连弧纹装饰；半圆形连弧纹圈内，镶有蓝、白、绿等色料石，大部已脱落。脸庞两侧的上下部，各附加一个圆形装饰，原镶料石已脱落，从整个面部看，极似牛反刍之状。一个牛头的右下角和另一个牛头的右上角的圆形装饰，都是断裂失落后另配的。修补的接口，用金丝铆合。

角由一根分出二支，分别插在额顶的两个孔眼内，上分四个枝干，两大枝在后，屈曲向上做五个分叉，两小枝在前，屈曲贴于大枝根部。整体好像一棵盘曲多枝的连理桂树，又像鹿角，每个枝梢圈成一环，悬桃形金叶一片。每个头上共悬金叶14片。

金马头鹿角饰 通高16.2、最宽处8.5厘米，每件重68克和70克。制作方法同上，因不作边缘平面边框，所以头部狭长，眼面处凸出，两颊下收，状如马头。

鼻尖镶白色料石，而鼻梁中线的上端（上额），用狭薄条金片圈一菱形装饰，内镶料石已脱落。两个头上桃形眉饰的料石尚存，呈淡蓝色，日光下泛雪青色。眉梢上端，另加一对圆圈纹。所有花纹和脸框周围，都有鱼子纹。

角作三枝并立向上。中间一枝不作分叉，枝干下部饰一周鱼子纹，犹如鹿角根部；梢部绕成一环，中段另加一环钮，各悬桃形金叶一片。两边两枝作对称的三分叉树枝式，共有分叉部位六处，在各分叉处镶嵌桃形饰料石三块，下面一块为绿色，上面两块为粉白色。桃形饰尖部向上，似三个花朵。所有花纹周围和枝干上均布有鱼子纹一周或两道。各枝梢也圈成一环，悬挂桃形金叶一片，金叶的边缘也作一周鱼子纹。每件头饰应有金叶十片，各失落一片。有的金叶当时已脱落，则另行穿孔再挂上去。有一片上作压点纹两周，与鱼子纹风格迥异，显然是后配的。

这批金器是中国古代北方游牧民族的遗物，它以草原传统的动物纹装饰为主，是牧民们所喜爱的一种形式。龙、牛头鹿角和马头鹿角，都已不是现实的动物，而是表示神兽。金龙一身两头，一个嘴里衔环，另一个嘴里应衔有挂钩，已失落，原来两头是能扣在一起的。作为项链，两个龙头正好垂在胸前。鄂尔多斯曾出土过兽头金项圈，应是这种金龙的祖型。

牛头鹿角与马头鹿角饰件，可视为北方草原动物纹牌的一种。匈奴的动物纹，以整体写实动物为主，其单作牛头、狼头之类，则形象细小，不能与之媲美。鲜卑族动物纹牌上的动物，已加以神化。此次出土的牛头、马头加鹿角的神兽与之相

金龙饰

似，据此推断可能是鲜卑族遗物。牛头树枝状鹿角和马头树枝状鹿角金饰牌，可认为是"步摇冠"上的一种装饰。步摇冠的兴盛是晋代以后。在鲜卑慕容部活动的范围内，都有冠步摇的风习，而且品类很多，花树式悬桃形金叶片的是其中一种。

出土这批金器的达茂草原上，北朝时有鲜卑、柔然、高车等民族先后在此活动。历史很短，战事频繁，金器的被埋藏地下，似与战争失利有关。然而，高车的女人们以皮革裹着羊骨头戴在头上，是不戴步摇冠的。柔然用何冠式，现在还不知道。鲜卑民族的上层统治者则喜戴步摇，这几件金器可能是北魏六镇起事时，鲜卑贵族在仓皇出逃下埋藏的遗物。

金马头鹿角饰

金马头鹿角饰

20 固阳县北魏怀朔镇故城遗址

撰稿：刘媛
摄影：刘幻真 董勇军 张海斌

全国重点文物保护单位。

位于今固阳县城东北35公里的阴山北麓怀朔镇城圐圙村西南，南距包头市区85公里，乡政府所在地白灵淖（今已更名为怀朔镇）12公里，包（头）白（云）公路从城址西北5公里处南北通过。

该城址是内蒙古西部地区规模较大的一处古城址。1927年，黄文弼先生随西北科学考察团途经这里时，曾对古城作过调查，疑此城可能是汉代之稒阳县故址。1979年，包头市文管处刘幻真先生与固阳县文化馆任永利对古城作了初步调查和文物标本的收集。同年十月在张郁先生的襄助下刘幻真先生再次对城进行详细勘测。完成了《固阳县城圐圙北魏古城调查》一文编写。文章认为，"城圐圙古城遗址即

东城墙

南城墙

是北魏怀朔镇故城"。1980年，内蒙古自治区考古研究所陆思贤先生在古城作深入调查，并且进行了试掘。发表了《内蒙古白灵淖城圐圙北魏古城调查与试掘》一文。1982年，刘幻真先生还于城址西区发掘了一座被盗扰过的北魏时期寺庙殿堂遗址。撰写的《北魏怀塑镇寺庙遗址》在《内蒙古社会科学》发表。

古城南依阴山，北倚蒙古高原，西南去40公里即是穿越阴山的咽喉要道"稒阳道"（今昆都仑沟）。由城址东行60公里是北魏的武川镇故城，沿阴山北麓西去75公里即可达北魏沃野镇故城。源于古城之北的五金河傍城北西墙外由北向南流过，该河的两条支流分别穿越古城的北墙与东墙入城，于城址西区偏南位置汇合后，流出城外注入五金河。古城一带土地肥沃，水源充足，耕牧两宜。据史书记载，孝文

寺庙殿堂遗址

怀朔镇城址城内

延兴三年（473年）铜佛像

出土铜佛像

出土铜佛像

帝太和十二年，"诏六镇、云中、河西及关内六郡，各修水田，通渠溉灌"。至今怀朔镇一带还被誉为是"后山"的"小江南"。

城址的平面为不规则长方形，地势北高南低，现存的墙体仅为一道低矮的土垄，墙体是用"三合土"夯筑而成。墙基见于现地表1.3米之下，宽11米。城墙的东北、东南和西北隅，均保留有角楼台基的遗迹。

古城的东墙长934米，北半段的遗迹尚存，南半段已被河水冲毁，没有发现门址。南墙长1416米，自东向西850米，墙体向内折直线斜收。门址在南墙正中。宽11米，现地表1.1米以下是原来的路面。西墙长1167米，尚存。南半段被河水冲毁，没有发现门址。北墙长1150米，墙体筑于一道岗梁之上，被河水分割为东西两部分。河床宽60米，河岸两侧，各有一个夯土墩与城墙对接，应该是守卫水门的哨所遗址。门址位于北墙中部，现为12米宽的豁口，钻探查明，在现地表0.8米下即可见当时的路面。

古城中被河道分割为东西两个区域。东区和南门外一带的田头地垄，陶器的残片俯拾皆是，调查古城时征集到的陶器、石磨盘、铁剑和铜佛像，都来源于这一带。发现的三眼古井，也都分布在东区。城址中可以见到的地面建筑遗迹都集中在西区。这一带地势较高，虽经耕扰，但地表上仍然可以看到瓦砾堆和建筑物基址。其中轮廓界限较为清晰的有四处。有一处基址南北长70米，东西宽40米，存高0.6米。基址上遍布瓦砾，有筒瓦、板瓦和瓦当等随耕地翻扰出来，并有石柱础

夹杂其间。与之相邻的几处建筑遗存虽规模略小，但都也是砖瓦结构。据此推测，这一带应该是当年衙署和官员居所集中地段。

1980年和1982年，内蒙古自治区考古所与包头文管所曾对城址西区靠南的一处建筑物废墟进行考古发掘，发现了一座佛教殿堂遗址，出土了一批与佛教有关的小型泥质塑像。殿堂遗址的平面呈正方形，进深宽度皆16米，殿堂的外墙用土坯砌成残存高10～30厘米，宽54厘米。殿门朝北，门道宽1米，殿堂中央筑有一座8×8米见方的夯土台，台的四角为弧形，高0.7米。土台四壁用白灰泥抹过，北壁上隐约可见壁画的痕迹。从殿堂的布局与土台的形制分析，该土台应是一座佛坛。殿堂的四壁与佛坛之间有一条宽1.5米的回廊。殿堂共设置有柱础32个，大部尚存，其配置分为内外两层对称排。外层的20个分别设置在四面殿墙的基础上，其余的设置在佛坛的边。柱础均为圆形，础面正中凿有柱洞。

泥塑像未见完整者，仅为一些残头像和躯干，计有佛、菩萨、供养人和力士等。佛的头像束发，头顶部有髻、面相丰满；菩萨头著宝冠，面相丰圆端庄。这些造像的风格与大同云冈石窟第二期造像的风格相同，应是北魏平城时中期作品。

古城遗址中发现的遗物时代特征都明显。生活器皿的陶器，装饰纹样有压光暗纹、水波纹、弦纹等，这几种纹饰都是北魏时期特有的风格。建筑材料中的板瓦，瓦身前沿都有手捏成型的滴水槽；莲花纹瓦当的花瓣有瘦长型和宽型两式；前者具有北魏早期特征；后者则流行于北魏平城

石雕龙纹座

铁鼎

"佛牙"

铁鍑

石砚台

三角砖

铁犁

泥塑佛教塑像

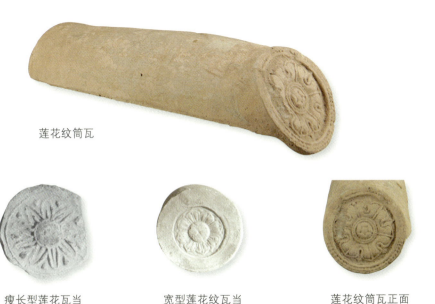

莲花纹筒瓦

瘦长型莲花瓦当　　　　　宽型莲花纹瓦当　　　　　莲花纹筒瓦正面

时代晚期。石雕的柱础形制和图案与山西省大同石寨山北魏司马金龙墓出土的石柱础大致相同。

北魏于天兴元年（398年）定都平城（今大同市），为了拱卫京师，选择阴山之北自西向东营建了沃野、怀朔、武川、抚冥、柔玄和怀荒六个军事重镇，以内屏障，史称"六镇"。据《魏书·地形志下》记载：怀朔镇于"延和二年（433年）置为镇，后改为怀朔。孝昌二年（526年）改置为朔州"。

其实自北魏正光五年（524年）六镇起义发生，怀朔镇就频遭战火洗劫，加之人口大量流失，虽"改镇为州"，但已是名存实亡。所谓"六镇荡然，无复藩桿"，即是怀朔镇走到历史终点的真实记录。

怀朔镇城，在北魏时期河套及阴山地区政治和军事方面占有重要的地位，从建成到废弃近一个世纪，期间几乎经历了北魏王朝兴衰的全部历程。因此，怀朔镇的发现，不仅解决这座古城的地理位置问题，也为今后深入工作奠定了基础。

‖21‖ 达尔罕茂明安联合旗希日穆仁城圐圙城址

撰稿：杨建林
摄影：张海斌　魏长虹　王新文

内蒙古自治区重点文物保护单位。

位于达尔罕茂明安联合旗希日穆仁苏木城圐圙村。盖山林认为该城为金元时期的古城，张海斌确认其为"北魏时期重要城址，可能与武川镇有关"。

城址坐落在召河与哈拉乌素干河（不连河）交汇处的河洲地带，四面环山，城东、北有召河流过，城南有哈拉乌素干河流过。城西不足100米有北魏长城穿过，西南1千米有金元时期的城梁古城。

城址由大城和小城组成，两城东西排列，间距85米。大城居西，平面呈长方形，方向356°，东南角略向内折。东、南、西、北墙分别长390、330、410、435米，东南角内折部分长115米。夯土城墙，宽约10米，残高1米。四墙各设一门，宽约5米，门两侧有土墩。城四角有角楼址。北墙、西墙、南墙各有两座马面，等距分布在北门、西门和南门两侧；东墙上有一座马面，分布在东门南侧的墙上。城内西南隅有一内城，矩形，东西长205、南北宽185米。西、南墙为大城西、南城墙一部分，另筑北、东城墙。墙宽2、残高0.5米。内城东北部有3处建筑基址，外观呈堆状，附近散见筒瓦、板瓦等建筑构

件残片。

小城位居东侧，平面呈日字形。墙宽约6米，残高1.5米。中部偏北有东西向隔墙一道，将城分成南北两城。北城略小，矩形，东西长80、南北宽75米，四角有角楼，只有一座东门，宽约6米，门两侧有土墩。南城稍大，西墙略向外撇，东、南、西、北墙分别长155、125、150、80米，有东、南两座城门，均宽约5米，门两侧均有土墩。在小城北墙和西墙外发现有护城河。

在大城东侧，有一个半圆形垄状墙，将小城包括在内，并且两端与大城东北、东南角相接。墙宽约1.5米，残高约0.4米。两个城内地表散落有陶罐、盆、壶、筒瓦、板瓦等残片。

关于城址的时代，以前一直认为是金元时期。张海斌在1996年实地调查的基础

大城航拍图

大城东墙

上认定："（城中）没有发现金元时期的遗物，而较多发现了属北魏时期的遗物，如瓦沿用手指按印波浪式花边的板瓦、水波纹和暗纹陶片等，充分证明古城的时代为北魏时期。大城之东的小城内采集到粗颈盘口罐和展沿壶等，为北魏时期遗物，不见其他时期遗物，它应与大城同样，属北魏时期古城。"

关于城址的性质，张海斌认为可能与北魏的武川镇有关。目前关于北魏武川镇的地望有两种观点比较流行：一、武川县土城梁古城为武川镇故城；二、达尔罕茂明安联合旗与武川县交界处的二份子古城为武川镇故城。

第一种观点自20世纪50年代以来一直为史学界、考古界所采用。持这种观点的依据是郦道元《水经注》注文中的记载：白道中溪"水发源于武川北塞中，其水南

流经武川镇城"。白道中溪水为今呼和浩特西北大青山乌素图沟（一说为水磨沟，其上游为抢盘河）。它发源于武川县城南面的丘陵区，汇集附近的山中溪流，流经大青山乡（原乌兰不浪乡）的土城梁古城东，再经马家店至蜈蚣坝下，称坝沟；再流经碌碡湾，南流至老园子村，称为乌素图沟；然后从乌素图沟村南流入大黑河。据此，只有武川县土城梁古城可能为武川镇。但是有研究者认为，土城梁古城规模较小，地理位置稍偏，且位于山巅之上，城内又有代表一定等级的柱础、瓦当出土，其军事性质稍差，可能为魏帝行宫之一，而非武川镇。

第二种观点是在推翻第一种观点的基础上提出来的，认为达尔罕茂明安联合旗和武川县交界处的二份子古城大约是武川镇城。该城正位于一山口地带，南北两山之间，形成一天然关口，东为一开阔地

大城西墙

大城东北角及小城航拍

带，城旁有小溪，恰在武川去达尔罕茂明安联合旗白灵庙的交通要道上。公路穿古城而过。古城为一不规则长方形。西垣全长744米，北垣全长680米，保存较好。城址较大，是武川境内最大的古城之一。城中遗物陶片、瓷片、石器、砖、筒瓦等均为典型的北魏遗物。但是这个古城距阴山山脉两个重要通道，古石门水（今包头昆都仑河）及白道（今呼和浩特市乌素图沟附近的蜈蚣坝）均有一定距离，地理位置不是很重要。另外，它距白道中溪水甚远，约53公里，且水在城西，与郦道元《水经注》中白道中溪"其水南流经武川镇城"不合。

以上两种观点都存在一定的问题，张海斌提出第三种观点，认为希日穆仁城圐圙城址是武川镇故城。他从郦道元《水经注》中的记载出发，比照其中关于怀朔镇的记载，认为：尽管具体而言，《水经注》对怀朔镇、武川镇方位记述不准确，

大城南门

小城西南角

大城地表遗物

但总体考虑，怀朔镇与石门水有关，武川镇与白道有关，这一点是无误的。经考古工作者确认，固阳县百灵淖乡的城圐圙古城为北魏怀朔镇，城址正好处于昆都仑河（古石门水）上游五金河上，控扼昆都仑北口。与白道相近的城址，除土城梁古城外，也只有希日穆仁城圐圙古城了。其为武川镇城，正好扼白道北口，与怀朔镇所处的地理位置是非常相似的。

近来，武成又提出，武川县下南滩古城是武川镇故城，提出了四点依据：一是下南滩古城所环绕的水系于《水经注》记载完全吻合；二是从地理位置上，该城正处于扼守白道北口处；三是下南滩古城南有河，与史料记载相合；四是下南滩古城规模不大，与《元和郡县图志》中所记"里城"的规模相当。

相信关于北魏武川镇的地望还会有新的观点不断提出，真相有待于进一步探索研究。

‖22‖ 达尔罕茂明安联合旗北魏六镇长城南、北线

撰稿：苗润华
摄影：魏长虹　苗润华

全国重点文物保护单位。

位于达尔罕茂明安联合旗东南部的丘陵草原地带，均呈东北－西南走向，并列分布，相距约20公里。长城与六镇统一构成北魏北方的防御体系，因此这两条长城又称北魏六镇长城。六镇长城南线由四子王旗吉生太镇小沟子村西南部进入达尔罕茂明安联合旗境内，起自石宝镇五福堂村东南4.5公里处，经班不袋村东、毛忽洞村东、南茅庵村西、希腾海牧点西、毛浩

六镇长城北线——红井卜子长城3段墙体（西南－东北）

日鄂日格嘎查西、乌兰敖包嘎查、巴音淖尔嘎查西北、善达嘎查、鄂黑乌苏西，始终沿着丘陵草原谷地行进，至希拉穆仁镇哈日乌素嘎查西南2.4公里，为六镇长城南线西南端点（东经111°10'53.39"、北纬41°18'24.27"）。境内全长近39公里，沿线调查发现戍堡4座。

六镇长城北线由四子王旗吉生太镇西老龙忽洞西南进入达尔罕茂明安联合旗境内，起自达尔罕苏木农场村东北1.9公里处，经巴音陶勒盖、红井卜子牧点东，选择丘陵草原谷地行进；再经石宝镇公忽洞村西南、大圐圙村中、大井村西、巴拉它斯村中、羊盘壕村东南、幸福村西、石宝村西、鱼海滩村和盐房子村西，基本上是

在草原与耕地交错的坡谷中蜿蜒穿行。止于石宝镇盐房子村西南2.2公里处（东经110°55'37.83"、北纬41°19'21.42"），向南穿越S104省道柏油路，进入呼和浩特市武川县。境内全长50公里。

1980年，陆思贤先生调查并确认了部分北魏长城段。描述的情形是"蜿蜒有一条土垅，夯土结构，基宽不足1米，残高仅数十厘米……北魏长城修筑时为了省工，与这种迹象是吻合的，它的全部分布走向，则有待我们进一步调查"。20世纪80年代中期，高旺先生考察了召河的北魏长城，"希拉穆仁苏木的北魏长城，位于达茂联合旗东南境召河西北4公里外，这条草原上的土垅边墙，宽3米，高1.5尺至2尺，单一条长城线，无马面、烽火台，北跨召河进入四子王旗，穿过察右中旗库伦苏木格尔合陶，西南入武川，进固阳境内"。高旺先生的考察也有很大的局限性，他调查的是六镇长城南线，这条线既没有进入武川，更未进入固阳，西南端点就在六镇之一的武川镇（城圐圙古城）南缘。第二次全国文物普查时，将六镇北线的包头境内西南止点与六镇长城南线的包头东北起点连成一线，混而为一。2010年6、8月，内蒙古自治区文物考古研究所与包头市文物管理处按照国家文物局长城资源调查的相关标准规范，分别对六镇长城南、北线进行了系统的科学调查。

六镇长城南、北线墙体均为夯土筑墙，现皆呈低矮的土垅状。保存的墙体底宽2～7米，顶宽0.5～1.5米，残高0.2～1.3米。夯层厚6～10厘米。墙体外侧一般有壕或壕的隐迹，形成外壕内墙式结构，拓展了防御空间。六镇长城南线双

敖包长城外壕痕迹较为明显，宽2.5米，现存壕深0.4米。长城墙体选择丘陵间的谷地修筑，是北魏六镇长城修筑的主要特点之一。总体上可归纳为以下六种类型：一是穿行于宽阔谷地中的长城墙体，一般选择于谷地北缘的坡脚下修筑墙体，六镇长城北线的农场长城、幸福村长城具有代表性。二是分布于较窄谷地中的长城墙体，一般选择贴近谷底的边缘构筑。如六镇北线的红井卜子长城和大井长城。三是狭窄谷地中的长城墙体，一般沿谷底修筑。如六镇长城南线的南茅庵长城、双敖包长城、毛浩日鄂日格长城、巴音淖尔长城、善达长城和北河长城，以及六镇长城北线的巴音陶勒盖长城和公忽洞长城等等。四是长城墙体穿越早期形成的较大沟谷地带时，往往选择其两侧的岔沟谷通过。六镇长城北线的公忽洞长城最具代表性；六镇长城南线的双敖包长城、毛浩日

鄂日格长城，尽管其所跨越沟谷较小，其地貌特征总体上也与此种类型相吻合。五是长城墙体一般沿垭口翻越山梁，垭口两侧的墙体常作"S"形分布。六镇长城南线的巴音陶勒盖长城、大圈圙长城具有典型性。六是遇水面或高山，长城墙体常常是环绕通过。六镇长城北线的红井卜子长城东向绕过水泡子，再于西南部的公忽洞长城西向环绕圆山子，属于此种类型。

包头境内六镇长城南线新发现戍堡4座，分布于善达至塔拉牧民之间墙体内侧的丘陵草原上。戍堡均为土筑，平面形制呈方形、长方形及梯形。方形者边长分别为31、35米，长方形为长30米，宽25米。堡墙底宽5~6米，顶宽1米，残高0.3~0.4米。门呈东南向，方位110°~147°。堡内较平坦，不见建筑基址。戍堡距长城墙体的直线距离在188~350米之间，戍堡间距1.9~2.8公

里；塔拉牧民戍堡西南距希拉穆仁城圐圙古城（北魏武川镇）2.2公里。鄂黑乌苏1号戍堡位于鄂黑乌苏北偏西2.2公里的丘陵草原南坡地上，西距长城墙体278米，南偏西距鄂黑乌苏2号戍堡1.9公里。戍堡构筑在北高南低的缓坡地上，东北临白色莹石山丘，西、南两面为坡地，西南远方的山丘上有一座石砌敖包。戍堡平面形制呈倒置的梯形，西北墙长35米，其余三面墙均长30米。堡墙现呈低矮土垅状，墙体顶部植被稀疏，受风雨侵蚀的影响，墙体土质逐渐分解，从而遗留下一层细密的小石子；这也是六镇长城墙体普遍低矮甚或的主要原因。堡墙修筑主要应从内侧取土，隐现有壕的痕迹。现存堡墙体底宽5米，顶宽1米，残高最高0.35米。东南墙辟门，门宽4米。方向110°。六镇长城北线也应有类似的戍堡，在四子王旗有较多遗存，亦为方形或长方形，规格较南线略

小，四角有凸起的角台。包头境内的长城沿线戍堡全部消失，仅在达尔罕苏木农场村和红井卜子长城发现有疑似戍堡残迹，已难以确认。

《魏书·太宗纪》记载：明元帝拓跋嗣泰常八年（423年）"二月戊辰，筑长城于长川之南，起自赤城，西至五原，延袤二千余里，备置戍卫"。另《魏书·天象志》亦载：泰常"八年春，筑长城，距五原二千余里，置守卒，以备蠕蠕。"这是有关北魏北界修筑长城的最早史料，学术界一致认为是加固沿用了早期长城。艾冲先生认为北魏长城是全线沿用了战国赵北长城，而李逸友先生则认为是沿用了秦汉长城。结合此后北魏在皇兴、太和年间所筑六镇长城南线、北线的情形来看，两条长城的西部端点均靠近阴山秦汉长城的东部地段墙体，北魏六镇中最西部的沃野镇即修筑于阴山秦汉长城的南侧。在包头

六镇长城南线——双敖包长城1段墙体（东北-西南）

北郊战国赵北长城边墙壕和哈德门障址均发现有北魏时遗存。

《通典·边防第十二·蠕蠕》记载：北魏献文帝皇兴年间（467～471年），柔然犯塞，征南将军刁雍上表曰："六镇势分，倍众不斗，互相围逼，难以制之……今宜依故于六镇之北筑长城，以御北虏。虽有暂劳之勤，乃有永逸之益……宜发近州武勇四万人，及京师二万人，合六万人，为武士。于苑内立征北大将军府，选忠勇有志干者以充其选，下置官属……至八月，征北部率所镇与六镇之兵，直至碛南，扬威漠北。狄若来拒，与之决战。若其不来，然后分散其地，以筑长城。

计六镇东西不过千里，若一夫一月之功当三步之地，三百人三里，三千人三十里，三万人三百里。千里之地，强弱相兼，计十万人一月必就。运粮一月，不足为多，人怀永逸，劳而无忌"。认为筑长城其利有五："罢游防之苦，其利一也；北部放牧，无抄掠之患，其利二也；登城观敌，以逸待劳，其利三也；省境防之虞，息无时之备，其利四也；岁常递运，永得不匮，其利五也。"又载："帝从之，边境获利。"另，《魏书·高闾传》也有大体相同的记载，孝文帝太和八年（484年）高闾上表称："今宜依故于六镇之北筑长城，以御北虏"。孝文帝"览表，具卿安

六镇长城南线——毛浩日鄂日格长城1段墙体（东北-西南）

边之策"。六镇长城南线当修筑于皇兴年间，六镇长城北线修筑于太和八年。皇兴年间修筑长城约14年之后，北魏王朝为进一步巩固北部边防，重新修筑六镇长城北线，既史料所载的"太和长堑"。

北魏长城是我国历史上第一次由北方民族政权所修筑的长城，南附的高车人多被安置于长城、六镇沿线，成为戍边的一支重要力量。北魏北方防御肇始于六镇，之后于六镇之北修筑长城，将部分军镇串连为一体，六镇之间再部分加筑戍城，由此逐步完善形成点与线相结合的独特的北魏北方长城—军镇防御体系。

‖23‖ 高新区敖陶窑子城址

撰稿：杨建林
摄影：张海斌　姚旭

内蒙古自治区文物保护单位。

位于高新区共青农场敖陶窑子村，黄河南岸约3公里处。20世纪80年代，经张郁、刘幻真等前辈调查研究，确认为唐中受降城故址。

据20世纪80年代的调查，敖陶窑子古城"城址坐北朝南，平面略呈长方形，四垣除北墙西部被水冲毁外，其余三面城墙地面均留有遗迹。经过实测，城墙东西长880米，南北长800米。尚未发现有瓮城和马面的痕迹。南墙正中有一宽10米的豁口，当是原来的门址。保存下来的南墙两端各有一个突出城墙的台墩基址，推测当时这里设有角楼。……墙身系版筑，夯

城址南部

层仍清晰可见，厚9～11厘米。夯窝直径11～13厘米，深3厘米。在南墙西段，墙身有明显的后补痕迹，后补部分做工很粗，里面还夹有辽代陶片。" 现今，古城破坏严重，东墙已毁，北墙残存约0.3米，西墙残存0.5～0.8米，南墙部分有遗迹可寻。城内为耕地。

在城中靠近北墙的正中位置，有一处平面呈"凸"字形的建筑台基，南北长98米、东西宽60米，最窄处32米。台基上遍布瓦砾。疑为"拂云堆神祠"遗址。

城内遗物有陶器、瓷器残片，钱币和建筑构件。陶器有深灰色的素面折沿盆、颈部饰弦纹的盘口高颈壶、素面卷沿罐等。瓷器有浅腹平足的粗白瓷碗和三彩盘口沿。钱币有"开元通宝"、"崇宁通宝"和"政和通宝"。建筑

材料有砖、板瓦和筒瓦。砖为长方形条砖，有素面及单面饰有勾纹两种。板瓦内面素面反面布纹，筒瓦装饰同板瓦。上述遗物中，盘口高颈陶壶、折沿盆和粗白瓷碗，以及"开元通宝钱"，为典型唐代遗物；三彩盘和单面饰有勾纹的

拂云堆

南墙断面

条砖，具有明显的辽代特征。说明这是一个唐代的古城，辽代沿用。

唐中宗时，后突厥势力强盛，屡次兴兵渡河南下，对唐王朝构成重大威胁。唐中宗景龙二年（708年）朔方道大总管张仁愿乘突厥首领默啜西征之机，在黄河北岸的阴山以南地带建筑了东、中、西三座受降城，割断突厥南下的通道。三受降城以中受降城为中心，东西各距400余里，占据交通要道，互相照应，并于牛头朝那山置烽候1800所，构成北疆防线。

三受降城位于河套北岸，自德宗贞元十二年（796年）分别隶属于天德军和振武军两个军镇。三受降城虽冠以"受降"之名，但并非是为了接受突厥贵族投降而建的，而是唐朝的外驻城防群体，与周边军镇、州形成中晚唐时期河套内外的防御体系，带有突出的军事驻防性质。同时兼具多种其他功能，如军政中心，交通枢纽和经济中心。唐朝在三受降城及其周围地区组织垦田，部分地解决了当地驻军的军粮供应和经费开支。三受降城先后为安北都护府、单于都护府、天德军、振武军等重要军事机构的治所。

中受降城，简称中城，玄宗开元十年（722年）至天宝八年（749年）为安北都护府的治所。自德宗贞元十二年（796年）后，隶属于振武军。宪宗元和九年（814年），转隶于天德军。在兴筑中城之前，此地原有一座拂云堆神祠，南为黄河渡口金津，默啜可汗时突厥将领南下中原，必先诣祠祭祀求福，牧马料兵后渡河。张仁愿筑三受降城时，以拂云堆神祠为中城。三受降城的构筑，有一个特点，被后世传为佳话，即"不置瓮门及却

敌、战格之具"，不设置瓮城门以及防御却敌的设施。对于军事城堡来说，这太反常了，有人问张仁愿：你这是为什么呀？张仁愿回答："兵贵在攻取，不宜退守。寇若至此，即当并力出战，回顾望城，犹须斩之，何用守备生其退恶之心也"。如此自信满满，表面上反映出的是张仁愿"置之死地而后生"的胆略，背后是初唐雄厚的政治与军事实力。后来，在常元楷任朔方军总管的时候，为受降城添置了瓮门。

从今天敖陶窑子城址实地调查情况来看，并未发现瓮城遗迹，或者是遗迹已完全埋没，或者是常元楷并未在中受降城置

沟纹砖

地表遗物

雍门。而城中发现的高台建筑基址，则极有可能是"拂云堆神祠"遗址。拂云堆在唐代就是文人骚客吟咏的对象，至今流传诗歌多篇。

920年，辽太祖耶律阿保机率军攻打天德军城（今巴彦淖尔盟乌拉特前旗乌梁素海东南），节度使宋瑶投降，辽更其名为应天军，班师。不久，宋瑶复叛，阿保机再次出兵，俘宋瑶，将其家属及天德军吏民东迁。先迁至中受降城，后迁至丰州（今呼和浩特市白塔村），称为丰州天德军。今在敖陶窑子古城发现有辽代遗物，证明了这段历史的可靠性，同时也进一步明确了敖陶窑子城址的身份。

城内

‖24‖ 土默特右旗萨拉齐北魏墓葬

撰稿：杨建林
摄影：张海斌

近年来在土默特右旗萨拉齐镇陆续发现了一些北魏墓葬，已抢救性发掘的有三处，分别是：1986年发掘的"姚齐姬"墓，2002年发掘的国家粮库墓，2005年发掘的萨拉齐文化广场墓。

"姚齐姬"墓位于萨拉齐镇北郊，村民整理土地时发现，是一座北魏晚期的墓葬。带有长斜坡墓道，长10.8米，方向120°。墓门为券门，在半圆弧形券门的外边，砌一层四方变形砖。封门砖的垒砌是采用长条砖由地面向上错缝垒砌半圆形墙，在墙内堆放碎砖至门顶。墓室呈四方形，四壁中间略向外弧，南北直径3.08米。墓室内有两具骨骸，均为女性，一位年龄在40岁左右，另一约20岁。随葬陶壶一件，墓志砖一块。墓道内发现马、牛头骨、腿骨、踢骨若干。墓志砖背面压印粗绳纹，正面有阴文铭文"廉凉州妻姚齐姬墓"，"太和二十三年岁次乙卯七月二十八日记"。

国家粮库墓在建设土默特右旗国家粮库时发现，为一座砖室墓，墓底铺莲花三角砖，砖心印一莲花，三角各印莲瓣，六块砖组合成一莲花。在墓门处发现墓志砖两块，其中一块有"太和廿三年"的纪年。

萨拉齐文化广场墓在建设土默特右旗市政文化广场时发现，共两座。其中一座已完全破坏，只在填土中发现马、牛等动物骨骼、牙齿。另一座为为单室砖室墓。

姚齐姬墓出土的墓志砖

粮库墓出土墓志砖

粮库墓发掘现场

粮库墓底铺的莲花三角砖

粮库墓出土墓志砖

墓顶已全部坍塌。墓室墙壁残存不全，高1.22米。墓底铺砖为"人"字形，部分砖上涂有绿色。墓室略呈四方形，南北2.69米、东西2.8米，每面墙壁的中间略向外弧。带有长条形墓道。墓室与墓道间的封门砖用绳纹长条砖横放错缝垒砌。出土有残陶壶一件，铁镸、环、钉等随葬品若干。

这三处墓葬中，有两处出土了带纪年的墓志砖，纪年同为太和二十三年（499

文化广场墓出土的陶壶

文化广场墓墓圹

年）。此时是北魏孝文帝在位的最后一年，都城已由平城（山西大同）迁到了洛阳。自北魏太武帝拓跋焘于439年统一中国北方之后，结束了自西晋以来长达100多年的分裂割据局面，并保持了长时间的繁荣与稳定。拓跋鲜卑的经济生活方式在此时发生了根本转变。由于入塞后逐渐接近和深入中原地区，再加之孝文帝的汉化改革，拓跋鲜卑在各方面都深受中原地区汉族的影响。反映在墓葬形制上便是砖室墓大量出现，陪葬的陶器制作工艺水平提高。这在萨拉齐发现的三处北魏墓葬中均有体现。但是，关于在姚齐姬墓道中发现的动物骨骼，有人认为是保留了鲜卑民族传统的草原殉葬习俗，有人认为是包含了其他少数民族的文化因素。

文化广场墓封门砖

‖25‖ 达尔罕茂明安联合旗突厥墓葬及石人

撰稿：杨建林

摄影：张海斌　王新文

阴山以北的达茂草原曾是突厥人活动的区域，草原上见到的地表垒砌石块的圆形或方形墓葬有的便与突厥人有关。据盖山林在20世纪80年代的调查，达茂草原上的突厥墓葬有两种类型：第一种类型：呈正方形，墓地与地表略平，四周由竖栽的石片围成，一般每边立石片两块，共用八块片石围成一个正方形框，其内填杂土和石块。这类古墓分布甚广，在百灵庙东北可可哈达、百灵庙之西与乌拉特中旗邻近的保罗忽洞、哈达特罗盖和忽笑之南都有成批分布。第二类型：为长方形石墓，其

明安镇竖立石片的墓葬

东侧有一排竖插在地下的高大石头"巴尔巴尔"，宛如一排参差不齐的无字石碑。立石于东面，大概与突厥人崇拜太阳有关，因为东面是朝阳升起的地方。墓周其余三面皆立小的片石。墓堆积土石，高出地面约0.3～1米，但也有个别墓葬与地表在同一平面。这类古墓在百灵庙之西，与乌拉特中旗接近的地方随处可见，以哈达特罗盖一带为最多。

据盖山林调查，在保罗忽洞发现的三座墓葬中，两座周边立有石人。在南面的那座的墓东立一石人，系用一石椿在上端雕出人头形，身高1.4米，圆脸，高颧骨，口、目、鼻、耳、须备具，头戴尖帽，身着长袍，腰间系带。中间那座墓之东面也立一石人，呈石椿形，圆脸，颧骨突出，身高1米，身着大衣，胸前举杯。近年来，文物工作者在达尔罕茂明安联合旗明安镇镇政府南约500米处发现了一座突厥石人墓。呈正方形，边长约11米。地表堆有大、小不等的石块。墓口向南，附近立有一石人。原石人（高1.85米）已搬回达尔罕茂明安联合旗博物馆，现在的石人（高0.9米）由别处移来。墓东有一保护标志，上刻有"石人墓"蒙汉两种文字。这些石人仅为上身轮廓，简单刻画出头部形像。达尔罕茂明安联合旗博物馆还收藏有另外一具石人，高1.4米，具有浮雕特点，眼、鼻、嘴清晰，圆脸，右手持小罐，左手置于下腹部，腰系带。

据《周书》、《隋书》和新旧《唐书》等史书所记载，突厥人有着别具风格的埋葬仪式和风俗：人死之后，将死者的尸体停放在毡帐内，其子孙及其亲属杀马羊，放在帐前进行祭祀，并牵着马绕帐走七周。然后，进帐门用刀将脸划破，血泪齐流，连续这样做七次，才算完结。以后再选择一个日子，取死者所乘之马及所用之物，与尸体一齐烧掉。烧后的骨灰要等待时间埋葬——春季死的，要等到秋末草木发了黄，才能埋葬；秋冬死的，要等到春天草木繁茂时才去埋葬。埋葬骨灰的时候，亲属对其进行祭祀及走马划面等仪式，与初死时所举行的一样。墓表上刻一石条，画上死者形象及其生前征战的情况。身前在战场上杀一个人，则立一石块，因此有的多至千百块，并以所祭的羊马头衔刻挂在石表上。达尔罕茂明安联合旗的这三块石人像就是埋葬死者时所立的纪念物。

明安镇发现的石人

百灵庙南砖瓦场北山坡石人

明安镇石人墓

辽金元时期

　　辽、金时大青山前也是辽与西夏、金与西夏交锋拉锯的地区，部分地区归属西夏管辖。辽金元时期在包头大青山以南地区置云内州。大青山以北主要是汪古部族活动的地区。

　　金代的安达堡子城址是汪古部早期的都城和政治中心。大苏吉城圐圙古城根据其防御之固及其所处位置推测为金末元初的乌沙堡。

　　包头地区发现的元代遗址较多。大青山前九原麻池镇的燕家梁遗址以出土元代青花瓷罐而著称。达尔罕茂明安联合旗的敖伦苏木古城是元德宁路治所，也是汪古部首府所在，俗称赵王城。包头地区元代墓葬主要发现于阴山汪古部领地达尔罕茂明安联合旗的毕其好来墓群清理两座石椁墓，明水墓地出土文物较为丰富，其中的丝织品尤为丰富多彩，出土有高足金花银杯、葡萄酒瓶等。达尔罕茂明安联合旗境内的汪古墓葬，多数是元代的，一部分墓葬要早到金代。

26 ‖ 达尔罕茂明安联合旗安答堡子故城遗址及周边墓葬

撰稿：邢燕燕　张海斌
摄影：张海斌

全国重点文物保护单位。

位于达尔罕茂明安联合旗达尔罕苏木额尔登敖包东15公里古城子牧点，地处低山草原丘陵地带，西有一条由南向北流向的季节性河槽，西北方是一脉绵延的较高的黑山，其中距离城址较近的一座小山称木忽儿索卜嘎，汉译为"破顶塔"，因此又称木胡儿索卜嘎古城，当地人称古城子古城，现称为安答堡子故城。

安答堡子故城平面略呈长方形，东墙长570米、北墙长560米、西墙长570米、南墙长560米，夯筑土墙，基宽10米，残高1.5米。南墙和北墙正中辟门、东墙门址略靠北，西墙南端被河水冲毁二百余米，是否有城门已不清楚。城墙外加筑马面，城门设瓮城，四角设角楼。城内有一南北街道贯通南北城门，东西街道与南北街道在城中两个高大夯土台东相交，东西

城址远景

街道东段在向东延伸中又折向北再向东出城，绕开城内东部的大型建筑。东西街道西段似在城西一处大型院落的北侧。城内有建筑遗迹30余处，比较明显的是东城门内内侧的一处院落，内有大型建筑数处，大型建筑上砖瓦建筑部件多，其中有较多沟纹砖，此处院落可能为一处官署建筑。东西街道正对的城中心两个高大夯土台基，其西有一处院落，内有两个大型台基，东西分布与城中心夯土台基呈中轴线布局，此院落似与宗教建筑有关。城址南门和东门外四五百米区域内房屋遗迹密集，城外街道两侧，建筑院落毗连。

城址地表多见有石臼、碌碡、磨盘等石制品，也有青砖瓦、琉璃瓦等建筑材料及白釉、钧釉、黑釉碗瓷片，龙泉窑青釉盘、碟瓷片，白釉褐花瓷罐等和各种陶器残片。从地表遗物情况推断，城址为金、元时期古城。

城址西部、西北部和东北部分布有墓群。1974年盖山林先生曾在此清理过一座土洞墓。1995年春天，墓群遭到不法分子的盗掘，截止到1996年春，墓群被盗扰达百余座。1996年6月，内蒙古文物考古研究所、包头市文物管理处和达尔罕茂明安联合旗文物管理所联合组成考古工作队，对古墓群进行抢救性清理。1997年包头是文物管理处在城外西北和东北山梁阳坡清理墓葬十余座，2000年又在城外西北及西、西南、东北等地清理墓葬三十余座。

城外西北墓地在古城西北约70米的高

城墙夯层

城址自西北向东南拍摄

石臼

城址东北角楼遗迹

城址西北墓地

础磉

地上，墓葬遭严重盗扰，1996年清理八座墓葬，均位于墓地的边缘，在墓群周边捡有兽面瓦当。墓葬均为单人葬，墓圹多呈长方形，个别作梯形。有竖穴土坑墓三座；带二层台土坑墓三座，其中一座在二层台上搭放横木；儿童墓葬两座。除儿童墓葬使用砖或石板结合作为葬具，成人墓葬多使用平面呈梯形的木棺，木棺两侧稍突出两端挡板。葬式多为仰身直肢。墓葬

城址外西部墓葬

墓顶石

墓顶石

　　填土中较多发现碎小的家畜骨骼。

　　该墓群清理出土墓顶石三块，其头部正面和侧面有十字莲花图案，顶有宝相花图案，墓顶石顶背刻古叙利亚文字一行，两侧有卷草纹和缠枝纹。随葬品出土较少，多为死者生前佩戴之物，铜簪1件、铜钗1件、铜耳环2件、银戒指1枚、绿松石梅花形饰5件、铁钉和铁犁各1件、梯形桦树皮垫2对4件、顾姑冠2件、漆匙1件、

墓葬头龛出土瓷器

出土瓷俑

瓷罐1件、瓷盘1件、钱币1枚。

城外西北墓地北约400米，清理了1座被河水冲刷的墓葬。该墓紧邻河边，为长方形土坑竖穴墓，方向为192渡，内置木棺一具，棺除足部一端尚有残痕外，其他已不清，人骨仅残留胫骨以下部分。墓群中出土一铁犁，汪古地区行屯田事实元世祖时，可以大致推断为元代。

城址外东北约1.5公里处的半山坡上，清理墓葬数座，地表未见明显的封土堆，其中有砖室墓中有彩绘壁画，壁画绘于上下两排，上面反映男主人公生平，下面一排反映女主人公生平。城外西北、西、西南山梁阳坡，墓葬相对集中，一般选择向阳的山坳地作为墓地。墓葬多见长方形竖穴土坑并穴墓，墓坑四角多置彩石，墓棺多见彩绘，棺盖剖面呈梯形。墓葬出土有玉（滑石、料）佩饰、"一捻金"墨及瓷器和泥塑俑、青釉高足瓷杯、蓝釉黑花罐、钧釉碗、银杯、耳环(金、银、铜质)等精致文物。

从随葬品的种类及形制分析，墓葬上线可到金代。

安答堡子是金元时期汪古部重要城

堡，《元典章》载："淳佑十二年（1252年），砂井、集宁、静（净）州、安打堡子四处，元籍爱不花驸马位下人户"。有人认为安答堡子在敖伦苏木古城，后来在此基础上扩建黑水新城，成为汪古部首府。但是，从两座古城及周边墓群出土的文物看，木胡儿索卜嘎山下的这座城址有辽、金沟纹砖出土，城内也发现金代白釉碗，城外北部的发掘中曾发现有白釉刻花器盖，而敖伦苏木古城附近未发现辽金时期遗物，只有元明时期遗物。安答堡子是汪古部早期政治军事中心，其位于界壕内侧附近，便于守卫；敖伦苏木城址在界壕之外，也处于金元遗址群的边缘地带。《元史·地理志》记载德宁路领县一德宁县，未有安答堡子。1976年集宁路窖藏发现一批丝织物3，其中一件长20、宽18厘米织物上有"集宁路达鲁花赤总管府"，"……八安答堡子照业军人"等反书小字五行，说明元代安答堡子的存在。这个堡子一定不在德宁路。

可以断定，木胡儿索卜嘎城址即安答堡子，是汪古部早年的政治中心。所以，我们将木胡儿索卜嘎城址改称安达堡子城址。

‖27‖ 达尔罕茂明安联合旗大苏吉城圐圙城址

撰稿：邢燕燕
摄影：张海斌

内蒙古自治区重点文物保护单位。 位于达尔罕茂明安联合旗石宝镇城圐圙村西南500米，南是耕地，西是开阔草地。城址附近冈阜起伏，东500米有萦回屈曲的巨宝河由东南向西北流去。20世纪70年代盖山林先生对大苏吉城圐圙城址进行过实地调查。

城址坐落在一处西高东低的丘陵地形的高台上，形制略呈长方形，东城墙590米、南城墙580米、西城墙585米、北城墙

城址外景

570米。城墙总体成垄状，为双墙夯筑，残高1米左右，其中东、西两面城墙各设一门。城墙外侧有马面，北墙马面6个、西墙马面6个、南墙马面6个，东墙6个。城址四角设角楼。城外20多米处还有围绕城址四周建设的两道防护城壕，当年壕沟内可能有从巨保河引来的水，以此形成两道防护措施，加强对古城的保护。

城内现野草丛生，但街道布局仍然依稀可辨，在贯通东西城门和南北城墙正中所在的中轴线两侧分别设置两条互不相交的街道，呈"井"字形布局，将城里分为四大块。城内还有许多土丘，应是当年的建筑遗址。在城址东北部，当地居民挖开的两个废墟上，曾发现有兽面纹瓦当、垂唇板瓦等建筑材料。城内地表还散布有较多的白釉瓷片、缸片及日用粗杂大器等遗物。从时代上判断，金代陶瓷片较多见。

城址北和西各20余公里即为金界壕，东北8公里有金元时期的明水墓地，曾出土荷花纹高足金杯、玉雕人物带饰、人面狮身图案织袍等。此外，城址的防御措施完备，应为一处军事城堡，推测为金末元初的乌沙堡。

城墙夯层

城内采集陶瓷片

城址西墙及马面

‖28‖ 达尔罕茂明安联合旗敖伦苏木城址

撰稿：邢燕燕　杨建林
摄影：张海斌

全国重点文物保护单位。

位于达达尔罕茂明安联合旗百灵庙镇乌兰察布嘎查敖伦苏木西北6公里处，有百灵庙至白彦花公路可直接到达。城址附近地势较为平缓，东有艾不盖河自南向北流去，北部有一黑山，似一龙头伸向艾不盖河边。仲夏时节，这里花草茂盛，气候宜人。

敖伦苏木城址平面呈长方形，方向40°。城址北墙长960米，南墙长950米，东墙宽560米，西墙宽580米。城墙总体成垄状，基宽约3米，高约1.5米，北墙西段、西墙及南墙西段在土垄状墙体之上残存夯土墙，最高约3米，夯层特别清晰，夯层厚20厘米。城址四个角有墩台，现残存比较高大，北、东、西城墙均辟城门，设瓮城。南城门不详。瓮城的形制略有区别，北门和东门瓮城为侧开式的，西门为

城址航拍图

景教墓顶石

城内采集琉璃瓦

碑额

龟趺

城址东北角楼

直开式的，西门为正中直开。

城内建筑遗迹较多，街道布局依稀可辨。总体概括为三横三纵的街道及内外两城相套。主要街道为两条相交的"十"字街，东西街道贯通东西城门，南北街道，北通城门，南至南墙。南北主干道东西各有一条南北向的街道，都贯通整个城址。东西街道南北侧也各有一条贯通东西的街道。在东西三条街道之南，城址靠近河流一侧北部有一条东西向小街道，呈东北一西南走向。在城址南部正中存一内城，现留存几个高大夯土建筑台基，最高的可达3～4米。在主街道相交的"十"字街交汇处的北侧，有一组大型四合院式遗迹，院落正中有一座高约3米的大型台基，其上可辨认出原有的柱础，散落的瓦砾中夹杂有许多黄色和绿色的琉璃瓦。还有几个修建在高大土台基上的建筑物，根据遗留在其上的文物，推断为喇嘛教的寺院遗址。城址中部偏北另有一处重要建筑遗址，四

城中最为高大的建筑传为万卷堂

围院墙早已坍塌，其正中北部有一用花岗岩石板垒砌的建筑物土台基，台基上堆积碎砖瓦，附近曾发现7块景教墓石。台基西南和东南约30米处各有一直径3米的砖砌实心塔柱状建筑遗址。经试掘发现土台为须弥坛。据此推测，这座寺院先是景教寺后来改为喇嘛庙。

在城内东北角，有一高台建筑遗址，有专家推测为罗马教堂遗址。城址内散布各种遗物，以陶瓷器残片、砖瓦建筑残件较多，另外建有大型石料制品，有石碑、龟趺、碑额、柱础、臼、碾、磨盘、墓顶石等。瓷器多见属于元代磁州窑、钧窑、龙泉窑系产品，也有景德镇生产青白瓷等，也有较多的青花瓷器残片。砖瓦等构件散落在建筑附近，有龙纹和兽面两种瓦当，龙纹和凤鸟以及花草纹滴水，印有绳纹、波浪纹或沟纹的重唇板瓦头、鸱吻及花纹砖残件等。还有各种琉璃制品，龙纹或花草纹的滴水施以黄绿两彩，施绿彩的龙纹琉璃瓦当，还有白釉筒瓦。

城址内最著名的发现是"王傅德风堂

北城墙及罗马教堂

碑记"碑。此碑有碑额一方，为汉白玉石质，上刻"王傅德风堂碑记"七个篆字，两行直书。字的左右与上方浮雕双龙纹饰。早年王傅德风堂碑座尚存，为一龟趺，只剩头部。王傅是处理王府事务的官职，王傅府乃赵国之纲领，也就是赵国领地内的大小事务都由王府总其成。碑记内容为赞扬赵王历任王傅之事。

在敖伦苏木城址东北约1公里的地方，有一片墓群。江上波夫称为"高唐忠献王陵"，发现文武官翁公像、石兽、龟

武官翁公像

柱础

石臼

景教墓顶石

兽面纹瓦当、波浪纹重唇板瓦头

王傅德风堂碑记"碑座

炸毁后的"王府德风堂碑记"座碑

文官翁石像

跌各一座。在该城（敖伦苏木城址）东北丘陵地上，散布着数以百计的石堆墓，这些古墓与德宁路故城（敖伦苏木城址）存在着生居死葬的关系。墓地的建造不够规整，排列顺序也不完全一致。墓地的地表，系用大小不等的石块围成一圆圈，作为墓的标志，墓表直径3～6米不等，略高于地面。墓地上散置着不少大而扁平的板石，石的正面有长方形凹槽，这种凹槽，一端较宽，另一端较窄，观其形状，恰与景教墓顶石的底形一样，由此可知，这种带槽板石上原放着景教墓顶石。从墓表陈设看，这是一处重要的墓地。

1974年发掘的一座墓葬中发现了一通石碑，碑高1.2、宽0.4米，上刻"亡化年三十六岁，泰定四年六月二十四日"两行字。另外又发现一残断墓碑，残高1、宽0.85米，圭首上有一十字架，其左有金鸡，右有玉兔，下刻莲花。碑文是用汉、蒙、叙利亚三种文字写成的。汉文内容为："这墳阿兀剌编贴木剌思的，京兆府达鲁花赤……花赤，宣来后来怯连口都总府副都总管，又……宣二道，前后总授宣三道，享年三十六岁，终。泰定四年六月二十四日记。"

碑文中提到的姓名阿兀剌编贴木剌思是突厥人名字，死者生前是京兆府（今陕西西安市）的达鲁花赤，后来为怯连口都府副都总管。另外在此地还曾发现"阿勒坦汗碑"，石碑长116、宽66、厚16厘米，碑两面都刻有蒙文，正面因磨损而字迹模糊，背面文字仍清晰可辨。石碑立碑时间约为1582年，正是阿勒坦汗逝世当年。碑文主要讲述了阿勒坦汗生前的活动情况，教导蒙古人民要继续信奉喇嘛教

及成吉思汗等先祖，时常祭祀神灵。该碑
现藏达茂旗博物馆。

敖伦苏木城址内高大的建筑废墟，以
明代的居多，城内也发现了许多具有明代
特征的遗物。城墙现在较高的部分，墙体
比较窄，夯层的厚度较宽，与呈垄状的地
段不同，应当也是明代修补的墙体。万历
六年（1578年）之前，阿勒坦汗大概进行
了一次对敖伦苏木元代城址的维修。万历
六年，阿勒坦汗与丙兔又对敖伦苏木城址
进行了维修。之后，敖伦苏木城址成为阿
勒坦汗晚年佞佛避暑经常居住的地方，也
成为这一阶段阿勒坦汗政权的政治中心、
藏传佛教弘法中心。

1927年，"中瑞西北科学考察团"
首次发现了这座城址。1933年，美国人
欧文·拉铁摩尔（Owen Lattimore）
来到了敖伦苏木城址，首次发现了带有
十字纹的墓石，并辨认出这是景教的遗
迹。1936年，美国人D·马丁（Desmond
Mortin）调查了敖伦苏木城址，以及达尔
罕茂明安联合旗和四子王旗的其他元代城
址和墓葬，同年，另一位美国人海涅士
（Haenisch）亦考察了毕其格结拉嘎的景
教墓顶石和敖伦苏木城址。1935年、1939
年和1942年，日本人江上波夫等人先后三
次考察了敖伦苏木城址，江氏著有《汪
古部的景教系统及其墓石》等文章。1990
年，江上波夫又进行了第四次考察。1956
年，内蒙古文物工作队李逸友考察敖伦苏
木城址。1974年，盖山林考察敖伦苏木城
址、木胡儿索卜尔嘎城址、德里森·胡图
克城址和毕其格结拉嘎景教墓地，并对城
址和部分墓葬进行了发掘。

汉、蒙、叙利亚三种文字残碑

阿勒坦汗石碑

‖29‖ 九原区燕家梁遗址

撰稿：邢燕燕

摄影：董勇军　张海斌　张红星

全国重点文物保护单位。

位于九原区麻池镇燕家梁自然村台地上，海拔1030米，西部有一较宽的河槽，现有泉水常年涌出，东部、东北部为较平坦的梁地，与遗址自然衔接，而且地势渐次升高，一条西北—东南走向的铁路线贯穿于遗址南部。

燕家梁遗址平面呈长方形，面积相对较大，南北长700米，东西宽570米。文化层较厚，最厚处可达2米以上。遗址内街道布局规整，街道两侧靠边设有排水沟。三层叠压的成组房址多成排分布于道路两侧，多为馆肆、店铺类建筑，一些生产、生活设施保存完好。第1、2层房址建筑规模较大，分布密集，但开间较小，是遗址的繁荣时期；第3层下房址规模较小，分布相对稀疏，开间较1、2层房址大些，是遗址的初创时期。遗址中西部为店铺官肆分布区，西部和东南部发现了挖掘较深的沟，或许是用来作为防卫用的环沟。馆肆店铺区东南部布局有窑址一类作坊，当时居民可能考虑到燕家梁地区西北风较多，反映出古人的生态意识，而且这种布局有利于市镇的环境保护。

2006～2008年共发现灰坑517个、灰

沟36条、房址222座、窖藏29个、窖址4座、地炉32座、灶4个、墓葬2个、乱葬坑4个、道路7条、铜钱4万枚，出土元代瓷、铜、铁、陶、骨、玉等不同质地的各类器物万余件。这些器物基本为生活用具，以碗、盘、盆、翁、罐、盏为主，同时有瓶、匜、漏斗、香炉、玩具等。

遗址内房址面积一般较小，一般以10到20平方米为最多，其平面形状主要有两

铜甗内铭文（出土时）

2006年燕家梁遗址发掘全景

①层中部房址

房址

地炉

种，一种略近方形，一种为狭长的长方形且数量较多。房间多单独成间，个别为套间。门向的选择较多考虑临街的因素。房间内设取暖和炊事设施，有灶和火炕，灶和火炕通过火道相通。炕内设有烟道，有2道、3道、4道，也有2道变3道，3道变4道的，烟道最后通过一般设于房屋拐角墙内的烟囱将烟送出。房屋地面大多数为土地面，仅个别铺砖。屋内墙壁有的抹白灰面，多数为草拌泥。个别房屋内发现有瓦片，说明屋顶有的挂瓦。

遗址中发现大量的灰坑，多为圆形锅底状、圆形直臂平底、圆形袋状、长方

形直壁平底、不规则形等。一种长方形坑内发现有白灰面，当是用来制作熟石灰的坑。有一直径1.2米的圆形直壁坑内发现厚达0.2米的一层粮食，这种坑是专门储藏粮食的。还有一种圆形卵石坑，是烤烙食品的。

遗址共发现窖藏28个，平面多为圆形，少数为长方形、方形和椭圆形。形制规整，大多为直壁、平底，少数为斜壁、袋状平底。填土多为灰土、黄灰土、少数为细沙土、红褐土、黄褐土。土质松软，包含有少量炭渣、草木灰、红烧土颗粒。出土有瓷罐、瓷碗、瓷盆、瓷盘、瓷瓶、器盖及铜钱、铁器、铜器、石器、骨器等。

遗址共发掘窑址四个，平面为球拍形、椭圆形、圆形。由窑室和坑道构成。窑内填土多为红烧土和灰褐色图。土质较硬，包含有砖块、白灰块、炭渣、草木灰、木炭等。出土有少量瓷片。多为烧制白灰和瓦所用。

燕家梁遗址共发现地炉30个，平面多为圆形、葫芦形、哑铃形，其次为乒乓球

窖藏

窑址

拍形、网球拍形、石铲形、蝌蚪形等。多由大小、深浅不同的2～4个炉坑和烟道组成。坑内填土多为黄褐色土，少数为红烧土、白灰土和灰黑土。土质松软，包含有草木灰、黑炭渣、白灰渣等。出土有少量瓷片和动物骨骼。

燕家梁遗址发掘出土瓷、陶、铜、铁、骨、石、玉、水晶、玻璃、玛瑙等不同质地的各类器物万余件。出土瓷器为大宗，其种类丰富、制作精良、工艺独特，具有鲜明时代特点。根据其胎、釉、纹饰等特点可分为白釉画花器、白釉粗瓷器、白釉细瓷器，透明釉白彩器，白釉刻花、剔花、印花器，黑釉、酱釉器，黑釉、酱釉彩斑器，黑釉、酱釉剔、划花器，绞胎器，红绿彩器，琉璃釉器，钧釉器，青花器，釉里红器，青白釉器，卵白釉器，青釉器，素胎器等类别。出土的景德镇窑青白釉狻猊器盖，一狻猊蹲坐在圆形座上，昂首左视，两耳微翘，双目圆睁，嘴张开，两鬓鬃毛后乍，头后鬃毛和胡须下垂，尾巴置于身体右侧，右脚踏一带十字花结的绣球，绣球的飘带附于双腿上，

铜铺

武士陶俑

通体施青白釉，双目点褐彩。通高10.5厘米。釉色纯正莹润，造型生动形象，刚劲威猛，动感十足。

此外，景德镇窑鸳鸯莲池纹青花大碗，碗内壁口部饰缠枝莲纹，底部绘一对在莲池内相对嬉戏的鸳鸯，釉下为压印云龙纹，外壁上部为缠枝莲纹，下部饰仰莲瓣纹，莲瓣内饰火珠纹。青花色彩艳丽，画工娴熟精湛，十分珍贵。

釉里红器出土极少，白色胎，坚硬致密，可辨器形有匜、高足杯。均为生活用品。其中匜为直口微敛，方唇，腹壁微弧，平底内凹。内外壁施青白釉，釉下装饰红斑各三块，成色鲜艳，口及外底无釉，有火石红。

2006年度考古发掘规模大，发现了大量保存较好、关系明确的同时代不同时期的遗迹，譬如交错的道路、布局有致的房址等。特别是成排分布于道路两侧三层叠压成组的房址，多为官肆、店铺类建筑，其内一些生产、生活设施尚保存完好，以及大量墨书题记，加之许多精美遗物的出

红绿彩人物瓷玩具

红绿釉瓷碗

釉里红瓷匜

青白瓷狮子摆件

双鱼青釉折沿瓷盘

青花鸳鸯荷池纹碗

青花鸳鸯荷池纹碗内

土，表明这里曾经是一处繁华的市镇，同时也为研究我国蒙元时期村镇、驿站的建置布局、经济形态及居民的生产、生活情况提供了翔实可靠的实物资料。大量的窖藏及部分灰坑中凌乱的肢骨，真实地反映了元末复杂动荡的社会状况，遗址没有发现城墙，根据遗迹和遗物以及出土器物、窖藏和纪年类墨书分析，推断为元代遗址，上限不会晚于元世祖忽必烈至元十二年（1275年），下限应该在明洪武五年（1372年）以前，即明军攻克东胜、云内州前，历史百年左右，基本见证了元朝的盛乱兴衰。中原及南方一些窑系瓷器的大量出土，反映了元代北方草原地区与中原和南方地区商贸往来的频繁，同时也说明

燕家梁遗址是元代连接漠北地区与中原和南方的一处重要水路驿站。

燕家梁遗址最早于20世纪50年代内蒙古工作者进行文物普查时发现，1979年，包头市文物管理处再次对遗址进行调查，并在麻池地区征集元代瓷器7件，其中一件为元代青花缠枝牡丹瓷罐，另一件为白釉黑花盖罐，现藏于内蒙古包头博物馆。1983年和1998年，包头市文物管理处曾两次对遗址进行小规模的试掘，清理了一批房址、灰坑等遗迹，出土了大量的陶瓷片。2006年，内蒙古自治区文物考古研究所和包头市文物管理处对该遗址进行了大面积考古发掘。

白釉褐花瓷罐

青花缠枝牡丹瓷罐

‖30‖ 达尔罕茂明安联合旗道头采石场

撰稿：邢燕燕
摄影：张海斌

包头市重点文物保护单位。

位于达尔罕茂明安联合旗达尔罕苏木查干敖包嘎查道头牧点东南1公里，地处道头山上，为低山草原丘陵地形，其间牧草丰茂。西北处为推喇嘛庙遗址。

经过多年的风雨侵蚀，裸露在地表上的黑色火成岩形成一簇簇巨石丛，部分岩石块上刻划有岩画。道头石器加工场面积较大，有东西两个地点，相距约2公里。东部地点有一南北走向的石丛，石丛东侧南部为采石场，见有一半圆形石圈，为当时建筑遗迹。其周边散落的石块有划线、开凿、取石、打磨等痕迹，是当时采石及加工石制品的遗迹。还有一长方形大石块，四边齐整，表面两边缘有铁凿开石的痕迹，上边缘有一贯通石块的细划痕，中间靠下开凿一窄石槽。石块是加工石槽的废品。石丛东侧北部刻一文官立像，另有舞者、动物等岩画。

文官立像，高175厘米、宽90厘米。凿刻在石丛最高一块立石阳面平面上，整幅画面为线条勾勒。文官像面向东南，头戴乌纱帽，身着长袍，足蹬战靴，手捧笏板至于胸前，作恭立状。左边题有"白田図"三字，字可能是作画者的名字，当地

准备加工为碾槽的开槽石块

西部地点全景

人称此像为"白大将军"。动物岩画，高18厘米、宽25厘米。位于文官立像南侧，两动物一上一下分布，造型简单且粗糙。舞者岩画，高24厘米、宽15厘米，位于动物岩画旁，舞者双腿叉开、双臂自肘部折向上，以示对上天的敬畏和虔诚。

西部地点地形相对平缓，见有突兀的石丛，在岩丛附近，见有采石痕迹，有人工开凿的石缝及采石废料等。在相对较高的一处石丛上发现有神像、虎等石刻多处。神像石刻前摆放的石臼由附近的希拉乎元代遗址搬运而来。其中神坐像场面较为壮观，高60、宽107厘米。画面朝阳，保存较完好，线刻，刻痕呈土黄色。画面

东部地点采石场及岩画全景

刻有边框，以示庙宇，其内正中刻一尊神像，端坐于须弥座上，头戴山字形冠，身着长袍，腰间束带，手持一物。其左右各有一尊较小的造像，皆头著宝冠，身着长袍，端坐于椅上。三尊造像面部表情肃穆，头上刻有花枝和花朵。在两尊小造像之下，各有一立像，身着长袍，足蹬长靴，身旁各有一动物，比较模糊。画面左右两侧，边框线内都刻有文字。左侧刻有"大德五年（1301年）四月四日立庙"；右侧字痕已模糊，可分为三行，从左往右为："□□西京张大为井小韩大""西京在成小女大……""集宁路二贾王"。另有双虎画像，高76厘米、宽80厘米。位于

文官立像

蹲丘的虎

前后相随的虎

神像

神像石刻的东侧。画面为相随的两只虎。前虎以线条勾勒出轮廓，作回首状；后虎线刻轮廓，四肢凿刻。另一虎，后腿蹲，前腿立，位于神像石刻西侧的另外一块石头上。画面以线条勾勒出上半身，下半身尚未完成。该岩石向阳的一面有"大德□□"题记。还有一猛虎画像，高73厘米、宽245厘米，位于神像石刻所在岩石的西侧面，画面几乎被线条勾勒出的虎的轮廓占满。其阴面刻有"至正十二年（1352年）翟从礼"八字。可能是刻虎者题写。

从石刻的题材内容和风格特点及题记判断，石器加工场时代应为元代。神像画面的题记中提到的"集宁路"为汪古部所辖路城之一，故址在今天乌兰察布市察右前旗巴音塔拉乡土城子村。近尖米石场距离汪古部首府敖伦苏木城址30多公里，而且附近发现多处元代村落遗址。该采石场或为敖伦苏木城址和这些村落提供石材和石器制成品。

猛虎

‖31‖ 东河区柳林沟金元冶铁遗址

撰稿：杨建林
摄影：杨建林

位于东河区阿善沟内约12公里处一个叫柳林沟的地方，发现于2012年。遗址分布在沟西岸一处凹地之上，一条小冲沟自西北向东南流经凹地，将其切割为南北两部分。

遗址区内发现两座炼炉，编为1、2号炼炉。1号炼炉位于凹地北半部分小冲沟旁，被小冲沟切割，暴露出一个剖面。测得炉高120厘米、炉内径80厘米、炉壁厚80厘米。炉内见有三层烧结面，说明曾被反

未清理前的1号炼炉

2号炼炉

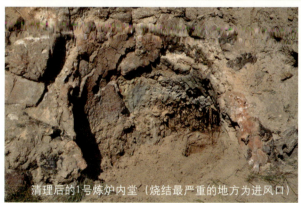

清理后的1号炼炉内堂（烧结最严重的地方为进风口）

战国遗址上的石砌建筑残基

复利用。2号炼炉位于凹地南半部分坡顶，埋于地下，只暴露一小部分。沿小冲沟发现多处灰土和红烧土堆积。遗址周围发现有战国至西汉时期的陶片、金元时期的瓷片。

冶铁遗址往南约1公里，发现一处战国遗址。该遗址位于阿善沟西岸，被山洪破坏。在冲刷的断面上可见文化层，最厚处可达1米，内夹有灰陶片，其纹饰、口沿和器形带有典型战国时代特征。在该遗址近山根处发现石砌建筑残基，长4.2、宽3.5、墙厚0.6～0.8米。

经北京工业大学李延祥教授实地考察后认定，这是一处冶铁遗址。取样检测后，时代初步确定在金元。

柳林沟冶铁遗址是一处重要的新发现。它是包头地区甚至大青山前首次发现的冶铁遗址，为中国冶金史研究提供了极为重要的实物资料，同时也将包头的冶铁史向前推进了1000多年，为这座年轻的"草原钢城"寻找到了历史根基。

▌32▐ 石拐区窖藏铜铁器遗址

撰稿：张海斌
摄影：董勇军

1997年7月，包头市石拐矿区东约2公里的厂汉沟支沟公际汗沟发现一批窖藏铜铁器，埋藏地位于山沟东坡的小沟边。据发现者讲，所出铁器均置于铁锅内，下面数锅相摞，上部覆盖一锅。所出各类文物共36件。

石拐出土的窖藏铜铁器，其中的铁锅、刀、镰、斧、马镫等与元大都遗址出土的同类相似，这批器物中的铁锅、墨斗、剪、锁、盏、锄、斧、镬等类似器形在河北磁县南开河村元代木船亦有发现。准格尔旗马家圪旦遗址中出土的元代铁镬、铁盏及多伦县砧子山元墓出土的铁剪刀，兴和县五甲地元墓出土的铁马镫以及卓资县六苏木坝底村和旗下营乡合少村窖藏出土的六耳铁锅、铁锄等，均与石拐出土同类器形接近。因此可以推定，石拐窖藏铜、铁器的时代为元代。内蒙古地区以往辽代出土的铁器较多，元代铁器相对较少，此次成批元代窖藏铁器的出土丰富了人们对这一地区元代铁器器类的认识，也为元代历史、考古研究提供了宝贵的资料。

石拐出土的铜铁器窖藏以铁器为主，仅2件铜器，其中一件已残破不堪。铁器可分为农业工具，如锄、镰、镬；手工业工具，如斧、凿、墨斗、锉、坩埚、纸钉、抹；生活工具，如锅、锁、刀、剪、

抹

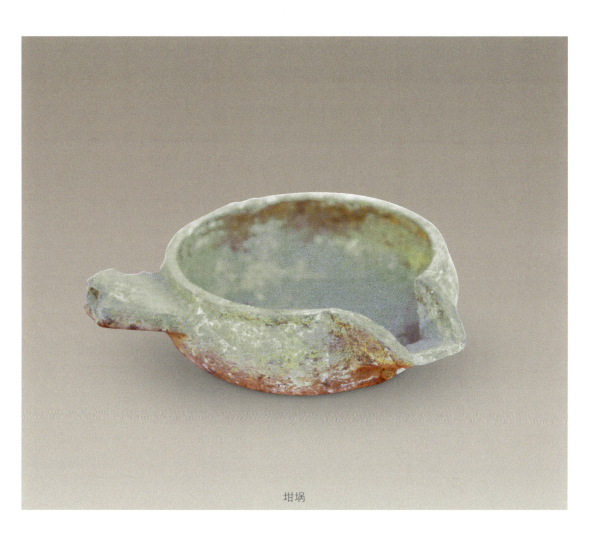

坩埚

盏；马具，如镫、衔、镣。《马可波罗行记》描述阴山南土默川地区元代情况说，境内有环以墙垣之城村不少。……州人并用驼毛制毯甚多，各色皆有。并持牧畜、务农为生，亦微作工商。石拐出土的铁马具、农具、手工业工具等，真实地反映了元代包头地区畜牧、农业、手工业的发展状况，也应征了马可波罗记述的正确。

《元史》卷八《世祖纪》载，至元十二年（1275年），"以三卫及新坿生券军赴八达山屯田。"八达山即包头地区的阴山。石拐地区元代遗存的发现或与这一史实有关，而就窖藏的成因，可能与元末的社会动荡有关。包头阴山以南地区元代归云内州管辖，属大同路，阴山以北为汪古部领地。元末发生了大规模红军起义，其中一支起义军攻陷大同路，占领了云内州。战乱波及石拐地区，窖藏主人将铜、铁什器，不便携带之物，匆匆归拢，埋藏荒郊，之后逃离。

‖33‖ 达尔罕茂明安联合旗金界壕

撰稿：苗润华
摄影：魏长虹　张海斌　苗润华

全国重点文物保护单位。

金界壕在包头市境内分布于达尔罕茂明安联合旗东南部，东北由乌兰察布市四子王旗红格尔苏木巴润包格代嘎查和日木进入达尔罕茂明安联合旗境内，起自达尔罕苏木哈沙图嘎查巴润苏牧点东北0.6公里处，经大井牧点西北、哈业忽洞、饲料地牧点西北、额尔登敖包嘎查，沿着宽阔的谷地穿行。中间经巴音布拉格、毛呼都格牧点西南、花敖包牧点西、石宝镇园房子村、坤兑滩新村西，横穿十余道起伏较小的草原谷地。再经南大井村、大阳湾村东、前白银不浪村和北鸡图村西，呈"S"形顺狭窄的沟谷地穿越南部的低山丘陵农耕区。在北鸡图村西南2公里处（东经110°44'26.06"、北纬41°22'17.54"）进入呼和浩特市武川县二份子乡三份子村。境内全长58公里，沿线调查发现马面130座，铺房55座，边堡24座（其中界壕主线边堡18座，边堡附堡1座，漠南线边堡5座），边城1座。

金界壕为外侧挖壕，内侧夯筑土墙。墙现呈高土垄状，而堑壕则成为一条低凹的浅沟。主墙体上筑马面、边堡，为屯兵戍卫之所。大部分地段利用漠南线

墙体作为副墙，形成双墙双壕，间距大体在10～30米之间。也见有主副墙体在山梁顶部的马面处并拢，下坡之后再分离的情况。主副墙体相距较近的地段，常常在副墙体的外侧和主墙体的内侧见有壕，遇到马面下的铺房时，壕从内侧环绕，说明主墙体和铺房的修筑也是从内侧取土。额尔登敖包界壕1段为三墙三壕，主副墙间距最宽处60米，主墙距第三墙达306米。主

墙体底宽7～11米，顶宽2～4米，残高1～3米；夯层厚8～13厘米。副墙和三墙相对低矮。壕均在外侧，壕宽均在3～5米之间，现深0.5～3米，局部淤积与地表持平。

调查发现的130座马面均修筑在界壕主墙体上，呈向外伸出的长方土台体状。保存较好的马面顶部外向伸出8—10米，顶宽4～6米，残高多在2～3米间；巴音布拉格17号马面现残存高度仍达到4米。园

北鸡图界壕墙体（主副墙之间为耕地）（西北—东南）

额尔登敖包界壕1段主、副及第三墙体（西南—东北）

房子东北尽为丘陵草原地带，马面保存较好，原有结构尚有遗存；向西南进入农耕区，马面台体基本上作底大顶小的圆锥体，保存状况差。推测马面的原始形态，当为顶部向外伸出8米左右，宽约5米，上下有收分，底部大于顶部的长方形夯筑土台体。马面的修筑，皆由地貌环境所决定，视野通达的地段相对较疏，横穿起伏较大的丘陵谷地时，半坡及坡顶均修筑马面，设置距离较近。在大的川口等防御的重点地段，尽管视野广阔，马面设置仍然比较密集。

马面内侧的铺房（亦可称之为马面堡），亦依托主墙体，另筑其它三面墙而成。一般呈顺主墙体方向的长方形，保存状况好的铺房长20米，宽18米。亦见有方形者，边长18米左右。士兵在马面上值守，以铺房为居室，构成一个相对独立的驻防单元。

沿线发现的18座边堡，修筑于主墙体内侧并借用其作为一墙，墙中为马面，另筑其他三面堡墙围拱而成之。平面形制大

园房子界壕1段墙体（西南-东北）

前白银不浪界壕墙体夯层（东北—西南）

体呈方形或近于方形的长方形，分单墙、双墙乃至三墙者。双墙或三重墙体，皆以隆起较高的内墙为主堡墙，中墙及外墙较低矮，系用挖壕之土夯筑，比较单薄，墙中为壕，以凸显壕的防御作用。

边堡内皆有白瓷片等遗物散布，表明其曾经历较长的使用期。额尔登敖包1号边堡采集的瓷片标本较为丰富，以白瓷大碗为多，还见有刻划化妆土的瓷盘，采集到外壁剔胎的仰莲瓣纹碗，极为精致。第三类是白瓷仿定小碗，胎薄而匀，通体施釉，釉面光亮润泽。白瓷系器形还有罐、瓮、钵和器盖。酱釉类瓷片可辨器形有带系罐、茶末釉小罐和西夏酱釉剔花罐。此外，发现有钧瓷片、黑釉鸡腿瓶缸瓷片及泥质灰陶罐和盆残片。园房子5号边堡发现有铁甲片、铁刀残段等铁器。

金界壕因防御兴起于金朝北方的蒙古部落而修筑。《金史·仆散揆传》载："揆升西南路招讨使后，'沿徼筑垒穿堑，连亘九百里，营栅相望，烽候相应，人得恣田牧，北边遂宁'。因其功而召

哈业忽洞墙体、马面及边堡（东北—西南）

大井1号边堡（南—北）

'拜参知政事'。"达尔罕茂明安联合旗段界壕金代为西南路招讨司管辖，界壕主线筑于金章宗明昌年间（1190～196年）。漠南线界壕的确切修筑年代史无明载，但其为主线界壕所沿用，其修筑时间无疑要早于这个时期，推测修筑时间在金熙宗（1135年）至海陵王（1161年）之间。史载这段界壕由汪古部驻守，这条工程浩大的防御工事，对于金王朝北部边防的巩固，曾发挥了其应有的历史作用。有佚名《题金长城》诗盛赞曰："平畴草野起边城，北拒雄藩铁骑兵。壕墙戌堡今犹在，一览无余塞上风"。

木胡儿索卜嘎边城东墙外的石臼

巴润苏2号马面、墙体及铺房（东南-西北）

和日木边堡、马面及墙体（东-西）

‖34‖ 达尔罕茂明安联合旗明水墓葬

撰稿：孙建华

摄影：孔群

1978年，内蒙古自治区达尔罕茂明安联合旗大苏吉乡明水村北侧山坡上，发现一处金元时期墓地，地表有比较明显的封土堆。墓地中有两座墓已被盗掘破坏。内蒙古自治区文物考古研究所收缴追回部分随葬品，并清理了已暴露的墓葬四座。1985年9月，再次对该墓地进行调查和发掘，又清理发掘了三座墓葬。

墓地位于明水村北侧山坡，南部有一东西向的季节性的河流，东部有金元时期的村落遗址，地表可见石砌房屋遗迹。墓地发现的7座墓葬，大体由北向南纵排三列。中间一列5座，均有封土堆。其中5号墓位于墓地北端最高处，封土堆规模较大面积约20余平方米，其余墓葬两两成组排列。发掘清理的7座墓葬，有竖穴土坑墓和竖穴土洞墓。入葬形式有土葬和火葬两种形式。

清理的1号墓为竖穴土洞墓。竖穴长3.2、宽2、深3.8米，洞室位于土坑西侧，长3.3、宽2.7、高1.85米，洞口用木板和土坯封堵，无填土。洞内放置一具木棺，头向西。洞室正中有一供桌，上有陶罐、牛腿瓶、鎏金银杯、铜匜，随葬品还有桦树皮箭囊、木杆铁镞，马鞍具和部分衣

物等。2号墓为竖穴土洞墓。形制与M1略同。竖穴长2.8、宽1.7、深3.65米，洞室长2.5、宽2.4、高1.8米，洞口用木板封堵，无填土，四角有木杜支撑。洞内放置一具木棺，头向西。随葬品有陶罐、牛腿瓶、桦树皮箭囊、木杆铁镞，马鞍具等。3号墓为竖穴土洞墓。竖穴长2.3、宽1.1、深2.65米，墓口上部围砌一周土坯。洞室位于土坑西侧，长3.8、宽1.85、高1.4米，洞口用石板封堵。洞内放置一具木棺，头向西，仰身直肢。随葬品放置棺内，有金杯、桦树皮箭囊、木杆铁镞，腰部有5件玉雕带饰。其余的4号墓、6号墓、7号墓均为竖穴土坑墓，随葬品较少，出土有桦树皮箭囊、马鞍具、皮囊等。

明水墓葬随葬品都是死者生前所用的实用器。有金、银、铜、铁、玉石、陶瓷、桦树皮，丝织品等，时代特征鲜明。随葬品中四合花纹"纳矢石"辫线织袍，窄袖束腰，是北方民族服饰的式样，其上人面狮身图案带有极强的中亚风格，反映了中西文化的交流。丝织品中还有鹦鹉纹织锦风帽、紫色荷花纹缂丝靴套，荷花纹高足金杯、玉雕人物带饰，都是文物中的精品。明水墓地所在属当时汪古部活动的

鹦鹉纹织锦风帽

紫色荷花纹缂丝靴

四合花纹"纳矢石"辫线织袍

玉雕人物带饰一组

区域。墓地西南8公里即为大苏吉城圐圙城址，该城址是当时金界壕沿线重要城堡——乌沙堡，墓地北和西20余公里即为金界壕。墓地族属应当与汪古部有关。该墓地保存较完整，墓葬形制和随葬品中特有的民族风格，是研究蒙元时期北方民族的珍贵资料。

荷花纹高足金杯

▍35 ▍达尔罕茂明安联合旗毕其格图好来陵园

撰稿：邢燕燕
摄影：张海斌 董勇军

包头市重点文物保护单位。

位于达尔罕茂明安联合旗巴音敖包苏木乌兰察布嘎查毕其格图好来牧点的一处平地上，墓群四周群山环抱，仅东南角有一豁口，是进入墓群的天然通道。

墓群四周建有围墙，平面呈长方形，现围墙几乎消失殆尽，最高处约30厘米，推断为一处元代墓群。墓群内墓葬分布没有规律，有墓葬19座，墓群外有墓葬4座，其中三座在墓群北，一座在墓群南。此外，1973年盖山林在墓群内发现古叙利亚文景教墓顶石9块。其上刻有莲花、十字架、文字等，制作精美。

1974年，文物工作者对墓群北部的三座墓进行发掘。这三座墓葬地表都堆积着不规则的石块，其下为黄沙土，仅其中一座经夯实外，其余两墓都未夯实。三座墓葬都有木棺，均为仰身直肢葬，头向西方。由于墓葬早年遭到盗掘，出土遗物较少，仅见一只三角形桦皮鞋垫、两个弓囊和一个马具等文物。

1997年，文物工作者又在墓群内清理两座石椁墓，墓群内有些墓顶立着高大而扁平的尖石或石板，一般立石高可达 1米

墓群远景（右侧下方为盆地出口）

墓碑拓本

古叙利亚文及十字架景教墓碑拓本

左右，墓表直径5米左右。石板内侧雕刻有人物、动物、花卉等图案，墓内出土了流金錾花银碗及碗托等器物，民族特点浓郁，在该处墓地的西北15公里处即是著名的汪古部赵王府所在德宁路故城（敖伦苏木城址），因此，达尔罕茂明安联合旗毕齐好来墓群可能与蒙元时期的汪古部有重要的关系，是一处重要家族墓地。

鎏金錾花银托盘

鎏金錾花银碗及托盘

石椁墓局部栏状及波浪纹宝相花石雕　　石椁墓龙纹残块

石椁墓局部水鸟嬉戏

石椁墓局部　　　　　　　　　　石椁墓局部手持海东青的人物

石椁墓局部鹰抓兔　　　　　　　　石椁墓局部海东青

明清时期

　　明王朝建立后，其势力到达了阴山以南的广大地区，至宣德年间，东蒙古各部频繁出入河套，明朝所设州、卫、所废弃。土默特右旗的美岱召是明末蒙古土默特部首领、成吉思汗十七代孙阿拉坦汗政权的早期政治中心，也是藏传佛教在蒙古地区传播的重要弘法中心。敖伦苏木古城城内也发现有明代喇嘛教庙宇。九原区哈林格尔镇尔甲亥村发现一处明代遗址，散见有绿色、黄色琉璃瓦及龙纹瓦当等建筑构件。

　　清代喇嘛教寺院在康熙—乾隆年间掀起建筑高潮。梅力更召、百灵庙建于康熙年间，昆都仑召始建于雍正年间，普会寺、五当召建于乾隆年间，其内的文物有清早期官窑瓷器及早期佛教造像等，是清宫赐予召庙的物品。

36 ▎九原区尔甲亥庙

撰稿：王英泽
图片由九原区文物管理所提供

包头市重点文物保护单位。

位于包头市九原区哈林格尔乡尔甲亥村西约700多米处，为一块高出地面约1米多的台地，当地人称作"瓦窑圪旦"。该台地东西长约40米，南北宽约34米。

1991年11月，配合包头市南绕城公路的建设，内蒙古自治区文物考古研究所在包头市文物管理处的协助下，对尔甲亥寺庙遗址进行了抢救性考古发掘。发掘区域集中在台地的西南部，面积200平方米。发现未遭破损的遗迹有建筑构件、铺地方砖和柱础石等，散件的遗物有长条砖、琉璃瓦、龙纹瓦当等建筑构件。该遗址的地层堆积较为简单，有表土层、废弃堆积、

寺庙台基局部

寺庙台基建在一汉代墓葬之上

原始遗迹三个地层。在废弃堆积中出土的遗物有绿色琉璃瓦、黄色琉璃瓦、龙纹瓦当、虎头纹瓦当和其他一些建筑构件及饰件等。而龙纹瓦当是最准确的时代标型器，瓦当以龙纹为饰始建于金代，在北方草原地区，从现有资料看，龙纹瓦当最早见于蒙古国哈剌和林遗址中窝阔台时期的宫殿建筑，装饰在宽凹檐的半圆形瓦当上，体态相壮，有一个盘曲，其下云雾缭绕，首、尾、爪皆不清晰。晚一些的，在蒙古国赤塔州博尔金区昆都依村附近发现的14世纪的宫廷庄园，圆形瓦当上饰金黄色的龙，瓦当的直径为12～12.5厘米。从窝阔台时期的宫殿建筑到14世纪的宫廷庄园，龙纹瓦当上的龙纹造型明显地由粗糙趋于精致，再到尔甲亥遗址，龙纹就显得更为成熟了，体现出了明代"精细传神，龙神盘曲，极富动感，很好地表现了蛟龙

龙纹瓦当拓本

采集建筑材料

腾云驾雾的非凡气派"。

　　尔甲亥遗址的原始建筑遗迹中，地面铺砖上呈现出黑色的火烧痕迹，无砖处皆为烧土，而且在废弃堆积中发现了大量的灰烬。由此推断该遗址最后可能毁于火灾。后经钻探，寺庙台基利用了汉代墓葬封土堆。

‖37‖ 土默特右旗毛岱渡口

撰稿：高景哲　王艳君
摄影：张海斌

毛岱渡口石碑

位于土默特右旗美岱召镇毛岱村南4公里、河森茂村东1公里处。

清康熙三十五年（1696年），康熙皇帝第二次御驾亲征葛尔丹期间，"前赴鄂尔多斯，往返驻跸，道经黄河，管旗都统面奉。谕旨设立官渡两处，一名湖滩和硕，在托克托城，一名毛岱渡，在萨拉齐境。" 这是毛岱官渡口的由来。毛岱官渡由土默特旗委派"防御1员，骁骑校1员，兵15名，备官船2只，承运公文传

毛岱渡口石碑

递，皆管过往行人稽私盗贼。"当时的毛岱官渡为连接鄂尔多斯高原与土默川的重要通道，各类公私人员、货物靡集，盛极一时。

但是由于当时黄河不断改道漫流，毛岱官渡时有覆没之险。有史料记载："同治甲子（同治三年，1864年），河水出岸，甚大淤漫"，毛岱官渡从此慌废。同治十三年（1874年），官渡由毛岱迁往包头南海子，由此开启了包头水旱码头的辉煌历史。在毛岱官渡附近曾出土有元白釉褐花梅瓶、明青花花鸟纹罐和清青花花卉纹盘。另发现有石碑6通、石碑座1块。6通石碑中，有5通可辨识碑文，为进一步研究毛岱官渡提供了重要的实物资料。

清代青花花卉纹瓷盘

明代青花花鸟纹瓷罐

元代白釉褐花瓷瓶

‖38‖ 土默特右旗美岱召

撰稿：张海斌　王英泽
摄影：刘小放　张海斌　贺小军

全国重点文物保护单位。

位于土默特右旗美岱召镇，是内蒙古自治区保存最完整的明清城堡式古建筑群。明代称灵觉寺，清赐名寿灵寺，又称灵照寺，因代表达赖四世的麦达里活佛在此坐床，俗称美岱召。美岱召是明末蒙古族杰出首领阿勒坦汗修建的政治中心，后成为藏传佛教在蒙古地区的弘法中心。以其城墙与寺庙结合的布局特点、精美的明清壁画以及泰和门万历三十四年（1606年）石刻而著称。

美岱召始建于1557年，称五座塔；之后1565、1566年又扩建，建琉璃殿及城门、角楼等，称大板升城；1572年开始建宗教建筑，1575年建成，赐名福化城。

美岱召外城墙平面为一座不规则的四边形，南墙、西墙较直，东墙、北墙外折。东城墙全长178米；南城墙全长157.8米；西城墙全长183.6米；北城墙全长172.4米。城墙剖面下宽上窄呈梯形，四面墙体的宽度也不尽相同，以南城墙最为宽厚高大，底宽5.7米、顶宽3米、高5.2米。其他三面墙体底宽4.5～5.7米，顶宽1.6～2.7米，高2.8～4.9米。城墙是由表皮和内墙体两部分构成，内墙体就地取土

夯筑，内外墙表面用大块卵石及不规则石块包镶砌筑成虎皮石墙。原城墙上有土筑的垛墙，据说也是后代另加的，已不存。现在城墙上砖砌垛口和墙顶面铺砖都是维

西南和西北角楼

美岱召全景（北—南）

修时补砌的。

城墙四角筑有向外凸出的角楼墩台，墩台的大小及三条边都是不相等的，四角墩台上各建歇山式双重檐角楼一座，角楼面阔、进深均为一间，四面置廊柱形成围廊。围廊地面毛石铺墁，角楼三面是砖墙、面向城内的一面设门，室内条砖铺地。西南、东南角楼相向的侧墙面，距地1.9米各设有一个内进式佛龛，两佛龛规格略有差异，另两个角楼上没有佛龛。

在南城墙中间稍偏西位置设城门——泰和门，城门由门墩和门楼两部分组成，城门墩内墙体夯筑，外表面砌砖，正中为砖券顶拱形城门洞。城门洞由内城门洞和外城门洞两部分组成，两门洞顶部都采用三券三伏的砖券法，以增大门洞的承载力，内外门洞之间装有8厘米厚双扇实木门。门洞正前面上方镶嵌着一块明代万历三十四年（1606年）石刻。泰和门上的石

泰和门上的石刻

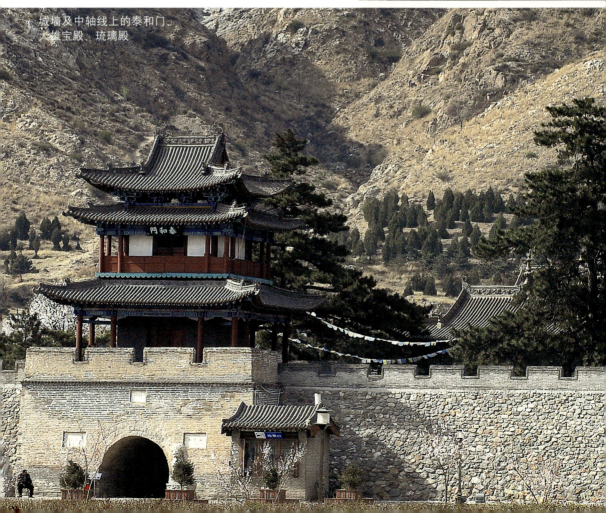

城墙及中轴线上的泰和门、
大雄宝殿、琉璃殿

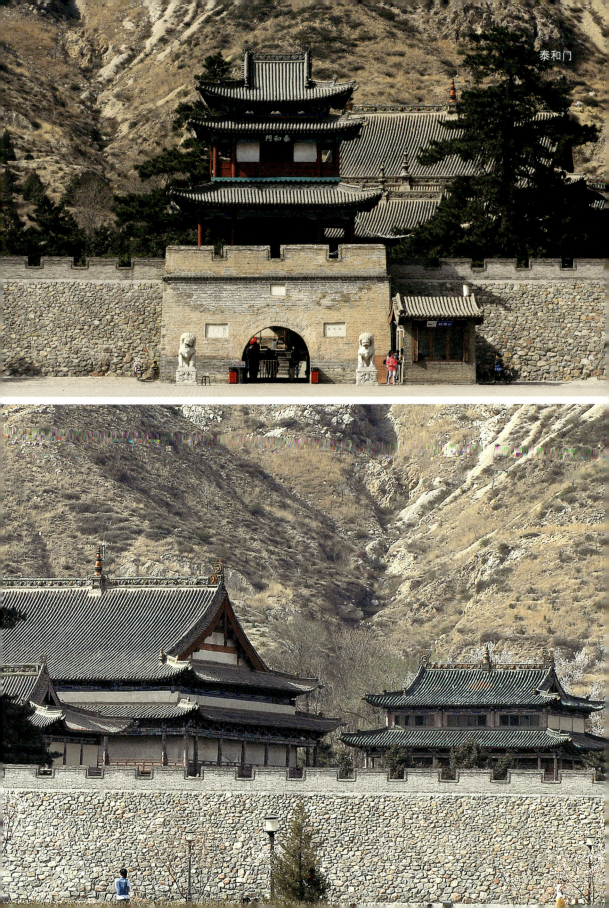
泰和门

刻，镶嵌在城门上方，石刻周边雕刻花草图案。右题文竖4行"元后敕封顺义王俺答呵嫡孙钦升龙虎将军大成台吉妻七庆大义好五兰姚吉誓愿虔诚敬赖三宝选择吉地宝丰山起盖灵觉寺泰和门不满一月工城圆备神力助佑非人所为也"每字1.5厘米；碑体正中圆上镌刻"皇图巩固　帝首咸宁　万民乐业　四海澄清"16字，后落款两行："大明金国丙午年戊戌月己巳日庚午时建　木作　温伸　石匠　郭江"。石刻汉文上端有横行藏文小字，内容为"顶礼识一切锁南坚措"等。

石刻中"俺答呵"是俺答汗（阿拉坦汗）的意译，明人称他为"俺答"，"天成台吉"即大臣台吉、阿勒坦汗的爱孙把汉那吉，"七庆"是斯琴的不同音译，意为聪、智，"大义好"是太后的译写，五兰姚吉是美岱召明代后期的一位主持人，此处山前山后都是她领有的封地。"大明金国"是大明朝之金国，"丙午年戊戌月己巳日庚午时"为明万历三十四年九月初三（己巳）日、甲（"庚"字误）午时，值西历1606年10月4日中午11点至1点钟之间。

美岱召古建筑群由一座略呈方形的城堡和城内十个单体建筑构成。主体建筑沿中轴线布局，中轴线上的建筑由南向北有泰和门、大雄宝殿、琉璃殿（殿南左右有观音殿、罗汉堂），西侧有乃琼庙、佛爷府、西万佛殿、八角庙，东侧有太后庙、

大雄宝殿

大雄宝殿佛殿西壁三世达赖画传及蒙古族供养人壁画全景

大雄宝殿佛殿西壁下方迎请图

大雄宝殿佛殿西壁下方三娘子及相关人物壁画

巴师徒三尊，外罩桐油一层，是召庙中唯一一幅罩桐油的壁画。北壁其他四个单元，内绘释迦牟尼佛、白度母、药师佛、阿弥陀佛、文殊菩萨、无量寿佛等神像。经堂殿顶正中有八边形藻井，藻井内原有彩绘，经堂天花板绘有彩绘。横梁沥粉绘龙纹图案，也有绿色底墨线加白勾勒的莲花图案及装饰性花卉图案。

佛殿四壁及顶部均有绘画，顶部有十六罗汉及八十四成就者等木板画。殿内北壁绘有释迦牟尼画传，东壁绘宗喀巴及其画传，西壁绘三世达赖画传。在壁画中最为重要的是西壁下方的蒙古贵族供养人图。北面一组画幅长6.65米，高1.78米。有人物19人，中心醒目位置画一老年妇女像，为忠顺夫人三娘子。南侧一男性老者为第三代顺义王扯力克，二者之间为一战神，是神化的阿勒坦汗。北侧一女子为着冬装的五兰姐吉。另外在南壁还有一组重要壁画。长6.65米，高1.8米。描绘人物43个，按画面大小人物分为主要人物五人，次要人物两人，配景人物36个。主要为五兰姐吉（后封忠义夫人）迎请麦大力活佛场面。壁画和彩绘均是明、清时期原作。

美岱召的其他附属建筑主要有琉璃殿、乃琼庙、佛爷府、西万佛殿、八角庙、达赖庙、太后庙、宝丰塔等。琉璃殿为歇山式三重檐楼阁，因建筑屋顶覆盖琉璃瓦，俗称琉璃殿，本是阿勒坦汗朝殿，阿勒坦汗信仰佛教此殿不再作朝殿后，改为佛殿，并塑有三世佛像，绘制壁画，又称"三佛殿"。面阔14.75米，进深11.35米。乃琼庙位于中轴线西侧之首，为明代蒙式二层建筑，麦大里活佛住房。麦

达赖庙。

大雄宝殿建在1米高的台基上，台基南北长61.47米、东西宽40.7米，台基面用条砖铺砌方形界格，界格内选直径4厘米左右的卵石子铺嵌。台基正面为六层青石台阶，东西两侧铺设石条踏步。宝殿面阔19米，进深43.6米，高17.5米，坐北朝南，重檐两层楼，南厅经堂，北厅佛殿，三者勾连一体，殿顶均是歇山式。墙外由白色藏式砖墙相裹，构成汉藏结合的建筑体。门前有两棵明代古松。

南厅经堂一层东西壁绘有十八罗汉图，经堂的二层（天井）绘有11幅壁画，正面（北面）绘五幅，东西壁各绘三幅。壁画绘于黑色方框内。正面正中绘宗喀

佛殿释迦牟尼佛和十六罗汉木板画局部

大雄宝殿佛殿八十四大成就者彩绘局部

大雄宝殿佛殿顶部八十四大成就者彩绘局部

大雄宝殿佛殿顶部十六罗汉木版画局部

大雄宝殿佛殿顶部坛城木版画

大里活佛离开本召后，这里常住有乃琼僧人，本庙故称乃琼庙，是本召仅存的一座白色藏式殿宇，内供有乃琼及其他护法神像。佛爷府即活佛府，清代建筑，面阔23.3米，进深4.3米，原有屋脊，现作卷棚顶。在清代无常住活佛，巡行活佛来召时居住。主房三间，用于活佛在此布道和接见民众。西万佛殿位于八角庙西侧，面

琉璃殿

大雄宝殿佛殿顶部尊胜佛母坛城木板画

阔11.4米，进深9.7米。因东城墙外曾有座东万佛殿，故称西万佛殿。原供有众多佛像。八角庙位于琉璃殿西稍偏南，墙八面，重檐攒尖顶，建筑外有八根立柱与八个墙角相对，形成外廊。建筑正南的两柱间设门，其他七面筑墙内壁绘制壁画。达赖庙位于太后庙北，城内东北隅一处独立小院。主房为二层，硬山式小楼，面阔8.2米，进深4米，窗棂花纹精细，东西各

琉璃殿二楼北墙黑文殊壁画

乃琼庙

连有耳房，达赖三世曾居住过。太后庙为明代重檐歇山顶有围廊的灵堂建筑。平面呈方形，每边10米，位于中轴线东，大雄宝殿东北方。有五间，当心内跨度大，次间略小。檐柱全部外露，次间内垒墙。该殿没有使用斗拱，南墙正中开门，无窗，世称太后庙，实为灵堂。太后庙北、东、西壁及南壁门两侧和上方均有壁画。中间为现世佛释迦牟尼，西为未来佛弥勒佛，东为过去佛燃灯佛。宝丰塔位于美岱召后山，古称宝丰山，在其山峰上有塔一座，塔直径3米，高4米。因外涂白色，俗称白塔，式为八角形。砖筑八角墙至檐，顶如复锅。塔门与召内八角庙门方向相同，原内供像。

美岱召对于研究明史、蒙古史、建筑史、美术史等都具有重要意义，是阴山草原一座瑰丽的文化宝库。

琉璃殿一楼东墙达赖三世和阿底峡

琉璃殿一楼西墙贡嘎坚赞和莲花生

八角庙

太后殿

‖39‖ 九原区梅力更召

撰稿：杨建林
摄影：张海斌　董勇军

内蒙古自治区重点文物保护单位。

位于包头市九原区阿嘎如泰苏木梅力更沟口西侧，原是乌拉特西公旗的旗庙，始建于康熙年间，汉名广法寺，梅力更召是蒙古人对它的习称。"梅力更"意为"聪明、智慧"。

梅力更召始建于康熙十六年（1677年），历经十几年而成，康熙皇帝赐名"广法寺"。梅力更召的建筑面积约4500平方米，分为东、西两部分，西侧是召庙的主体，为宗教建筑群，东侧是七仓二甲巴建筑群（活佛府及召庙管理处）。主体宗教建筑群依中轴线均匀分布，从南往北第一座建筑为四大天王殿，是近来翻盖的

少贡沁庙与美岱庙

梅力更召全景

章恒庙全景

一座建筑。汉式歇山顶，五开间四进深，南北贯通。殿内供奉四大天王。

四大天王殿之后是章恒庙（护法殿），俗称驯服殿。该殿是一座藏式平顶建筑，三开间三进深，有一进深的门廊。室内分为前后两间，前间为小经堂，后间为佛殿。经堂通高一层，佛殿通高两层。

章恒庙之后是少贡沁庙。在少贡沁庙之前，左右各有一座藏式白塔，之后是美岱庙。原来少贡沁庙和美岱庙相距较远，民国年间美岱庙遭遇兵燹后翻盖时，将位置迁移，紧邻少贡沁庙，二者相距仅3米多。两庙整体形成了梅力更召的大雄宝殿，少贡沁庙为经堂，美岱庙为佛殿。

少贡沁庙建在高0.57米的台基之上，砖木歇山顶建筑，正面为"两实夹一虚"的汉藏式，整体占地463平方米，上下两层，总高11.8米。前有一个一进深、三开间的凹形门廊，门廊两端各有一个铜质

转经筒，门廊内设漆红色楞八楞柱两根，柱上有雀替，梁枋上有彩绘。门廊上方悬挂"大雄宝殿"匾额。少贡沁庙平面呈"回"字形，是典型的"都纲法式"——四周回廊空间一层层高，低矮幽暗，为信众礼佛通道或转经道；中间方形空间两层

层高，缕缕光线从高窗射入，高敞明亮，是喇嘛颂经的地方。

美岱庙是梅力更召宗教建筑群轴线上的最后一座，也是最重要的一座。平面呈矩形，加上前面的门廊，整体呈"凸"字形。主体为藏式，前有向南凸出的单坡檐。外围三层，内部不分层，以给佛像留出足够的空间。庙内供奉弥勒佛坐像，高13米，黄泥塑造，外镀金身。佛像背后的北墙上有早年的精美壁画。美岱庙外墙镶有砖制半浮雕佛像和花鸟砖雕。

主体宗教建筑群之外是七仓二甲巴建筑群，主要分布在宗教建筑群东侧和北侧。东侧有大佛爷府、灵堂、古西桑、巴克希仓和白塔，北侧有人甲巴院和大巴克希仓。这些建筑大部分是清代的原建筑，部分建筑有精美砖雕。

美岱庙外墙上的花鸟砖雕

东侧建筑群上的砖雕

美岱庙墙外的浮雕佛像

东侧建筑群上的砖雕

撰稿：杨建林
摄影：张海斌　姚旭

全国重点文物保护单位。

广福寺位于达尔罕茂明安联合旗政府所在地百灵庙镇，始建于清康熙年间，清廷赐名广福寺，蒙古人俗称"贝勒庙"，也叫乌力吉套海（吉祥湾）召庙群。后汉人讹"贝勒"为"白林"，一度写作"白林庙"。蒙古上层人士认为"白林"二字意义不吉祥，依"人杰地灵，百灵相助"之意，改为"百灵"。百灵庙便成了广福寺的代名词。又因该寺建于巴图哈拉嘎地方，蒙古人也称它为"巴图哈拉嘎庙"。

广福寺的兴建起于康熙四十一年（1702年），模仿归化城席力图小召的建筑模式，采用京、藏两种风格，用三年两个月的时间，于康熙四十四年（1705年）建成了朝克沁独宫。建好朝克沁殿后，达尔罕亲王诺内呈报朝廷，康熙皇帝赠送朱

却日殿

墨《甘珠尔经》，并赐名"广福寺"。康熙四十七年（1708年），诺内第八子詹达固密降袭扎萨克多罗达尔罕贝勒，詹达固密也崇信佛教，继续对广福寺进行扩建。因詹达固密的续建，人们俗称广福寺为"贝勒庙"（詹达固密的爵位为达尔罕贝勒），后"贝勒"音转为"白灵"，有了今天百灵庙的名字。此后百余年间，广福寺陆续修建，形成了五大仓（学部）。乾隆三年（1738年）建成却伊拉仓，位置在朝克沁独宫北侧，主要研习宗教、哲理学等，为显教哲学部。乾隆六年（1741年）建成纠德巴仓，位置在今天百灵庙第二小学院内，已毁，主要研习法术、咒文等，为密教学部。同治三年（1864年）建成满卜仓，位置在原来的农机供应站院内，已毁，主要研习医药学，为医学部。同治十一年（1872年）建成东科尔仓，位置在

今蒙医院后家属区，已毁，主要研习时轮学、数学、天文、占卜、历法等。再加上朝克沁仓，共为五仓。朝克沁仓为正殿（即大雄宝殿），统管其他四仓。至光绪二年（1876年），广福寺已有喇嘛1226名。1912年，由于外蒙古军的入侵，广福寺部分殿堂毁于战火。1915年开始，在北洋政府的资助下，云端旺楚克亲王　主持整修被战火毁坏的广福寺，历经14年而成。

广福寺还是历史上有名的"百灵庙暴动"及"百灵庙大捷"的发生地，在中国抗日战争史中谱写了熠熠生辉的一章。1936年11月，在百灵庙战役中，广福寺再次毁在日军的飞机轰炸中。之后，齐色德巴拉珠尔主持修复。新中国成立以后陆续

修建、恢复。

今天的广福寺南北长110米、东西长54米，占地5940平方米，建筑呈中轴线布局，坐北朝南。中轴线上依次有天王殿、朝克沁殿、却日殿，殿前左为丹珠尔殿右为甘珠尔殿。天王殿是一座歇山式建筑，现为整座寺院的山门；却日殿为藏式；丹珠尔殿和甘珠尔殿均为硬山式。

朝克沁殿是整座寺庙建筑的精华，造型独特，它位于寺院中央，坐北朝南，面阔22.8米、进深37.5米，为勾连达式汉藏结合二层建筑。由三座连体楼阁组成，由前向后逐级升起，最高处达30多米。顶部是典型的北京宫殿构造样式，为歇山顶，满面斗拱窗扇，飞檐重叠，青砖灰瓦，飞阁流黛。檐角下铜铃随风作响。底部是布

朝克沁殿侧视

朝克沁殿正面

达拉宫的藏式建造形式，小轩窗、白粉墙、红围栏。一楼楼顶的东西两面是开阔的阳台。楼下背面有半周围廊，用18根朱红大柱支撑。正面前廊有12根朱红大柱顶着二楼前阳台，阳台的栏杆上卧着两只造型优美的法羊，中央有一镀金法轮。两边的围栏墙上镶嵌着4面铜镜，顶上插着雪亮的钢叉，叉下缨饰飘舞。大殿朱红的大门上铆着一排排钢钉，中间扣着两只兽面，吊着两只铜环做把手。大门门额高悬靛青大匾，二龙戏珠图案作边，左上角有康熙皇帝御印"康熙玉玺"，中间用满、蒙、藏、汉四种贴金文字书写"广福寺"三字。

进入大殿，前为经堂，后为佛殿，中间用12扇木门窗相隔，窗扇上用蒙文刻着"广福"、"博缘"、"安乐"、"恩惠"、"享福"、"道教"等词语。经堂内有48根朱红顶梁大柱，排列有序，柱上裹着彩色壁毯，柱间悬挂经幡、飘带、旗帜等。正面两侧开有太平门，墙壁上绘有金刚手菩萨、马头明王、千手千眼观音、长寿佛的壁画。东西两面墙上绘有佛传故事壁画12幅。南面进大门西侧墙上画着护法神大黑天、大红天、吉祥母天、财神毗

沙门和阎罗天子的壁画。顶部藻井严整，流光溢彩，金碧辉煌。

经堂内设有锡热喇嘛主持宝座1处，上层喇嘛活佛席位8处，西侧设大喇嘛席位1处，东侧设掌堂执法者坐席1处，并配有法棍等刑具。中心地板上排放着12~14对座榻，每座配有方型坐毯一块，是僧众诵经的座位，摆放着各种法器和经卷。

经堂之后是佛殿。进入佛殿，正面为"门"形佛台，佛台上塑有弥勒佛、释迦牟尼佛、燃灯释叶佛三尊造像。前方有释迦牟尼弟子迦叶、阿难的立像，以及黄教的创始人宗喀巴以及他的弟子扎拉色布吉、海拉布吉的坐像。东西两侧供奉着文殊菩萨、大势至菩萨，千手千眼观音菩萨、地藏王菩萨、摩诃迦旋延、热娲那木锡勒、天藏那木凯宁宝、弥勒佛金巴、普贤菩萨、马头明王等坐像。后墙悬挂绿度母唐卡。东西面各有一个宗喀巴小型泥塑镀金坐像。

佛台前摆放着长1丈、宽3尺的大供桌，上面摆满了供器，有乾隆皇帝恩赐的青铜佛灯一盏（可容酥油100斤），金银装饰的"班灵"三个，银塔8座，百两重的银盘一个，可放50两酥油的银盅佛灯8

石基座内容较全——侧面的浮雕

石基座内容残缺——侧面的浮雕

盏，可放100两酥油的银盅佛灯一盏，镶嵌珍珠宝石的圣水铜碗24只、颅骨碗、甘露瓶、圣水碗若干，名贵药材应有尽有，法鼓、长铜法号、钟、钹、角、萧等法器齐全。

寺院内朝克沁殿前留存有一石碑首和一石基座。碑首浅黄色砂岩雕刻，圆角方形，两侧雕有蟠螭纹，蟠螭纹为双螭，对称分布，螭身缠绕，鱼鳞状浅雕。两只前爪一只竖直下垂，一只内曲，踩在碑额角上。螭首略呈方形，下垂，正面，张髯怒目。石基座呈长方形，在两个侧面上有

浮雕。最左侧缘边中间为半朵莲花，莲花上下为向右扭结伸出的蔓草纹，右侧为主体纹饰，两狮对立，昂首扬尾，头侧向正面。两狮中间为火焰宝珠纹，在云形基座之上置宝珠三颗，宝珠外围为火焰纹。从石碑首和石基座的造型及雕刻工艺来看，二者应为金元时期遗物，可能与汪古部有关。

2006年，广福寺连同女儿山一并由国务院公布为全国重点文物保护单位，公布名称为"百灵庙抗日武装暴动旧址"。

广福寺老照片

石碑首

‖41‖ 昆都仑区昆都仑召

撰稿：杨建林

摄影：张海斌　董勇军

内蒙古自治区重点文物保护单位。

位于昆都仑区北郊卜汗图嘎查昆都仑沟口西侧，原是乌拉特中公旗的旗庙，始建于清康熙、雍正年间，汉名法禧寺，蒙语称"脑木巴彦思古楞图苏木"或"吉日嘎朗图苏木"。因位于昆都仑河西岸，俗称昆都仑召。

昆都仑召的前身是"介布仁"小庙，位置在今天召内小黄庙以北，建筑时间在1689年左右。此后不久，从青海贡布拉布楞（塔尔寺）来了两位传扬黄教的藏族喇嘛，其中一位叫甲木森桑布，后来在中公旗王爷朝依甲苏木的资助下，在雍正七年

（1729年）兴建了小黄庙，为昆都仑召现存建筑中年代最早的一座。后来甲木森桑布因有一定的经学基础，被选送去多伦诺尔（今锡林郭勒盟多伦县）善因寺深造。求学期间，曾得到乾隆皇帝的赏识，授予"却尔吉"法号（意为"法师"），特许他可以随时进京面圣，并且免行跪拜礼。之后，甲木森桑布学成返回昆都仑召，被拥戴为活佛，是昆都仑召的第一任活佛。担任活佛后，甲木森桑布便计划扩建昆都仑召。乾隆皇帝极为支持，除恩许他一部分资金外，还下令中公旗大力资助扩修昆都仑召，同时要在旗内兴建其他小召庙，

四大天王殿、九曲庙、奶奶庙

一并归昆都仑召管辖。历经20多年的建设，昆都仑召初具规模。至1949年前，昆都仑召建成殿宇楼阁23座，喇嘛住房、甲巴（后勤处）60余栋，白塔4座，占地160多亩。召内僧众最多时有上千人，有固定俸禄者120人。

昆都仑召有自己的"膳召地"，由中公旗王爷从旗里的土地中拨出，以供养召庙里的喇嘛。"膳召地"的范围"以昆都仑召为中心，东界在今包头市郊区新城乡公忽洞滩，俗称东牌地，南界至今包兰铁路阿吉拉车站车务段西北处，西界在今包头市郊区哈业脑包乡（苏木）卜汉图村南侧的土长城（赵长城）处，北界至昆都仑河水库北和尚湾处。原来四面八方都立有石碑。现只有昆都仑召西北处石碑依然

存在。界石上用蒙汉两种文字刻有'法禧寺'牧场西北界尔吉图温都尔的字样。"

一般来说，藏经佛教学院只有一个活佛掌教，昆都仑召则有东、西两个活佛共同掌政。东活佛为主，总负责召内各项事务；西活佛为辅，负责行政和后勤事务。

昆都仑召大部分为藏式建筑、布局以山门、朝克沁独殿（大雄宝殿）、小黄庙为中轴线，两侧不规则辅有东活佛府、王爷府、哈萨尔殿及僧舍、甲巴若干。昆都仑召南起第一座建筑为四大天王殿。这是一座藏式建筑，前有汉式歇山顶门阁，南北通门。殿外东侧有九曲庙，西侧是奶奶庙，均为藏式建筑。天王殿之后是朝克沁独殿（大雄宝殿）。这是昆都仑召内体量最大的建筑，占地1161平方米，含明柱60根，8进81间。前为经堂后为佛殿，之间一墙相隔，墙两端各开一门。经堂面阔28.4米、进深28.6米，采用典型"都纲法式"做法。平面呈"回"字形，四周低矮、幽暗，墙壁上绘有清代以来的珍贵壁画；中部高高凸起，形成平坡木构式屋顶，开有高窗，光线由此直射而下。经堂之后是佛殿，内塑有释迦牟尼、多罗菩萨、宗喀巴大师及众侍从的造像。朝克沁独殿正门两侧外墙绘有四大天王像，左右各连一个旁门，进入旁门可登上二楼阁楼部分。经木梯攀上二层顶楼，便可进入三

层——位于佛殿上层的藏经阁。

朝克沁独殿往北不远是小黄庙,为汉藏混合式建筑,面阔16米,进深23米,也是前为经堂后为佛殿的格局。经堂为藏式,门楼配置汉式抱厦式歇山顶。佛殿为汉式,重檐歇山顶,飞檐斗拱,雕梁画栋。佛殿顶部镶嵌有做工考究的藻井,藻井内绘有曼陀罗坛城及各种吉祥图案。藻井旁绘满了度母及众佛像。三面墙壁通身都是捣椒红泥和黄泥彩塑的万佛山(也称须弥山)。佛殿原来主供宗喀巴及侍列群像,现主台供奉着藏传佛教的四壁观音,副台上则是藏传佛教十八罗汉。佛殿的墙外有东、西、南三面回廊,在召内独具特色。

朝克沁独殿以东有东活佛府,四合院,红色院墙环绕。主殿为藏式二层楼,一楼是佛堂,二楼是东活佛的起居室。东西厢房为僧舍和客房,正门前置影壁。朝克沁独殿西北有西活佛府,规模与东活佛府相当,也是一座四合院,红色院墙。主殿为二层藏式建筑,两侧凸出,平面呈"凹"字形。东西各有三间厢房。与东活佛府不同的是西活佛府门外没有影壁,院内也没有过厅。天王殿以西还有一座哈萨

朝克沁独殿

朝克沁独殿经堂西北角壁画

朝克沁独殿经堂宗喀巴画传

小黄庙

尔殿，藏式建筑，是祭祀哈萨尔的地方。

在昆都仑召北的乌拉山中（卜汉图嘎查东北9公里），有一佛像石刻，称为"卜汉图石刻"。该石刻雕凿于悬崖石壁之上。拱形龛内浮雕一尊藏传佛教金刚手菩萨像。高约2米，形体壮硕，一面二臂三目，头戴五股骷髅冠，怒目圆睁，呲口獠牙，左手持绢索，右手握金刚杵，双腿右屈左伸站立。该石刻大约雕凿于清代，可能与昆都仑召有一定的关系。

小黄庙背面

朝克沁独殿经堂东北角壁画

卜汉图石刻

‖42‖ 石拐区五当召

撰稿：姚旭

摄影：董勇军　张海斌　李雅冉

全国重点文物保护单位。

位于包头市石拐区吉忽伦图苏木的五当召沟北端。建于乾隆十四年（1749年），藏名"巴达格尔召"，乾隆二十一年（1756年），清政府赐名"广觉寺"。"五当"，蒙古语意为"柳树"，"巴达格尔"，藏语意为"白花"，寓意五当召白色的殿堂散布在翠绿色吉忽伦图山之

五当召全景

阳，犹如朵朵白莲。

五当召建于阴山深处，嘉庆年间有喇嘛一千多人，最盛时本召殿堂僧房2538间，占地20万平方米，还有宽广的庙地，仅大榆树滩便有土地4000余顷，羊群常年超过10万，拥有雄厚的寺院经济。乾隆二十四年（1795年）第一次划界，当时各旗出于对该召葛根洞阔尔呼图克图的信崇，将其旗界在该召附近的山川施舍与五当召，作为敬佛的布施，永归五当召所有。同年经理藩院、绥远将军、乌兰察布盟等会衔蒙文照会将该召与各旗界址分别标明。

五当召所辖地界，东界今土默特右旗

广觉寺牌匾

以苏古沁殿作中心点，西邻为却依拉殿，东有大容肯（法会中使用的大厨房）和大甲巴。在南北中轴线上还有洞阔尔殿、金刚殿、洞阔尔甲巴。东西向中心线上以洞阔尔活佛府中心点，其南有章嘉活佛府，其北有甘珠尔瓦活佛府。在这些建筑群中，以苏古沁殿、洞阔尔殿、阿会殿、喇弥仁殿、却依拉殿、当圪希德殿为主要诵经场所。

苏古沁殿，是全召最大的经堂，面阔28.8米，进深47米，殿前为广场。一层前部为经堂，为全召喇嘛大众集会诵经之所。却依拉殿，位于苏古沁殿西邻，两殿并列，居于其他各殿之前，其规模仅次于苏古沁殿，殿三层，面阔23.8米，进深29米，是却依拉学部的殿堂。

洞阔尔殿，位于苏古沁殿正北，殿三层，两者同在一条中心线上，洞阔尔殿居全寺中心，面阔19.5米、进深25.5米，是

耳沁尧板升兔、西界今固阳县忽鸡沟乡甲浪沟、北界今固阳县新建乡北山，东北界今武川县红格尔脑包、东南界今土默特右旗境内额慕那呼和高勒、西南界今包头石拐区国庆乡腮达坝，寺域范围东西约75公里，南北40公里，共达3000平方公里。

五当召建筑依山势而建，没有庙墙，取"佛法无边"之意。佛殿建筑按南北、东西两条中轴线交叉布局。南北向中轴线

洞阔尔学部的殿堂，殿门上方悬挂"广觉寺"蒙满汉藏四种文字匾额，殿前有石筑的讲经台。

阿会殿，位于洞阔尔活佛府东邻，是本召唯一一座坐西面东的学部经殿，殿二层、面阔16米、进深16.2米，这里设有阿会（密宗）学部和附设的医学部。本殿供有毗卢遮那佛、胜乐金刚、白度母等，也有医学部供奉的无量寿佛等。

喇弥仁殿，俗称新殿。殿三层，面阔16.7米，进深17.4米，是喇弥仁学部的经殿，殿内供有9米高的宗喀巴铜像，是内蒙古宗喀巴铜像中最大的一尊，为察哈尔某王公所献。两侧供有一千尊模制泥塑像——宗喀巴大师化身的千佛。

金科殿，近年在本召原有喇嘛禅修不食不语的努尼殿殿址上新建，供曼陀罗铜

城，金科意为铜城。

当圪希德殿，是供众金刚的殿堂，殿门上端有藏文"错贡桑根"，意为护法秘神之殿，俗称驯服殿，东墙紧邻洞阔尔殿，后墙外表亦刷成黄色，与洞阔尔殿并列，是本召较小的殿堂，面阔15米，进深

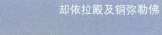

却依拉殿及铜弥勒佛

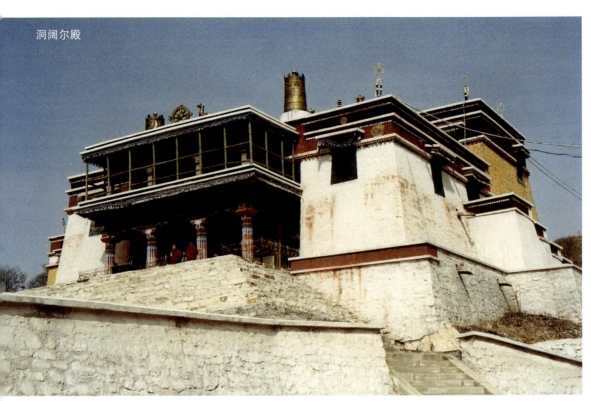

洞阔尔殿

阿会殿

11.5米，殿二层，供有大威德金刚、降阎魔尊像等九尊。

东西向中轴线以坐西面东的洞阔尔活佛府为主要标志，有章嘉活佛府、甘珠尔瓦活佛府、活佛府外仓尝盖院、苏波盖陵、阿会殿。

在上述南北、东西中轴线上分布的佛殿以外，五当召还依附这些建筑设有专供僧侣学习诵经的却依拉（显教）、喇弥仁（成佛之道学）、洞阔尔（时轮）、阿会学部（密宗学部）四大学部。同时定期举行法会等宗教活动，法会内容主要是喇嘛诵经、敬神、祭礼等。大型法会有广大群众参加，寺前庙会有交易市场，举行娱乐

喇弥仁殿及喇弥仁殿宗喀巴铜像

当圪希德殿

洞阔尔活佛府

法会

铜能食金刚香炉

活动，热闹非凡，与会的男女信众所上的布施，成为寺院一笔很重要的收入。

五当召自建召以来，保存了大量珍贵文物，以金铜佛像为多，至今已有三百多尊，大多保存在各殿的佛龛中。另外还保存有较多的唐卡，现存唐卡四百多幅，分布于每座佛殿，唐卡大都为清代作品，少数为民国时期。五当召各大佛殿内还绘有大面积的精美壁画。根据调查，五当召现存壁画面积达800多平方米。壁画的内容

铜释迦与七佛像

铜千手千眼观音像

铜时轮金刚曼陀罗

铜金刚手菩萨像

佛传故事壁画

铜鎏金坛城

铜弥勒佛像

护法壁画

大都为宣传宗教内容的佛传故事，及佛教造像的诸佛、菩萨、罗汉、护法神、高僧大德、佛寺建筑、六道轮回、吉祥图案等等。壁画中以苏古沁殿二楼藏传佛教布达拉宫、哲蚌寺等九大建筑壁画最为著名。各种瓷器也是五当召保存的重要物件，其中以康熙年款的一件青花双耳如意尊、乾隆年款的暗八卦裂纹琮式尊为精品，这些文物有清廷对本召活佛的赏赐礼品；也有西藏一些寺院高僧赠予本召的礼品，还有内蒙古各地王公、官员赠送和本召购买的。见证着五当召辉煌的历史。

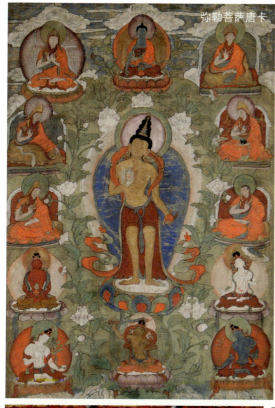

弥勒菩萨唐卡

龙树唐卡

白度母唐卡

大威德金刚唐卡

清乾隆年制暗八卦裂纹琮式尊

清康熙年制青花双耳如意尊

清彩绣堂制粉彩瓷碗

43 达尔罕茂明安联合旗普会寺

撰稿：姚旭

摄影：张海斌　董勇军

内蒙古自治区重点文物保护单位。

普会寺，又称希拉穆仁召，是呼和浩特席力图召的第三个属庙，也是席力图召活佛的避暑召。希拉穆仁，蒙古语，意为黄色之水，因河而命名希拉穆仁召。希拉穆仁河又称召河。清乾隆三十四年（1769年），六世席力图活佛兴建，又称"北席力图召"。位于达尔罕茂明安联合旗希拉穆仁苏木（乡）政府所在地，坐北面南。

乾隆十六年（1751年），皇帝特命外蒙古喀尔喀部额附亲王之子为六世转世席力图活佛，这位活佛两次晋京面见皇帝谢恩，都受到赏赐。六世席力图活佛为了表示感念"皇恩浩荡"，故筑建此寺。求赐名，乾隆御笔"普会寺"，准赏悬挂满、蒙、汉、藏四体文字匾额（依例，理藩院只提供字样，木匾由本寺按式制作，今见之木匾非原物），并赐给普会寺大片土地作为庙产（膳召地）。普会寺建筑群体逐渐形成规模。

普会寺大雄宝殿

大雄宝殿内部

大雄宝殿内盘龙柱

四体文字匾额

大雄宝殿内藻井

佛殿坐北向南，三个紧密相连、东中西院落并列布局，是普会寺的一个特点。最东的院落，在建筑习俗上也处在较尊贵地位，天王殿、大雄宝殿及其配殿均坐落在东院。中院是活佛生活起居的地方，活佛府位于该院之北，自组成一个建筑单元。西院北端为活佛舍利堂，是为纪念六世席力图活佛而建的。在众多汉式建筑中，只有东院天王殿是歇山顶，中院活佛府耳房为卷棚顶，余均为硬山顶。汉藏结合的大雄宝殿的建筑成就最为突出。

大雄宝殿，一般称作"大经堂"，为全召僧众集会诵经之所，面宽19.5米，进深26.4米，高40余米，位于东院天王殿之北，外观正面中间出双重短檐，底层四周廊柱，二层、三层围以白色藏式女墙，顶为三座汉式歇山顶依序增高排列。殿顶端铜制饰物有8个"庙顶柱"、2个经幢、法轮及一双跪鹿，金光四射，象征"佛光普照"。

大殿一楼佛堂主供释迦牟尼等三世佛及护法神像，东、西侧置108卷《甘珠尔经》。内厅佛堂有两根大红柱子，上面雕琢立体蟠龙，柱间放一盏可盛50斤黄油（黄油为奶油，不许用动物身上的油）的大万年灯，各种供器、供品等。三楼供奉的是众多护法神像，一千尊形体较小的造像，是取"千佛"之意。

在大雄宝殿前方东侧建有小三间房，是供喇嘛食粥的地方，大五间房是召伙房，执事喇嘛住所，僧俗人员也都在这里进餐。在大雄宝殿之北活佛仓的膳食厅内放有大小不一的四口喇嘛锅，其中最大的锅，一次能煮放三头牛的肉，最小的锅也能煮两只羊。东院各房用途，与包头五当召大经堂以东的大容肯（厨房）、苏古沁仓（大甲巴）相似。

"跳鬼"使用的面具

天王殿

除大雄宝殿以外，活佛府是中院的又一主体建筑。正房硬山五间有前廊，顶有铜制的吉祥饰物，房内有活佛的一个席位、十六个喇嘛念经的坐榻。在佛龛内供十余尊尺把的铜佛像、十八尊玉质佛及观世音、宗喀巴等像。东耳房是活佛的会客室，西耳房是库房（放有轿子、经卷、用具、衣物等）。活佛府是活佛住在本召时的起居室、传法处和接待室，是佛仓中的内仓（"仓"系藏语音译而来，成为蒙语称甲巴，意为办事地点、庶务处），是本召可以移动文物放置最多的地方，即文物藏品丰富。活佛府以南可以称为是活佛府的外院，住居者都是僧职人员，即执事喇嘛。比较小的三间房住有活佛的马倌，属于服役喇嘛。

西院主体建筑为活佛舍利堂，又称舍利神堂。硬山三间有前廊，是为普会寺创立者六世席力图活佛而建造的，正房内供有六世活佛的真身。其遗体经盐腌制不腐，用泥与纸浆照本人形象褙塑于其外，表面涂成金色。东厢房存放着六世活佛从外蒙古来时带的大蒙古包，具有纪念意义。

寺内院中还放置着一个石基座，整体呈须弥座形，饰有云龙纹、缠枝莲花纹等，有"大清乾隆三十四年（1769年）菊月卜浣建立"的铭文。

马头砖雕

石基座（大清乾隆年立）

石基座局部"大清乾隆三十四年（1769年）菊月上浣建立"刻字

‖44‖ 达尔罕茂明安联合旗希日朝鲁庙

撰稿：张海斌　张山丹
摄影：张海斌

包头市重点文物保护单位。

位于达尔罕茂明安联合旗明安镇那仁格日勒嘎查希日朝鲁地方，东距白云鄂博矿区17公里。庙宇在一座黄色岩石小山的东南坡，所以称"希日朝鲁庙"。

清乾隆十三年（1748年）12月，来自拉卜楞寺的罗布森喇嘛从呼和浩特小召寺来此选址建庙，茂明安旗第四代札萨克一等台吉根栋札木苏主持兴建，乾隆皇帝赐名为"朋斯德格木其勒"。希日朝鲁庙开始建有四大殿，后加建一座活佛府。

最大的殿（正中的殿）名为"苏古沁殿"（藏语，即大雄宝殿），本寺的早经、季节性的大经会有关数学、日月食研究星系运动等活动都在此殿进行。现坍塌，面阔18米，进深37.5米，已暴露土坯墙，建筑后面缩小，侧面各开两窗户，北墙外壁仍有砖，顶部不详，应为藏式建筑。苏古沁殿西南为药师佛殿，主供药师佛，主要学习蒙医。现已不存。苏古沁殿东北的殿宇为新殿，称"忧么"殿，本寺21部经书存放在此殿。该殿近年修复，白墙红顶，藏式建筑，面阔15米，进深22.5米，庙宇前部，平面呈"凹"字形，门和两侧窗户位置内缩，前面经堂部分为一层，后面殿宇部分为二层；苏古沁殿西北还有一座殿，供奉历代活佛骨灰所以也称活佛府，现顶部已坍塌，面阔18米，

全景

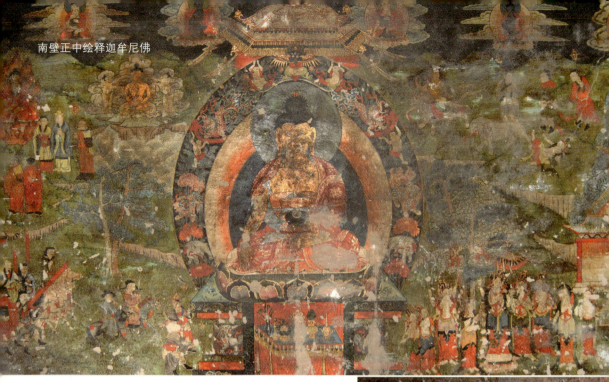

南壁正中绘释迦牟尼佛

进深19.5米，有砖墙，两侧突出的前墙各开一窗户，侧面各开三个窗户，平顶，为藏式建筑；庙宇后面（西面）有一排房屋建筑基址，长90米，宽12米，应为喇嘛住房。庙宇分布的范围东西120米，南北160米。

修复的殿宇即新殿，内部前为经堂，后为佛殿。前面经堂东、南、北三面均绘有壁画，其中以东面门两侧及南墙壁画为最好，北墙壁画多已模糊不清。壁画时代为清代。东壁壁画有门及两个窗户分割成

持国天王局部

四块，分别自北向南绘南方增长天王，身为青色，穿甲胄，手握宝剑；东方持国天王，身为浅黄色（应为白色），穿甲胄，手持琵琶；西方广目天王，身为红色，穿甲胄，左手缠一赤龙，右手托塔；北方多闻天王，又名毗沙门，身为黄褐色（应为绿色），穿甲胄，右持宝伞，左手握吐宝鼠。四大天王均沥金粉。

南北壁壁画主要绘佛传图，北壁保存不好，故事情节不辨。南壁正中绘释迦牟尼佛端坐于须弥座上，前有珍宝供奉，顶有宝伞，后有背光，背光外缘一圈绘大棚金翅鸟、龙女、莲花、盘龙、童子骑羊、狮、象等，绘制精致繁缛又庄重典雅。佛祖西侧绘摩耶夫人树下生太子的故事，共绘九人，摩耶夫人居中，东侧一人承接太子，稍东绘太子一手指天，一手指地。太子出生故事上方是一人与象角力，一人骑象，旁绘三人，一人戴红色云肩，二人持十字金刚头杖，似为太子角力故事。再西有梦象投胎、佛现双足等故事。佛祖东侧近处下绘太子出行、上有成等正

太子出行图

佛祖涅槃图

觉等故事，再东楼阁中似绘仙人占相故事，再东上绘龙尊王菩萨，下有佛祖涅槃、禅河洗浴等故事。壁画建筑和人物都沥金，整体金碧辉煌，色彩艳丽，工笔精细，难能可贵。

1856年希日朝鲁庙曾经发生过一次火灾。1927年六世活佛在世时九世班禅大师来本寺念经祈福，期间本寺活佛府第二层红色改为黄色并加以修饰。希日朝鲁庙是由呼和浩特小召寺的喇嘛始建，所以本寺活佛在小召寺有他的经位。也因为本寺活佛必须在百灵庙学习藏文经书以及达尔罕王爷曾请六世活佛在百灵庙坐床，所以在百灵庙也有本寺活佛的经位。

希日朝鲁庙从建到1950年为止共有七位活佛，一到四世活佛圆寂之后在阴德尔图火化后骨灰拿回希日朝鲁庙，五、六世

活佛圆寂之后就在本寺火化。本寺喇嘛最多的时候有130～150位，僧人学的经书均为蒙文，兼学医学和绘画。

1935年12月2日，本寺六世活佛罗布桑丹斤道尔吉圆寂。为了寻找七世活佛，在乌兰察布盟地区寻找出1936年出生的28个男孩。1937年，请在锡林浩特班第达庙坐床的青海弥纳阁活佛指点，从这28名男孩子中指出七世活佛。弥纳阁活佛指出明安苏木，雅日巴拉和查干其其格的儿子苏和巴图为本寺七世活佛。1940年7月15日本寺喇嘛散丹道尔吉骑马接回5岁的苏和巴图，接近寺庙时路两边有僧人吹号打鼓，当时朝拜的牧民和供奉物品的信徒达数千人。传说散丹道尔吉抱着七世活佛走到正殿门口时连山上的马群都赶来在正殿门口看。七世活佛巴日希勒云敦扎玛苏从5～11岁（1941～1947年）在希日朝鲁庙学习蒙文经书。11～19岁在百灵庙学习藏文经书。20岁在塔尔寺学习半年的甘珠尔经，后考入拉卜楞寺第五庙喇嘛班。七世活佛后任包头市政协委员、包头市佛教学会会长、内蒙古自治区第五届藏传佛教会员等职务。2007年7月1日在百灵庙镇圆寂。

太子出行图局部

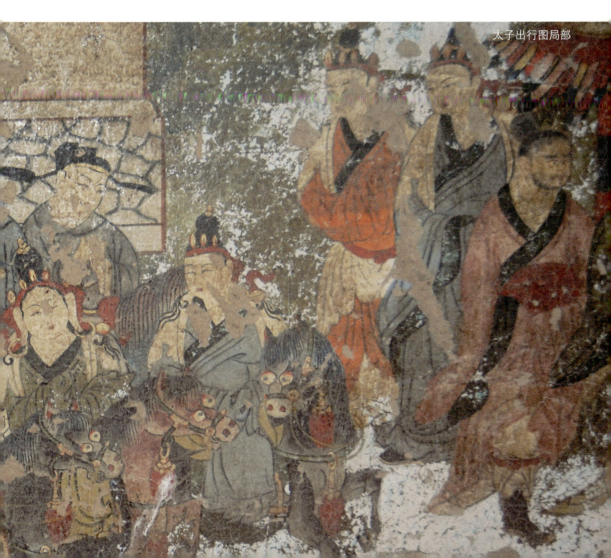

‖45‖ 东河区南龙王庙

撰稿：杨建林

摄影：张海斌　姚旭

内蒙古自治区重点文物保护单位。

位于包头市东河区东门大街旧东门里。康熙五年（1666年）之前，这里已经有了一座龙王庙，规模很小，只是一间小庙。乾隆年间，由于前来垦殖的汉人增多，农业对司水之神的敬畏，龙王庙得到扩建，有了禅房、钟鼓楼、戏楼等，南龙王庙的规模基本形成。道光十三年（1833年），南龙王庙或许经过一次大修，光绪元年（1875年），南龙王庙再次大修，这

正殿

正殿抱厦

次修完之后它的规模成型，有正殿、两厢禅房、山门、钟鼓楼以及戏台。庙中主供龙王。庙旁有二三亩庙园地，收入供庙中僧人食用。

今天的南龙王庙占地1010平方米，建筑面积741.25平方米。整组建筑坐北朝南，青砖灰瓦，院落基本呈方形。正殿居北，硬山顶，5间，面阔15、进深8.5米。前带有卷棚歇山顶抱厦，面阔10.5、进深3.4米。

东西两厢有禅房，均为单坡顶，前有廊，南北带有耳房，且南耳房进深略大于北耳房。西禅房3间，面阔9.1、进深7米。其北耳房2间，面阔6.2、进深3.4米；南耳房2间，面阔6、进深6.3米。东禅房3间，面阔15、进深7.7米。其北耳房4间，面阔12.5、进深4.5米；南耳房2间，面阔6、进深6.3米。

山门（并为四大天王殿）在南，硬山顶，面阔8.1、进深6.1米。东南新建小门，硬山顶垂花门式，为平日出入寺院之通道。

新建钟楼一座，在院内东南角。青砖砌方形基座，边长4米，向上略有收分。上为歇山顶亭式建筑。

西禅房

钟楼

山门、小门与钟楼

‖46‖ 土默特右旗萨拉齐关帝庙

撰稿：杨建林

摄影：张海斌　董勇军　姚旭

包头市重点文物保护单位。

位于土默特右旗萨拉齐镇太平街饲料厂内，民间俗称"老爷庙"。建于清雍正十二年（1734年），是萨拉齐现存汉地佛教寺庙中建造最早的一座，由当地居民集资修建。建造之始，只是一间小庙。后陆续增修，扩建了正殿，有了廊庑、门坊、钟鼓乐楼以及配享的其他神祠。现包头博物馆藏有一块嘉庆七年所立的"万善同归"碑，记述了嘉庆五年的一次修葺。道光二十四年（1844年），由萨拉齐本地商人集资，对关帝庙进行了修复，不光维修了原有建筑，还扩大了它的规模。结合今天尚存的建筑，可以推测出这次扩建以后，关帝庙由正殿、左右配殿、山门（已消失）、钟鼓楼（已消失）和戏楼（已消失）等组成。在关帝庙西侧有祖师庙（鲁班庙），东侧有圣母庙（俗称"奶奶庙"）。两庙与关帝庙比邻，一线分布，之间有月亮门相通。

关帝庙的建筑呈中轴线布局，正殿坐北朝南，面阔九间。双出水硬山顶，筒瓦堆叠花式脊，带有卷棚歇山顶抱厦。左右山墙山尖及墀头上有精美砖雕，为团龙、

正殿

"万善同归"碑

花卉、瑞兽等图案。据当地居民介绍，正殿中曾有关老爷塑像，蟒袍金甲，披着墨绿斗篷，美髯飘飘，神采奕奕。关老爷身旁，左为关平，右为周仓。

正殿前东西两侧各有配殿一座，分别供奉火神和张飞，均为硬山式建筑，面阔五间，前带廊子。西廊房北廊心墙中砖雕"松鹿图"，构图简洁凝练，寓意祥和。殿内梁架上有旋子彩画。墙壁上部有壁画，内容为关羽故事。现尚存有大战曹仁、汉津解危、诱取樊城、古城聚义、斩阳释疑、寄书胡班、千里单骑、夜得兄书、怒斩颜良、土山义说、活拿王忠等。

传说院内大殿前方曾有一过庭，旧时关帝庙庙会时，五台山来的僧人在此做法事。文献记载中还有山门、钟鼓楼和戏楼。均已消失。

现在大门外有一对石狮子，威猛雄壮，雕刻精美。底座上均有题款，分别为"嘉庆二年（1797年）四月谷旦"和"同盛茂记施舍建立"。据悉，这对石狮由别处移来。

廊房内的彩绘与壁画

廊房内的彩绘与壁画

"同盛茂记施舍建立"铭文

"嘉庆二年（1797年）四月谷旦"铭文

石狮

撰稿：姚旭
摄影：姚旭 许魁

内蒙古自治区重点文物保护单位。

位于包头市东河区东门外东河槽东岸山坡台地上，地名"转龙藏"。清雍正四年（1726年）兴建。道光二十九年（1849年）为第一次改建，据《转龙藏碑记》说，原来一间小庙"地狭不足以舒跪拜，且无乐楼（戏台）"，于是，"阖镇募资，计获四千余金，所建止殿五间，配房十间，钟鼓楼二座、山门一所，山冈上又有玉皇阁一座，所塑龙王、山神、土地、河神、风神、药王孙祖师，凡兹诸作，不数月大工告竣。"

光绪二十三年（1897年）包镇公行重修转龙藏石匾

山门正面

正殿

正殿及东、西配殿

望河亭

西侧凉殿

1935年商会刘泽霖提议募资维修，新建"望河亭"等建筑，改寺名为"龙泉寺"。龙泉寺可分为内（北）、外（南）两个建筑群。内院为龙泉寺主体宗教建筑，外院为附属景观建筑。

内院在中轴线上南起第一座为牌坊式山门，原门额题名"龙泉院"。牌坊式山门以木作架，主体4柱3门，南北相应各加4柱斜放支撑，顶分中高、左右低三段，卷棚式，上覆青瓦。12根木柱落在基台上，平面台基通面宽5.8米，通进深3.6米。正殿位于中轴线的最后，也是本寺地形的较高处。硬山两坡有前廊，通面宽20米，通进深12.46米。前另加卷棚歇山顶抱厦，6柱立在平台上，通面宽8.1米，进深4.36米。此正殿为7间，道光二十九年所建为5间，说明民国时期该殿已有较大变动。正殿前左右有东西配殿。以西配殿为例，硬山单坡前廊五间，面宽14米，通进深7米。东西禅房。以西禅房为例，硬山单坡前廊三间，面宽8.5米，通进深6.85米。

外院今仅存民国时期建筑"望河亭"和西侧凉殿。望河亭位于内院墙的西南方小小的山阜上，南望黄河如带，包头旧城商店、民房、街道尽收眼底。

光绪二十三年（1897年）由包头"公行"（商会前身）重修，见"三龙头吐水"石墙上方所镶石匾，文字为："光绪二十三年孟夏月谷旦，转龙藏，包镇公行重修"。"转龙藏"应为佛家语，意为"藏经的地方"。因涉及方言语音，其意费解，作为地名流传至今。

▌▌48▌▌ 东河区妙法禅寺

撰稿：姚旭
摄影：姚旭

包头市重点文物保护单位。

妙法禅寺（俗称吕祖庙）位于包头市东河区乔家金街北段路西，坐西面东，是包头建筑规模最为宏大的汉传佛教寺院，包头地区汉佛教活动中心。

建于清咸丰十一年（1861年），当叶试里有咸十二年（1853年）所建归井坪村和尚所管理的一间土洞式小庙，可以说是妙法禅寺的前身。光绪十二年（1886年），妙法禅寺三进院落建成，民国以后隆远和尚住持期间，将三佛洞扩建成为大雄宝殿，在其两侧加筑了南方丈室和北方丈室，1940～1944年9月在能直和尚的主持下续修，逐渐形成规模。今仅存着清代建筑吕祖殿，其余均为新建。历史状况为：

山门，硬山建筑有前廊柱，中圆门洞砖刻朱底金字"妙法禅寺"，左圆门上刻"无作"，右圆门上刻"无相"，中圆门

吕祖殿

"敬惜字纸"焚纸铁炉

焚纸铁炉右上的纪年文、人名、衔职铭文

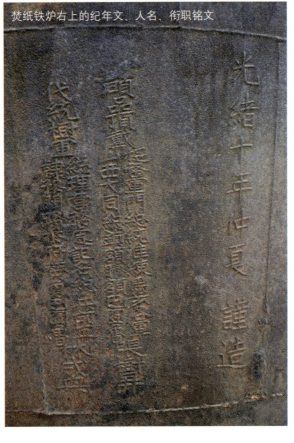

上有砖刻对联"三空妙谛惟求养性修真，一片婆心但愿普度众生"，前廊柱左右东西向砖墙上刻"有情来下种，因地果还生"几字，山门硬山顶前面附加出檐挑角，山门顶上正中加建六角亭，院内钟、鼓楼是歇山顶出檐挑角，增加了飞的势态，有石狮、石旗杆各一对。山门后墙中开圆门洞，形成山门通道，后墙外面砖刻横批"大海圆觉"，对联是："仙莱客闲佩青蛇，蓬瀛一带横秋色，儒世师笑骑黄鹤，岳阳几度醉春风。"今存之吕祖殿位于第一院中心线上，歇山式顶有围廊柱，面阔9.6米、进深9.3米，前加抱厦，抱厦前今为石台阶，昔日为砖筑小桥，仿孔庙前泮池之意，上不能行人，在抱厦下另有左右门当做小门。正中圆门有砖刻对联："修为依至道，直从炉里炼乾坤；证悟得真机，曾向鼎中煎日月"，门外两侧各开一圆窗。北墙外砖刻"风调雨顺"，南墙外砖刻"国泰民安"四字。已不存的石头殿，位于中心线上吕祖殿之后的第二座殿堂，外观以石块垒积作为墙体，内观为塗泥白墙，青砖券顶。以砖券顶类此者如山门、第一进院落两侧僧房和库房、第三进院落三佛洞及南北方丈室。在无大雄宝殿之前，石头殿是本寺的正殿，其后三佛洞改作大雄宝殿，石头殿供奉弥勒和天王像。三佛洞为石头筑墙，内用青砖券顶，颇似石头殿，内塑三方佛故称三佛洞，计五间，面阔16.52米、进深6米。隆远住持本寺时，前加经堂、抱厦，三佛洞向前伸延为大雄宝殿，加塑十八罗汉像。大雄宝殿配殿包括观音殿、功德堂、地藏殿、祖师殿等，列于大雄宝殿前之两侧。外

焚纸铁炉"敬惜字纸"铭文

焚纸铁炉左下的人名、衔职铭文

三佛洞石匾

调御大夫

吕祖殿侧面

妙法禅寺已不存的旧山门

铁钟上的八卦图案

吕祖殿近景

铁钟

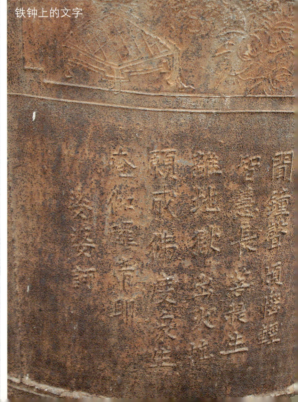

铁钟上的文字

观全部是砖墙，雕刻装饰比较集中，内观亦是白色粉墙。

寺内今存清代石碑3通、铁钟1个。石碑均为妙法禅寺的修庙记事碑，分别为同治十二年（1873年）的《新建妙法禅寺碑记》、光绪十年（1884年）的《吕祖庙前筑石碑》和光绪年间（纪年模糊）的《创建佛窟记》。铁钟上有"妙法禅寺"铭文及佛像、八卦等图案。另有焚纸铁炉一个，炉身横书"敬惜字纸"四字，右上和左下有纪年及人名、衔职题款。现妙法禅寺山门前有一对石狮，为东门大街关帝庙前旧物，石狮上有公行敬三字，意为包头镇公行敬造。公行为商会当年的名称。

1991年政府为了整修寺院，从西安请来演培法师住持，第二年即大兴土木，至今在中心线上建有新山门、天王殿，在原有吕祖殿后新建大雄宝殿及四个配殿、最西为藏经楼，北院有五百罗汉堂，南院有念佛堂，新山门之前便是新修的内环路，马路路东乔家金街新建殿堂做工比较讲究，在规模上五百罗汉堂和千佛殿，在全国寺院范围内都是比较少见的，2006年统计占用地面积已达50584平方米。

石狮

石狮上"公行敬"刻字

铸有"妙法禅寺"的铁钟

铁钟上的图案

‖49‖ 东河区财神庙

撰稿：姚旭　李彩霞
摄影：姚旭　刘焕涛

包头市重点文物保护单位。

位于包头旧城中心处，今东河区和平路北端，建有财神庙广场。该庙建于嘉庆十年（1805年）。

财神庙坐西面东，为一个小四合院。正殿居西面东，面阔3间，前有3间抱厦，左右耳房各一间。主供"五路财神"。庙内曾有释迦牟尼佛、文殊菩萨、普贤菩萨、观音菩萨、地藏王菩萨、多闻天王、增长天王7位纸本画像，现藏包头博物馆。正殿前两侧是南北僧房共10间，硬山式平房。山门及左右钟鼓楼在日军占领包头其间因拓宽马路（即后来的中山路）被折除。

2005年，在原址上对财神庙进行扩建，拨交妙法禅寺管理后，由该寺自筹资金继续进行维修，形成两进院落。大殿塑有武财神赵公明、关老爷和文财神比干像。庙之西与新建的乔家金街毗邻，庙之东有财神庙广场，新的贸易市场正形成中。

戏台近景

文殊菩萨画像

财神庙

释迦牟尼画像

观音菩萨画像

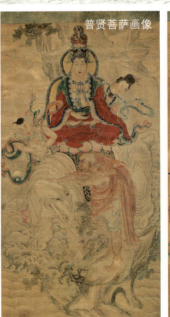

普贤菩萨画像

地藏王菩萨画像

‖50‖ 东河区壕赖沟关帝庙

撰稿：杨帆　王艳君
摄影：张海斌

包头市重点文物保护单位。

坐落于包头市东河区壕赖沟村内，位于包头市110国道边。建于清嘉庆年间，历经百年的战乱及"文革"的浩劫，只留下了正殿。

现在的关帝庙占地面积约600平方米，院内正中为90年代后修建的大雄宝殿（坐北朝南），关帝庙旧殿位于其西侧，占地约80平方米，石木结构，平面呈"凸"字形，明间石券拱形门，拱形窗，殿内拱形内顶。殿顶为硬山顶，筒瓦骑缝，脊上有吻兽等装饰。前出抱厦，四根红色圆柱支持。基础为四面石砌，上面墁砖的台基。庙外东西两侧青砖墙为磨砖对缝，砖缝极

外景

关羽、五尊龙王

细。砖墙内侧与拱形门2米宽墙体内侧，面对面分别绘有四大天王画像，为木板画。此外，庙内四壁绘有关公及龙王的神话故事，因年久褪色，及村民重新着色，绘制年代已经无从考证。

庙内完整保存有12尊可移动的塑像，建造年代大约在清代嘉庆年间，至今像身保存完整。庙内正中间是一尊泥塑关公坐像，高约1.7米。关公像前方两侧塑两武将，为他的心腹周仓和干儿子关平，形象高大威武。另外7尊塑像较小，分别是5尊龙王像，牛马神像各一尊，造型逼真，色彩鲜艳。

2004年壕赖沟村委会全面修缮和维护关帝庙。在原来老殿的基础上，先后新建了大雄宝殿、文殊殿、地藏殿、天王殿（含地宫）、佛楼殿及普度众生的慈善机构敬养院。

关帝庙是祭祀三国时代将领关羽的祠庙，关羽为中国神明、圣贤中最多祠庙的一位。北宋宣和四年（1122年）重修的山西阳泉关王庙，被认为是中国现存最早的关王庙。宋朝末年，民间供奉关羽的庙宇已经"郡国州县、乡邑间井皆有"（郝经

周仓（左）

关平（右）

《陵川集》）。而关帝之称来自明朝皇帝授予关羽的"关圣帝君"封号。清代，军队对关羽的崇拜达到极盛。

‖51‖ 东河区清真大寺

撰稿：姚旭　马歆安　杨帆
摄影：姚旭　清真大寺提供

包头市重点文物保护单位。

位于包头市东河区清真寺巷9号，始建于清乾隆八年（1743年）。雍正年间，先有河北沧州王姓、山东武定（"武定"二字据墓碑碑文中所载）白姓等户回族来包，聚居建寺。寺址选在东河区北梁东端，这里回族居民比较集中，此处是包头旧城发源地，道路畅通，就业谋生方便，水源条件较为良好。1913年，瓦窑沟清真寺建成，称为"小寺"，本寺相对称"大寺"，沿用至今。

清真大寺以礼拜殿（大殿）建筑最为精致，而旧有的山门、沐浴室、住房多被新建筑所取代。大殿坐西面东，在260余

大殿正面

大殿侧面

大殿内礼拜堂

木匾

墙面宽2.3米，其中设门宽1.06米。进入小门，殿之北、西、南留小许空地，宽度3～4米不等，使大殿成为独立的单体，西、南筑有本寺的界墙。值得一提的是抱厦前檐下悬挂有三块牌匾，上书写有"古秋"、"清真寺"、"静一"几字，连贯起来可以读作"清真寺是千古经年、唯一安静纯一的神圣地方"之意。另外还悬挂有"正心向善"、"显扬正教"、"独一无二"、"大哉真主"、"力行五功"等几块牌匾，均为历史遗留。

2006年为解决清真大寺礼拜殿狭小、设备不全的问题，开始进行扩建。如今新建筑已在太平官巷南口、东门大街路北落成。突出阿拉伯建筑风格，是清真寺历史发展的总趋势。

年中经过5次大的工程，因人口增加，逐步扩大殿内使用面积。整体建筑由卷棚式的抱厦、大殿殿身、大殿外门、硬山卷棚顶、六角亭式小楼、后窑殿几部分组成。

抱厦面宽8.67米（台宽11.2米）、进深4.6米（台深7米），10柱，前有台阶宽10米、深4.09米；大殿通面宽15.5米、通进深24.8米，内有明柱30根，南、北墙各开1门4窗；大殿外门，耳门小墙高2.25米、

▓52▓ 东河区庙沟石刻

撰稿：王英泽
摄影：张海斌

包头市重点文物保护单位。

位于包头市东河区沙尔沁镇沙尔沁村庙沟一座山上，距沟口约40分钟的路程后见于山的阳面立壁上，有专修的进山道路直达其下。途中经过一个祭祀包，村民用哈达缠绕。继续前行在一个不高的山城上有一大石头，石刻便凿于此石的凹面上。石刻前有人们祭祀用的祭台，用彩条布缠绕。

石刻现保存大面积浅浮雕石刻及石砌台基。石刻画面由三尊佛像、三塔、一火焰宝及藏、蒙等文字组成。中部佛像为释迦佛像，下方刻有吉祥八宝和蒙文，四角有凹槽，可能当时搭有篷子之类的东西；佛像上方左右各有一塔，塔中间有蒙文。释迦佛左侧上部刻有无量寿佛，高

进山道路

石刻西部

石刻全景

释迦牟尼佛

四臂观音

塔、金刚杵、八吉祥及文字

1.6米、宽1.2米。左下刻有四臂观音像，高0.9米、宽0.65米。观音像下面有火焰宝。右侧整个画面布满藏文等文字，塔被藏、蒙等文字包围。整个石刻底部均为红色。石刻前为石块垒砌的建筑台基。石刻年代为清代。

‖53‖ 固阳县银号石刻

撰稿：落和平
摄影：张海斌

包头市重点文物保护单位。

位于固阳县银号镇境内，沿毕气沟河槽逆流而上，距银号镇小窑子村东南2.5公里处，河槽北侧有一座山被当地人称为"錾字石"，该山阳面的许多石头上都刻有大小不等的图案。

从山脚下至半山腰处的较为光滑的石头上，镌刻有面积大小不等的石刻图案，图案均为阳刻，其中位于河槽边山脚下的两处石刻面积最大，图案明晰可辨。石刻内容为花草、蒙、藏、梵三种不同文字的佛教"六字真言"，面积共计约200平方

石刻文字

米，20组150余幅。

　　山上原有一庙宇，因年代久远，现已坍塌。该庙宇传说是广觉寺（五当召）的派出单位，并为征税纳租供奉及组织佛事的据点之一。

　　在2005年，有固阳当地人张富、张瑞兄弟二人在原庙址处新建了一座庙宇，在施工的过程中，挖出柱础石、石刻佛像等遗物，均保留在现在的庙内。

‖54‖ 固阳县大仙山石刻

撰稿：落和平
摄影：孙培新　落和平

包头市重点文物保护单位。

位于固阳县金山镇西永兴村北约1.5公里，阿贵沟沟口东侧的"大仙山"南半坡上。

大仙山处于阴山山脉色尔腾山系中部，是第四纪冰川造山运动所形成的风蚀地貌，是天然的花岗岩"石林"，据固阳县城金山镇约十公里，被誉为石林公园，也是包头市境内有名的地质奇观。主峰酷似一座山神，矗立在群山之间，从山脚只有一条蜿蜒曲折的险道可直通山顶，其余均为绝壁悬崖，山上奇峰突兀，怪石嶙峋。有八戒小憩，巨鲸吞食、金鸡脱冠、仙人床、仙人台、飞来石等各种大小不同、造型逼真、形象生动的巨型山石点缀其间，自然景色极为优美。

大仙山石刻就位于该山南侧小庙（珈蓝殿）附近，共三处。其中两处位于小庙东侧的一块巨石的东西两面岩壁上，另一处位于小庙背后的岩壁上，上面刻满了蒙、藏、梵三种文字的佛教"六字真言"。

大仙山全景

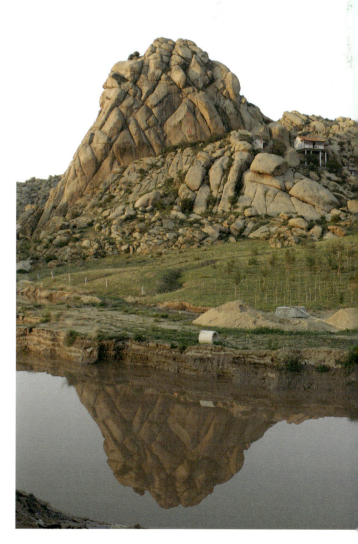

庙东侧巨石上向阳的石刻文字

庙东巨石上背阴的石刻文字

小庙后的石刻文字

‖55‖ 土默特右旗喇嘛洞石窟

撰稿：王英泽　高景哲
摄影：张海斌

位于土默特右旗美岱召镇芦房沟村东喇嘛沟内，距离沟口约2.5公里处的半山腰上，当地人称为"喇嘛洞"。

喇嘛洞口东约10米处的山体崖壁上有上向下凿刻的大型符号，长2米多，清晰可辨的有月形和塔形，由于长年的雨水冲刷，其余部分模糊不清。

喇嘛洞口约呈三角形，东西宽6米，进深7米。洞口东面有封门墙，东西长2.64米，高1.35米，由大小不等的石块和砖垒砌而成，砖长0.28～0.2米，宽0.135～0.15米，厚0.05米；门位于洞口西面，宽0.6米，门前有封门砖，长1.84米，呈弧形。洞口上方约0.3米处有一排21个大小不等的木橼窝，直径约为8-10厘米。洞口外东壁上刻有一个较大的藏文符号，宽1.5米，高1.7米。

喇嘛洞呈半地穴式，门向下有4级台阶，洞内呈三角形，口大而高，里尖而低，内高1.3米，宽0.4米，里面底部储有5块石片，为当时喇嘛修行时所用。洞的西壁底部刻有八吉祥图案，从南向北依次为伞、幢、海螺和莲花、宝瓶、法轮和双鱼、盘长（上有摩尼宝），八宝长1.8

洞内全景

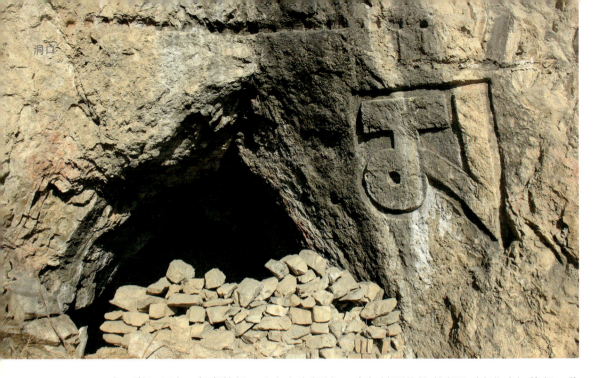

洞口

米，宽0.96米，保存较好。八宝上为竖刻的藏文，藏文右上角有一个圆形的龛，龛直径约0.64米。八宝的南面有一个长方形的龛，龛长0.9米，高1.2米。洞顶中部有自然形成的钟乳石。洞的东墙上有一个长1.7米，高1.9米的平面，有沿，沿宽0.14米，为当时喇嘛挂唐卡所用。洞的东南角处有用石头和砖垒成的炕，东西长1.78米，宽1.8米，炕的东南角有灶，炕的北墙有灶口，宽0.23米，高0.17米。

洞口西约10米处的山体上竖刻有大型宗教符号，右下角有落款。洞口南约12米处有一个东西长8米，高1.2米的石墙，洞口前是一处约30平方米的台地，台地上散有瓦当、青砖（断代为明末清初）等建筑构件，故此推断台地上曾建有与山洞连为一体的召庙。有少量的瓦片，植被丰富有野山杏树、柏树等。

明末清初，有许多高僧大德在大青山呼和浩特段的山洞中进行苦修。如著名的博格达察罕喇嘛曾在今土默特左旗讨合气村西北的喇嘛洞（广化寺）修行。此外，哥本哈根皇家图书馆所藏《无量寺等所有寺庙始建核查档册》中记载："博格达察罕喇嘛拉西扎木素的弟子道宝迪彦齐赤列扎木素喇嘛，在乌素图河河源额尔德尼·巴达拉克齐山的一个叫德力格尔阿贵的岩山山洞的峡谷里建了一座庙。"

喇嘛洞位于楼房沟的终点处，也就是说芦房沟里的季节性河流正好源自于这里。A.M.波兹德涅耶夫的《蒙古与蒙古人》第二卷中说赤列扎木素在乌素图河的发源地建立了一座五开间的寺庙后，自己则在东谷的岩洞中修行长达十年之久。而芦房沟喇嘛洞的西边，恰恰还有一个类似的洞穴也叫喇嘛洞，但是这个洞的外边没有任何地表遗迹，洞内也没有任何石刻。怀疑这个洞就是赤列扎木素在东谷修行的山洞。

晓克主编的《土默特史》中也提到了赤列扎木素最早是在浦杰日山的岩洞中苦修七年。

洞内左侧墙壁下的八吉祥图案

在除土左旗广化寺喇嘛洞外，大青山呼和浩特段再无其他喇嘛洞发现的情况下，有理由将土默特右旗芦房沟喇嘛洞断定为博格达察罕喇嘛拉西扎木素的弟子赤列扎木素喇嘛的苦修地。同时它也见证了阿拉坦汗引入藏传佛教后一个时期内，土默特地区喇嘛教的传播状况。

土右旗博物馆在该喇嘛洞采集有兽面瓦当数枚，当地人在洞西采集有清代钱币。根据砖和瓦可辨年代为清代。炕的年代较晚，估计为羊倌后期垒的。

位于对面山的北坡上还有一个喇嘛洞，规模较小，宽2米，进深1.3米，高约1.8米，壁上有人工开凿的痕迹，也有住过人的痕迹，洞内有一个炕，估计是后期垒砌的。

左侧墙壁上的文字

采集瓦当

‖56‖ 石拐区鸡毛窑子石窟

撰稿：王英泽

摄影：张海斌　张利军

石窟西石刻局部（东侧）

包头市重点文物保护单位。

位于包头市石拐区后营子乡鸡毛窑子村北小山南坡，开凿于明清时期。石窟坐落在一个不高的馒头形的小山坡上，坐北朝南，共2窟，东西并列，相距2米。东窟门为长方形，门外右上角有一长方形龛。石窟内西壁下和东北角都绘有佛教内容的壁画，现大部分画面已脱落，残留面积23平方米。西窟较小，西侧的崖面上分布三

石窟远景

石窟西的石刻

蒙文石刻

处石刻文字，面积分别为9.4、6.2和0.7
平方米，石刻文字为蒙文和藏文，刻记内
容为藏传佛教六字真言。文字清晰，保存
较好。对于藏传佛教在本地区的传入与流
布研究具有重要价值。

东侧石窟内部

近现代

　　这一时期文物以包头老城东河区为最多。城镇人口增加，汉族寺庙及清真寺数量增加，随着天主教、基督新教的传入，兴建了不少教堂。天主教堂现存较好的有土默特右旗二十四顷地天主教堂、美岱召天主教堂、固阳天主教堂等；基督教堂留存的现有东河区解放路东堂钟楼。包头回族围寺而居，定居人口不断增多，清真寺数量也增加，有东河区清真大寺、瓦窑沟清真寺、萨拉齐清真寺。汉族移居人口增多，汉地寺庙如南龙王庙、龙泉寺、吕祖殿、财神庙、土右旗关帝庙等都经过续修和维护。

　　兴建了包头城墙。包头城依山而建，呈椭圆形，设五个门（1925年辟新南门，增为六个），似一龟伏于黄河岸边。现东河区大仙庙巷牛奶场院内有城墙遗迹。

　　清光绪末年，包头成为塞外著名商业重镇，包头商会下设九行16社，商会旧址在今东河区清真大寺西南，现留存商会大门。20世纪30年代，阎锡山编制了晋绥军屯田兵，开始开发以包头为中心的西部地区，绥区屯垦督办办事处设包头，阎锡山任督办，东河区胜利路现有其旧址，后为侵华日军驻包司令部。日军侵华期间，修建了留保窑子水源地水厂及碉堡，都保存完好。

　　包头近现代革命史迹十分丰富，保留有东河区转龙藏河槽的太平桥、辛亥革命就义的郭鸿霖烈士宅院——郭家巷、刘宝窑子王定圻烈士陵园、王若飞革命活动旧址、百灵庙抗日暴动旧址、土默特右旗巴总窑子李井泉司令部旧址、固阳下湿壕彭德大同志殉难地等。包头的革命斗争在中国近现代史上写下了光辉的篇章。

⫼57⫼ 包头奔坝沟古道遗址

撰稿：落和平　王艳君
摄影：落和平

建于清道光二十二年（1842年），在地方人士曹凤翔倡导下，由包头、固阳、萨拉齐三地商号、大户、知名人士，共同集资修筑一条由包头至固阳城关镇的车马大道。用于漠北的牲畜、皮毛经境内中转销往内地之便利。

古道由固阳城关镇至沙湾子，西沿川而下至毛忽洞，出毛忽洞进入山沟，循沟南下至宝通壕（北老爷庙岭），再达阿路包头（红星村），再转西南行，沿河槽至十号村，再向东沿河槽经白彦沟五分子村，向南翻越大青山主脉—南老爷庙岭，经贵西沟、本坝沟、顺河槽南行，经二相公窑子、公益店、后营子，入包头西北

道路车辙

古道石碑

米，长度近千米。当时由于此地山路崎岖难行，坡度较大，短短的数百米道路，海拔高度相差60多米。车辆行经到此处常常发生车毁畜亡（伤）的事件，该段道路的改造，使得车马货物能够顺利通行。古道修建于沿奔坝沟东侧的山脚下，东侧紧挨着山坡，西侧由于地势较低，用石块砌筑加高后成为道路。该道路西侧的半坡处，有一碑亭（庙址），碑亭内现仅残存两块汉白玉石碑和少量的青砖及建筑构件，两石碑原为面对面竖立，现一块仰躺在地。仰躺在地一块的石碑长160、宽65、厚17厘米，底部有突出榫头长13、宽23、厚10厘米；竖立的一块，地上部分长163、宽60、厚18厘米。石碑上刻有蒙汉两种文字，两块的碑额上分别用汉字刻着"善庆"和"福缘"。"福缘"碑两面刻字主要记载了修建奔坝沟古道的时间、背景等内容；"善庆"碑对当时捐资修路的商号和个人进行了详细记载。

古道在碑亭北侧开始沿着奔坝沟沟底向着北侧的山梁（老爷庙岭）爬升，为了降低坡度的高差，在北侧山梁顶部开凿一豁口，该豁口深3.5米，宽4米，长约30米。该道路在此豁口北端开始向西转弯下坡，全部为黄土丘陵，山洪冲刷破坏严重，现为深约3～4米的沟壑，近200米后又继续向北行进，进入贵溪沟内。沿沟东侧又为石头铺砌的道路，该段道路较为平整，当时木制大车碾压石头路面形成的车辙至今隐约可见，足可见证当时该条道路的繁忙景象。

光绪年间，这条车马大道大青山南坡路段，由于年久失修，山洪冲刷，沟壑纵横，大车已不能通行。

门。全长60公里，路宽4米。主要工程是开凿翻越大青山主脉，其他路段仍利用自然道路。清道光二十六年（1846年）八月竣工。修筑这条车马大道捐资商号有：包镇大行、广义魁、万升号、西永兴等35家。社会各界人士有曹风翔、贾阳春、周灿等141位，捐款数额据南老爷庙石碑碑文载，共计六百六十九千零三十文。

奔坝沟古道是包头至固阳城关镇的车马大道其中一段，该遗址位于阴山支脉大青山腹地，包头市固阳县金山镇忽鸡沟五分子村南约3公里的贵溪沟至奔坝沟之间，呈南北向分布。该段古道遗址为清朝道光二十六年改建，该段道路宽约4

‖58‖ 东河区老包头城墙

撰稿：姚旭
摄影：姚旭

修城墙时，包头是清代萨拉齐厅（县级）属下的一个镇，官治力量薄弱，由大行（包头商会的前身）管理民政、治安、司法等事务。全镇居民有2800户，工商业初步走向繁荣，例如咸丰、同治间增开蒙古行和钱庄当铺各一家，杂货店、回民旅店和糕点铺、饭馆各二家、回民粮油店两家。已有工商业行会、按籍贯划分的同乡社组织。

马升驻防包头以前，四野盗贼横行，原镇守官员韩纲、萧明与匪勾结，残害百姓。当时包头镇无城墙和兵营，只有一个西脑包初级市场，而当时最迫切的事情，是修筑城墙。

清同治五年（1866年），清廷为防御宁夏金积堡马化龙起义军继续北进，调大同镇总兵马升驻防包头。马升奉命筑城，首先兴建东、西营盘以北之的北城墙，当年建成。同治九年（1870年）7月，金积堡回民起义军失败，战争告一段落，继续修城，同治十二年（1873年）竣工。城墙为土筑，高1.5丈，墙高6尺，宽1.5丈余，开有东、西、南、西北、东北五座城门，老百姓有个很形象的比喻，一周城墙，状似金龟临黄河饮水（今环城西路及以南曾是旧黄河河道、滩地），南门为龟头，东、西门为前爪，东北门、西北门为后爪。1926年冯玉祥部队驻包，开新南门

大仙庙社区残存的一段老城墙

包头城老照片

大仙庙包头老城墙夯层

福义街城墙夯层，断面

城墙修好了，增加了商民的安全感，西脑包的一些铺面由城外迁到城内，宁夏回民起义军失败，有的回民逃至包头避难，加上从其他地方来的移民，城内人口很显然地增多了。光绪年间曾置五原、东胜两厅（今五原县、鄂尔多斯市东胜区的前身）寄治包头，将两个衙门设在今包头市东河区北梁，是因为这里的交通、办公条件较好，光绪三十三年包头已有邮政支局。后来包头城墙又经过多次增修，不断提高城防功能，例如1915年冬，匪首卢占魁千人骚扰包头四境，攻包头城不克，向东南逃走。

2010年调查，在刘柱窑村第4社区尚寻见一段城墙，黄土夯筑，夯层坚硬，厚约15～20厘米。在西营盘小学操场可见一段墙体，大仙庙正殿的后墙便是利用北城墙的墙体起筑。城墙行经地可寻东北门里1号至官井梁大街西北门联成一线，西北门至红星影剧院联成一线，人民公园西墙至和平路南口广场、至东河槽一线，东河槽西岸北上与东北门里1号一周重逢。2014年，在北梁棚户区改造的文物普查中，又在福义街发现一段城墙遗迹，沿着西河槽分布，共有3段，总长40米，与西河槽构成墙壕结合的纵式防御体系。该段城墙构筑粗糙，夯筑不实，夯土中夹杂有大量的碎石粒，夯层厚30厘米左右。在一处断面上测得城墙高4.3米、底宽4.1米、顶宽2.2米。福义街在包头老城之北，这段城墙并非包头老城墙。据当地居民介绍，这段城墙是20世纪40年代驻守在包头的国民党军修筑。

（今东河区旧区委大楼门前）与包头车站（今包头东站）相接。1952年为方便新市区交通，开始拆除城墙，马升主持用建城剩余材料修建的西阁，因扩展胜利路，亦在拆除之列。人民公园有一凉亭立在土阜上，土阜由城墙拆后废土堆积而成。

‖59‖ 东河区北梁传统民居

撰稿：杨建林
摄影：张海斌　姚旭

北梁地区位于包头市东河区城区北部，原为蒙古巴氏家族的"户口地"，"走西口"的口内汉人来到北梁以后，租用巴氏家族的"户口地"经商和居住，逐渐有了固定居民。晚清至民国时期，这里居民集中，店铺林立，是当时中国西北地区的一个重要的皮毛、粮食集散地和"水陆码头"。

作为包头的老城区，北梁地区保留有大量清末至民国时期的传统民居，主要分布在回民和财神庙两个办事处。其中郭家巷民居已于2010年由包头市人民政府公布为第三批市级文物保护单位。郭家巷

的得名源于清末在此居住的湖南武举郭向荣，其四子郭鸿霖为辛亥革命烈士，"马号事件"中被清政府杀害。郭向荣落户包头后，在牛桥街购地建房，形成"郭老太爷巷"。郭家巷民居沿袭了山西传统的四合院建筑模式，并且融入了新鲜的地方特色。有六座独立院落，从南向北依次为6号院到1号院。在2003年的旧城改造中，郭家巷的院落遭到了破坏。现只1号院和6号院较为完整，其余四个院落只剩残垣断壁。

北梁传统民居受山西民居影响较深，明显带有晋系建筑风格，但兼具本土特色。最为典型的是它不像山西民居一样繁

郭家巷6号院

郭家巷民居之"泰山石敢当"

影壁上部仿木构屋檐砖雕

墀头局部富贵吉祥砖雕

荣复杂，极尽奢华。北梁民居更讲究实用，院落宽敞，房屋厚实，雕刻简单大方。由于包头一带树木比较缺乏，房屋的柱、梁、檩等木构材料普遍偏细。有时不得不采用并合的双梁、双檩，甚至双柱的方式来解决木构件承重的问题。

除受山西民居影响较深外，北梁民居还受到陕甘宁一带西北民居的影响。厢房、南房平缓的屋顶，部分大门洞顶部用青砖角平铺出的牙状装饰，明显有西北民居的影子。门窗的造型及装饰中甚至有伊斯兰风格。

总体来说，北梁民居有以下特点：（1）院落布局严整，外雄内秀。由正房（规格高的为单坡顶的厅房）、厢房、倒座房、耳房、影壁、大门等单体建筑和院墙等基本元素组成独院式四合院。房屋前坡斜长，后墙高垒，整个院落四围外部雄奇高峻、院内宽敞雅致。（2）建筑土

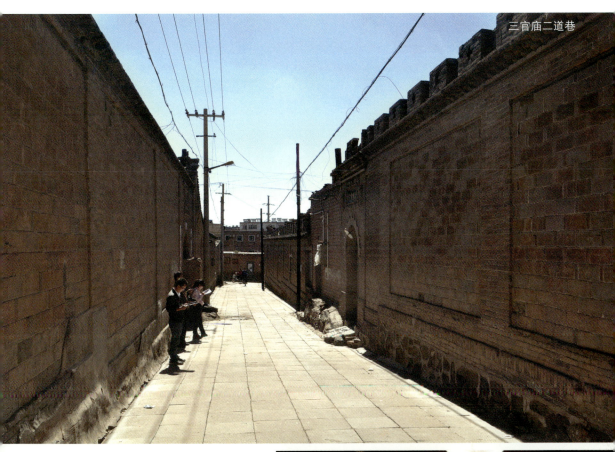

墙木架，抬梁构制。墙体砖石勒脚，土坯筑墙，青砖山尖。柱梁为立柱、纵梁、横檩的间架单元。屋顶或为单坡顶，或为平缓坡顶。部分单坡屋顶覆盖有筒板瓦，其他的只覆土。（3）构件简单大方，内涵丰富。大门有圆门洞、方门洞、木构架屋宇式、仿木砖雕方门式四种，顶部匾额有"鸢飞鱼跃"、"和为贵"、"血爱血"、"耕读第"、"善为贵"等等，朱漆对开大木门板，铁皮包角，二到四排门钉。影壁仿木构砖雕，与屋同构，土坯基层，方砖壁心，中下部有佛龛，构图均衡，意蕴祥和。墀头、屋脊、影壁上的砖雕，门框、大门上的木雕，简单大方，生动逼真。

精致的木门框

‖60‖ 土默特右旗民生渠

撰稿：高景哲
摄影：高景哲

包头市重点文物保护单位。

位于包头市东部，西起东河区古城湾乡磴口村的瓦窑口，东至土默特右旗陶思浩车站南10公里的高家野村。基本呈东西

走向，继而自北向南经大黑河故道（哈素海退水渠）入黄河。

1922年，萨拉齐县地方绅士丁绍先等人，延请后套水利专家王同春，勘测了一

民生渠

条全长97.5公里的大干渠。该渠从黄河北岸磴口筑口设闸,东行到哈素海,然后向南延长25公里,经黑河故道注入黄河,并取名民生渠。但当时工程所需款数额巨大,地方财力微薄,无力开凿,几年搁置未动。

1928年,萨拉齐县连遭大旱,地方上的一些有识之士提出用"以工代赈"的办法,招徕灾民开挖民生渠,得到绥远省政府的批准与华洋义赈会的合作。同年,组织工程总监处,招集7000多灾民,于9月18日动工开挖。

1929年,绥远省政府与华洋义赈会订立重组工程处合同,由美国人艾德敷任处长,塔德任总工程师,仍用"以工代赈"办法扩大民工数额,抓紧工程进度。6月订立萨县、托县民生渠合同,内容有开凿民生渠的目的、资金来源及如何使用等10条。1931年春,因民工人数不足,当局增派国民党军某部70师、73师的4000名官兵突击施工。6月中旬,干渠主体工程及渠口闸、8道支渠告成,前后用款80余万元。22日举行放水典礼,国内外的不少记者、名流纷纷前来采访和祝贺。但一开闸门,因渠位高而水位低,黄河水流不到渠里,弄得塔德等人十分尴尬,急令民工向河内填石筑坝,也无济于事。

1932年,成立民生渠水利工会,9月16日公布该会章程,内容有目标、组成、会计、水租等6章21条。1933年、1943年和1944年,黄河3次猛涨,河水涌进民生渠,冲毁不少建筑物,淤澄了渠道,而北渠背又挡住了从大青山涌来的洪水,渠北平川淹成泽国,人民苦不堪言,称民生渠为害民渠、民死渠,称塔德为"缺德"。

日伪时期,当局也曾想修浚民生渠,编辑出版了《民生渠的全貌》一书,并动工做了一些工程,后半途而废。

1950年6月中旬,萨拉齐县结合兴修黄河左岸防洪堤,将民生渠打坝堵口。1955年国家投资80万元,开始清淤、配套、复苏民生渠工程。在农业合作化高潮的推动下,萨县政府组织5000余名民工,绥远省政府派来一批水利技术人员,上下一致,协力同心,至1957年,将搁置26年的渠道重新修复。与此同时,新建18条支渠,利用改造1条旧支渠;增建15座草木结构闸桥。同年6月,旱情再现,刚刚修复的民生渠第一次引水,随着闸门启动,人民梦寐以求的黄河水终于按照人民的意愿滚滚流进民生渠。从此,民生渠真正成为一条水利大动脉,愈来愈发挥着十分重要的作用。1966年,在兴建磴口扬水站的同时,新修一条总干渠。该干渠从磴口村东至官地村后,与民生渠相接,长4.5公里。再从官地村后至大城西分水闸止,长14公里(原民生渠上游一段),由原来1渠2背改修为2渠3背(其中一渠通民生渠,另一渠通跃进渠)。至1969年,总干渠全部工程告竣,全长18.4公里。截止1990年,干渠上已建起桥、涵建筑物9处,节制闸7处;支渠41条,总长170.77公里,桥、涵64处,进水闸39处,节制闸33处,斗渠256条,总长267.41公里,桥、涵63处,进水闸121处,节制闸25处,灌溉系统配套已初具规模。工程控制面积13.43万亩,有效灌溉面积13万亩,保灌面积12.6万亩。

║61║ 固阳县账房塔三角城和张发地三角城

撰稿：杨建林　落和平
摄影：落和平

包头市重点文物保护单位。

位于固阳县怀朔镇帐房塔村南约1公里，当地居民俗称土围子或三尖城。城址平面呈三角形，黄土夯筑城墙，夯层厚10厘米左右，成斜线状逐层而上。猜测此种筑墙方式，可用小车直接将夯土从底运到顶，快速简便。东墙长97米，残高2.7米；西墙长98米，残高2.9米；南墙长86米，南墙中部设门，门宽8米；大门西侧城墙宽4.5米，东侧城墙宽2.8米。城址三角均有角楼，现只北角楼保存最好，平面近圆形，直径3米，残高1.1米。在南门左下角处，有一土坯垒砌的长方体状土台，东西长5、宽0.8、残高0.75米。在城内大门西

账房塔城址全景

侧，靠近城墙内侧有残存有一土屋。该土屋西墙、北墙均长5、残高1.1、墙厚0.4米；东墙保存较差，几乎全部坍塌，长2.2、残高0.3米。城内地表未发现遗物。

据介绍，民国时期，此处匪患猖獗，而又没有高山峻岭以躲藏。为了安身立命，当地村民自发修筑了这个土围子。

类似的三角城在西斗铺镇张发地村西南200米也有一座，称"张发地三角城"。该城址的性质和形制与帐房塔城址相同，也为躲避匪患而建，平面也呈三角形。黄土夯筑城墙，夯层厚10厘米左右。西墙长81、东墙长70、北墙长79米。城墙底宽5、顶宽2米。东墙中部设门，宽4.5米。城内靠近城墙处有一斜坡马道，长7、宽1.3米。角楼椭圆形，长径5米，短径4.5米，位于城址三个拐角处外围。

张发地城址全景

账房塔城址城内

张发地城址东墙

‖62‖ 东河区官井梁天主教堂

撰稿：姚旭
摄影：姚旭

包头市重点文物保护单位。

位于包头市东河区官井梁大街路南，与妙法禅寺为邻。1934年天主教圣母圣心会所建。哥特式钟楼与礼拜堂相连，坐南面北，面阔10米，进深24米。钟楼之西为司铎西式住房，门向东开，墀头上有中国图案式砖雕。其余为新建筑。

包头地区天主堂在清代属西南蒙古教区管辖，比利时圣母圣心会传教士在今土默特右旗二十顷地村设有主教府，是地方管理天主教堂的最高机构。1924年秋，改设的绥远教区主教府迁往今呼和浩特。1917年天主教士在包头镇开始传教，1919年在王国秀巷设简易教堂。1934年建的官井梁天主堂，最初属于绥远教区第六分区区堂小巴拉盖教堂管理。1943年改由中国籍神甫管理。

教堂主堂

教堂主堂侧面

屋脊

‖63‖ 东河区解放路基督教东堂钟楼

撰稿：姚旭
摄影：姚旭　董勇军

包头市重点文物保护单位。

位于包头市东河区原大圪料街22号（今解放路），俗称基督教东堂。1929年瑞典人牧师瑞闻生兴建。瑞典建筑风格，顶覆汉式筒瓦。有中国式牡丹花图案砖雕。钟楼与礼拜堂相连，门西开，面阔10米，进深24米。1967年动乱时钟楼塔顶被削平。后来又加了一个尖顶。其旁新礼拜堂建成后旧礼拜堂已不使用。

基督教协同内地会在中国设立的分支机构又称"差会"，光绪八年（1882年）瑞典基督教协同内地会传教士在包头城内传教。光绪三十年（1904年）瑞典传教士在包头城内传教，1917年在吕祖庙街建基督教堂，均是平房，无钟楼，俗称西堂，为包头有基督教堂之始。这处院子本是张姓开的一处作坊，改建后，后院用来传道，星期天全天为礼拜聚会，前院兴办小学。1935年瑞典教会将西堂、东堂、居牛街布道所内地会所属教堂交由中国籍教职人员管理。

包头基督教除差会外，还有中国人牧师兴办的中华基督教会（神召会）、聚会处（小群派）、耶稣家庭、安息日会、自立会，新中国成立后一段时间，教徒都集中在东堂活动。

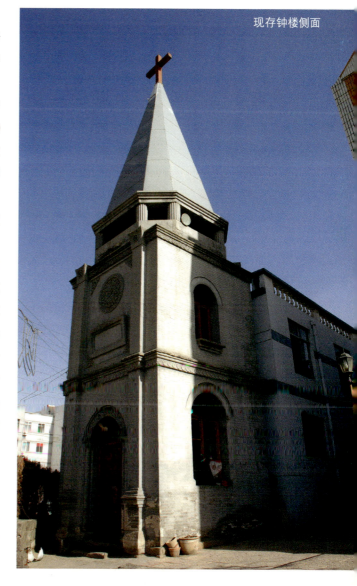

现存钟楼侧面

‖64‖ 东河区绥西屯垦督办公署旧址

撰稿：杨建林
摄影：张海斌　姚桂轩

包头市重点文物保护单位。

位于包头市东河区胜利路36号，建于1935年，是20世纪30年代末绥西屯垦督办公署的办公大楼。

中原大战后，阎锡山和冯玉祥大败，他们的军队也被蒋介石和张学良改编。阎锡山的部队约三分之二被改编成了4个军，其他三分之一被取消了番号，"失业"了。为保存这部分实力，阎锡山借口"寓兵于农，开发西北，巩固边疆"，于1932年成立了绥区屯垦督办办事处（也叫绥区屯垦军司令部），将他们安置在绥远西部的包头等地进行屯垦。绥区屯垦督办办事处设有督办1人、会办3人、坐办1人。督办由阎锡山自兼，会办为王靖国、傅作义、张荫梧3人，坐办为石华岩。实际真正负责的会办是阎锡山的亲信、陆军第七师师长王靖国。他坐镇包头，具体领导屯垦事务。

最初，绥区屯垦督办办事处设在包头城里西街振业里。1935年，王靖国以5200银元购得胜利路广生粮店一所大院，翻修建起"绥西屯垦督办公署"大院。该院为砖木结构，大门门面造型别致，内有过厅、走廊、礼堂、办公室和东西小院，共计220多间。花费20多万元，费时一年多建成。此外，绥区屯垦督办办事处还在包头城内和平路安仁里开设"垦业银行"，强行发行垦业流通券，券上印有该公署建筑图案。

日寇侵华时，该大院是日本陆军驻包头司令部。抗战胜利后，这里又作包头警备司令部。现在只存大门门厦一座，坐北朝南，临街，形似一个四腿的"骨牌凳"，占地50平方米。外加一个正门墙，四腿之间上端为拱形门洞。整体高7米，南北4米，东西5.8米。外墙长17米，高2

办公署旧照

米。四腿的柱子为罗马式圆柱。两个前腿分别由三根圆柱在一个平面成直角的柱础上并列组成，整体向内空出一个柱子的空间，使得从正面和侧面看都有两排柱子；两个后腿则只有一根圆柱，在一个独立柱础上，紧贴正门墙。每根柱子的柱冠均有雕刻，大体类似。有罗马混合柱式的影子，但增加了中国传统文化的元素。在一圈凸旋纹之上雕一周仰莲瓣，再上平面呈方形，四角为古罗马爱奥尼柱式的涡形装饰，两涡形装饰之间雕一朵莲花；再上为倒梯形逐级外展的柱顶。门楼上边有红五星标记，是新中国成立后住在这里的军校女宣传干事给加上去的。

门厦顶部

‖65‖ 东河区泰安客栈王若飞革命活动旧址

撰稿：牧乐　王晓玲
摄影：董勇军　牧乐

内蒙古自治区重点文物保护单位。

位于东河区通顺街3号。为纪念王若飞同志1931年在内蒙古地区从事革命活动的光辉业绩，包头市政府于1962年在原泰安客栈旧址兴建了王若飞纪念馆。

1931年9月，王若飞同志以中共西北特别委员会书记的身份，从共产国际来到内蒙古，领导内蒙古地区和我国西北地区的革命斗争，在此期间，就住在泰安客栈。同年11月21日晚，因叛徒出卖，在客栈3号房间被捕。

泰安客栈原是一座四合院落，东西长42.7米，南北宽43米，占地面积1836.1平方米，共有房屋28间。1991年包头市人民政府对纪念馆进行了修复，修复后的纪念馆占地面积167.3平方米，其他房屋皆被民居占用。1996年包头"5·3"地震，纪念馆受到严重破坏。后按照修旧如旧的原

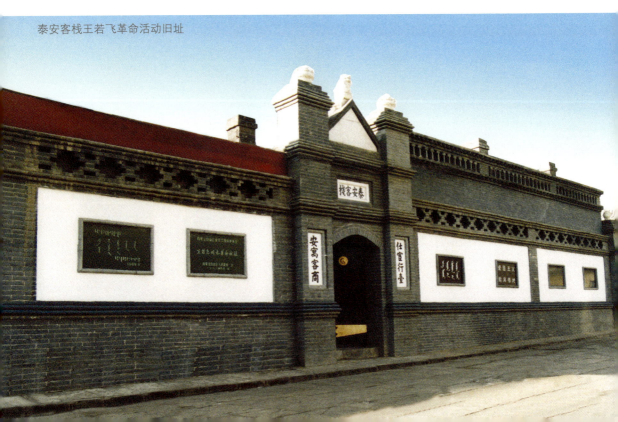

泰安客栈王若飞革命活动旧址

则，由包头市环西工贸有限责任公司出资对纪念馆进行修复改造，于1999年11月14日王若飞同志诞辰103周年之际举行了纪念馆重新扩展开馆仪式。现纪念馆院落坐南朝北，占地面积552.79平方米。正门位于院子北墙偏东。步入泰安客栈小门，迎面墙上镶有王若飞手迹"精通业务、埋头苦干"刻石，院内立有王若飞白色大理石半身塑像，南墙上镶有毛泽东、刘少奇、周恩来、朱德为"四·八"死难烈士题词，乌兰夫在1983年为纪念王若飞的提词。院内共有房屋6间，其中正房4间为展厅，介绍王若飞光辉一生，三号房——王若飞与乌兰夫交谈工作的地方照历史原貌陈列，共展出文物20余件，图片260余张及纪念性报刊书籍100余份。 东西房各一间为接待室和办公室。

　　王若飞纪念馆是包头市唯一的一处近现代史革命纪念馆，也是国内开放最早的王若飞专门纪念馆。纪念馆自1999年重新扩展开馆以来，已接待各界各层次观众15多万人次，充分地发挥了爱国主义教育基

纪念馆院内

"泰安客栈"正门

三号客房

地的作用，为构建社会主义核心价值体系和精神文明建设作出了重要贡献。

　　1964年、1995年分别被列为内蒙古自治区重点文物保护单位和内蒙古自治区爱国主义教育基地。

‖66‖ 达尔罕茂明安联合旗百灵庙抗日武装暴动旧址

撰稿：王晓玲
摄影：董勇军

全国重点文物保护单位。

位于达尔罕茂明安联合旗百灵庙镇双塔街,百灵庙抗日暴动旧址包括百灵庙（又称广福寺）和百灵庙抗日武装暴动纪念碑两部分。广福寺建于清康熙四十一年至四十四年（1702~1705年）。后因扎萨克多罗达尔罕贝勒詹达固密的续修,人们俗称其为"贝勒庙",音转为"百灵庙"。

1936年2月21日驻扎在达尔罕贝勒旗（百灵庙镇）蒙古地方自治政务委员会（简称"蒙政会"）保安队千余名爱国将士,为了反抗日本帝国主义的侵略,在中共西蒙工委书记乌兰夫同志的领导下,由云继光、朱实夫等率领毅然脱离蒙政会,进行武装暴动。武装暴动队伍分兵五路,向德王的乌滂守备队、军械库（即百灵庙朝克沁大殿）、稽查处看守所、电台、会计科发起攻击。22时至第二日凌晨2时,

百灵庙朝克沁殿

（国民党大公报发表文章）

报纸刊文《蒙政会科长云继先等率众脱离百灵庙》

国民党《大公报》刊文 《云继先等离开百灵庙经过》

暴动队伍完成了各项任务后，在百灵庙南营盘集合，由云继先、朱实夫等率领向武川县方向进发。1936年2月25日，起义部队在归绥市发表起义通电，揭露德王投靠日本的行为，阐明"在激于爱国热忱不背叛国家原则下，举行军事暴动，脱离德王"。百灵庙抗日武装暴动彻底粉碎了日本侵略者推行的"征服中国必先征服满蒙"的罪恶阴谋。

1989年6月，中国共产党内蒙古自治区委员会、内蒙古自治区人民政府为纪念百灵庙抗日武装暴动撰写了碑文，并在达尔罕茂明安联合旗百灵庙镇南端的女儿山顶，建抗日武装暴动骑兵群雕的纪念碑，纪念碑坐东面西，高23.8米，用人工石构筑的方形塔基上是抗日战士浮雕"群英图"。四蹄腾空，昂首向前的战马上，名战士高举战刀，威武雄壮。碑的主体是直立的长方柱体，两面分别用蒙汉文书写"百灵庙抗日武装暴动纪念碑"和纪念碑文。1997年被命名为自治区爱国主义教育基地。

抗日暴动纪念碑

百灵庙老照片

‖67‖ 土默特右旗美岱召乌兰夫革命活动旧址

撰稿：王晓玲
摄影：美岱召文管所　李虹

　　位于土默特右旗美岱召镇美岱召村美岱召内达赖庙。美岱召背靠雄伟的大青山，当地人称"大尖山"，又称"宝丰山"。从山上放眼南望可见到弯弯曲曲的黄河穿过土默特平原流向远方，东面的清水沟有长年不绝的山泉溪水。

　　美岱召原名"灵觉寺"，清更名为"寿灵寺"。明隆庆年间，蒙古土默特部首领阿勒坦汗创建。万历三年（1575年）赐名"福化城"，三十四年（1606年）西藏高僧麦达力活佛曾在此坐床，故称"麦达力庙"，俗称"美岱召"。美岱召庙内的达赖庙，位于召内城墙东北隅的一座小院内，院内有一幢二层硬山式小楼，有东

达赖庙

乌兰夫早期革命活动纪念址展室

西厢房各2间。曾是老一辈无产阶级革命家乌兰夫、王若飞等从事革命活动的重要联络点。1931年，王若飞同志在包头被捕后，乌兰夫即赶往美岱召，住在召内的达赖庙东小屋，同李宝森研究营救办法。

1937年10月16日，日本帝国主义侵占萨拉齐县，为了抗击日寇，挽救民族危亡，1938年秋遵照党中央毛主席的指示，李井泉、姚喆率八路军2000余人从晋西北挺进大青山，开辟敌后抗日根据地。1939年5月中共萨托工委成立，组织部长刘启焕在美岱召建立党支部，在刘启焕、王弼臣、王经雨的领导下，本县的第一支游击队在美岱召诞生。

1984年10月5日，美岱召正式对外开放后辟为乌兰夫革命活动旧址，现存乌兰夫同志早期从事革命活动所使用过的行李、锅灶、炕桌、油灯、衣柜柜、笔砚等物品，并陈列乌兰夫同志工作照片、铜像。1996年美岱召被国务院公布为第四批全国重点文物保护单位。美岱召乌兰夫革命活动旧址于2012年被命名为内蒙古自治区爱国主义教育基地。

‖68‖ 土默特右旗巴总窑子李井泉司令部旧址

撰稿：王晓玲

摄影：王立新　董勇军

内蒙古自治区重点文物保护单位。

位于土默特右旗公山湾乡巴总窑村魏家大院。巴总窑村地处土默特右旗北部山区，美岱沟上游地带。村南为宽阔的美岱沟河水，村庄坐落在河北岸的阴面山坡一带。魏家大院位于村子东北角，处于村中的最高地势。

1938年，贺龙和关向应同志根据党中央和毛主席指示，经过周密考虑，决定派李井泉和姚喆同志组建大青山游击支队，开赴大青山地区。李支队和杨植霖的队伍会师。从此绥蒙地区的抗日武装力量就在李支队的统一领导下，开展建立大青山抗日游击根据地的斗争。1938年9月下旬，八路军大青山抗日支队3营、2营5连、4支队2连及部分工作人员，由支队司令员李井泉率领抵达巴总窑村，李司令员住魏家大院，指挥部也设在院内。

原魏家大院由东向西共三院组成，东西长40余米，南北长20余米，四周筑高大围墙，北边一排正房，李司令员住中间有隔扇的3间套房内。现有两间民房保存完整，室内有木隔板留有子弹的射痕。原院墙已不存，西屋有暗道口通往院外。

2006年，李井泉支队指挥部旧址被公布为第四批自治区级文物保护单位，公布名称为"巴总尧李井泉抗日司令部旧址"。2004年，李井泉支队指挥部旧址被列为国家级爱国主义教育基地和红色旅游景点。

巴总窑村李井泉司令部旧址

屋内隔扇

‖69‖ 东河区委楼

撰稿：郭家伦　王晓玲
摄影：郭家伦

包头市重点文物保护单位。

位于包头市东河区和平路、环城路交叉口的西北角。大楼建设时结合场地特点——处于主要道路的路口处的城市景观的节点，为了交通便捷，美化景观，从规划设计起，既考虑平面布置成八字形，又大尺度的退让红线。使建筑物前的三角形小广场和南门外转盘连成约7000平方米的大广场，成为东河区人民群众文体活动、聚会的重要场地。

1949年9月19日，内蒙古自治区实现和平解放，中共包头市委也随即组建，并全面接管包头工作。1949年12月第一届市委机关进驻包头，市委机关设在繁华的东

远景

门窗与阳台

入口与灯柱

样，有主次出入口，有基座、墙身、屋顶三部分。

主入口一般是建筑物的重点部位，由于该建筑平面为八字折线形，主次入口分布在三个方向，把建筑分成对称的三部分。结合入口处门斗的造型，利用平面上的凹凸变化，支撑了屋顶处的单层、双重翘檐，形成了变化有序，重点突出，体量均衡，整体协调，色彩明快的完美立面。

翘檐与斗拱。该建筑的翘檐既满足了钢筋混凝土有别于传统木结构施工条件的需求，又是中国传统建筑屋面作法的成功抽象。该建筑结合翘檐椽头在屋面处墙身的过渡处均匀地布置了混凝土斗拱造型，起到了画龙点睛的作用。

该建筑墙身为白色水刷石装饰，基座部分粉刷成红色。白色的窗间墙，微突的斗拱，挑出的檐椽头，砖砌的花格女儿墙和白色的压顶、柱头，使整个墙身浑然一体，别具一格。该建筑将每一间房的窗户一分为二，加了一个小小的墙垛，门窗本是普通的木门窗，窗框间增加了龟背锦窗棂格，以正八角形为基本图案，组成了窗格形式。入口与灯柱是该建筑必不可少的组成部分。该建筑入口处的大雨棚和门斗、阳台结合在一起，用罗汉墙支撑，增加了厚重感。弧形坡道和条形台阶相交处，设了一对由中国古代建筑经幢抽象而来的灯柱，形成了特色鲜明的主入口。

纵观东河区委旧址建筑，在20世纪50年代初期的历史背景下，通过建设者的努力，从总体造型到细部表现，无不渗透着中国传统建筑的精髓，践行了适用、经济、美观的建设方针。

河区和平路新中西街北侧（原万字会巷6号）一处古朴典雅的四合院内。1954年市人民政府办公大楼（现东河区政府旧址）落成。

东河区委楼建筑的立面造型，为传统的中国古典三段式。它和所有的建筑物一

‖70‖ 青山区包头市第一工人文化宫

撰稿：王晓玲

摄影：姚旭

包头市重点文物保护单位。

位于包头市钢铁大街、建设路、呼得木林大街市三区三条主干道的交汇处，是重要的交通枢纽。

包头市第一工人文化宫始建于1956年，1957年建成，1958年投入使用，建筑面积9200平方米。由内蒙古自治区建筑设计院参照北京工人俱乐部的造型及平面功能设计，为当时包头规模最大的影剧院，是市委、政府、市人大召开大型会议和文艺演出的主要场所。是代表包头市50年代公共建筑的标志性建筑之一。这里接待过亚欧美等世界著名的演出团体及国内的中央乐团，中央民族歌舞团

第一工人文化宫

第一工人文化宫主楼

等著名文艺团体。

建筑由主楼、东附楼、西附楼三部分构成。主楼可容纳1098人，舞台深16.5米，宽22米，化妆间4间，贵宾接待室1间。东西附楼建于1997年，设有宾馆、餐厅、音乐广场等项目。建筑结构为砖混。1997年建东附楼。2005年内外装修，占地面积7952平方米，建筑面积16045平方米，门前有近两万平方米的全市最大广场。

1996年，包头"5.3"地震，建筑受到一定破坏。经过抗震加固和维修改造，使一宫主体结构的抗震性能大大加强。1997年完成了东西两侧附楼的扩建，总面积达18000平方米。扩建时，注意了一宫整体建筑风格的延续，经过多方案反复改进，选用包头市建筑设计院的方案。这两次加固、维修、扩建始终注意了保持一宫整体建筑风格的协调。增加了正立面整体

墙面的浮雕。浮雕花饰选用了小丽花（市花）、云杉（市树）、万年青、齿轮、钢轨、三鹿飞天等图形元素，寓意了草原钢城的形象，极大地提升了一宫作为大型文化活动场所的文化内涵及其定位。2005年，一宫又进行了历时7个月的室内外装修。2007年进行亮化美化工程，修护较好。在各方面专家的共同努力下，保留了原有正立面的基本造型。

包头市第一工人文化宫是包头市总工会下属的集会堂、剧院、影院于一体的公益性文化事业单位，是包头市历史文化瑰宝，也是标志性历史建筑之一。1959年周恩来总理为包钢一号高炉建成出铁剪彩后，在一宫召开的全市县处级以上干部大会上作了重要讲话。它见证了祖国西部、包头这座200多万人口的现代化工业城市的历史变迁，被喻为："包头的人民大会堂"。

撰稿：王晓玲
摄影：王晓玲

包头市重点文物保护单位。

位于昆都仑区包钢集团公司厂区包钢炼铁厂内。于1958年4月8日破土兴建。整个工程包括1513立方米高炉1座，考贝尔式热风炉3座，重力降尘器1座，铸铁机2台，以及主卷扬机室、料车坑、料仓、栈桥、出铁场、一号变电所、三号变电所等。现高炉炉体圆形，为立式高炉。内径18米，高83米，占地面积254.3平方米，容积2200立方米，比最初建成时增容650立方米。一号高炉经过多年的改建和扩建，目前仍在正常使用中。

1953年，国家制定第一个五年计划时把包头确定为国家重点工业基地，包钢是包头5个重点工业项目中的其中之一。1958年，包钢生产准备处开始炼铁厂的筹建工作。同年4月8日，包钢一号高炉工程破土动工。5月，包钢炼铁厂筹备组成立。6月，包钢炼铁厂筹备组与包钢第一建筑工程公司合并，组建成包钢炼铁厂。

包钢一号高炉

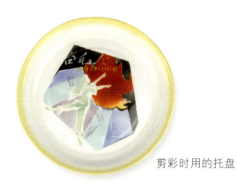

剪彩时用的托盘

剪彩时用的剪子

1958年到1960年是包头工业基地建设进入大发展阶段。全市掀起轰轰烈烈的建设高潮。1959年1月，"人民日报"发表社论，号召全国人民在全国一盘棋保障重点的原则下，支援包钢，各省市和中央有关单位，以实际行动支援包钢建设。随后中共内蒙古自治区代表大会作出《关于加强包钢领导和支援包钢建设的决议》，并成立支援包钢委员会。根据上述精神，以及包头市必须确保包钢重点建设的要求，市委提出"为1959年出铁出钢出钢材而奋斗"的目标和"全市支援包钢、包钢带动全市的口号"。市地方各系统相继举行支援包钢建设广播大会。包钢召开确保6月出铁誓师大会。市委举行全市各族人民支援包钢建设大会。全市支援包钢形成高潮。

1959年9月26日5时55分，包钢炼铁厂一号高炉出铁，1959年10月15日周恩来总理亲临包钢，为1号高炉出铁剪彩。《人民日报》发表了《祝包钢出铁》的社论。1960年5月5日，包钢一号平炉出钢，乌兰夫为出钢剪彩。包钢一号高炉和一号平炉的投产和一大批重点工业企业的建成，标志着以包钢为中心的包头工业基地建设进入一个新的阶段，即建设和生产并进的阶段。结束了内蒙古"手无寸铁"的历史，为改变内蒙古落后的经济面貌，实现工业化奠定了良好的基础。

包钢一号高楼出铁纪念

包钢一号高炉出铁纪念宣传画

包钢一号高楼开炉纪念

‖72‖ 青山区中核宾馆

撰稿：李静
摄影：李静

包头市重点文物保护单位。

位于包头市青山区二〇二厂公园路中段，隶属乌素图街道办事处辖区，原名为专家招待所。

第一个五年计划时期苏联援建的带有苏式建筑风格的工厂车间、厂房、职工住宅以及各种配套设施在青山区较多。中核宾馆就是苏式建筑中极具代表性的建筑，"一五"期间前苏联专家设计并居住在此。"大跃进"时期，在此居住的苏联专家及其家属全部撤走。60年代后中核北方燃料厂改做内部招待所，并正式投入使用，现保存完整，依然在使用。1980年后更名为中核宾馆，进行装修和添置设备，现已具备相当接待水平。随着近些年的城区建设，四周新建大片居民住宅，无人破坏。宾馆管理严格、科学，服务档次较高。

该建筑占地面积为720平方米，整体以垂直三段作法而成的独栋大屋顶式建筑，三层钢筋混凝土框架结构，左右呈中轴对称，平面规矩。前脸中部突出呈"凸"字形，带门厅，建筑中部突出部分三层位置带有阳台。屋顶为钢结构，中心有一锥形构件用混凝土浇成，整个屋顶表面施以枣红色。建筑整体以简洁、庄重的外形与生动活泼的民族传统装饰相结合，用斯大林建筑"中国化"来表现"社会主义的内容、民族的形式"。

中核宾馆东侧

中核宾馆正门

‖73‖ 达尔罕茂明安联合旗哈布图哈萨尔祭奠堂

撰稿：王艳君 李龙海
摄影：布仁 郑晓峰 董勇军

内蒙古自治区重点文物保护单位。

位于达尔罕茂明安联合旗明安镇所在地查干敖包西5公里处的查干少荣。是茂明安部落一直定期祭奠其先祖哈布图·哈萨尔的地方。

哈布图哈萨尔（1164～1213年）是成吉思汗的胞弟，《蒙古秘史》中称哈萨尔为拙赤·合撒儿。拙赤是其名，合撒儿（哈萨尔）是梵语，其意是狮髦或狮子。哈布图，古契丹语，意为射手。拙赤·哈萨儿自幼善射，箭法准确，因此人们称他为哈布图·哈萨尔，他跟随成吉思汗屡建战功，开创汗国疆业，是蒙古历史上杰出的军事统帅。

1204年。铁木真出征乃蛮部，命哈萨尔为中军，擒获太阳汗，论功以哈萨尔为第一，恩赏哈萨尔子孙位次在宗室之上。1206年，铁木真被部众推为全蒙古大汗，上尊号成吉思汗，建立了蒙古大帝国，改变蒙古旧制，实行千户制，分别赐予其黄金家族成员及众臣土地、属民，并把以呼伦湖周围及额尔古纳河、海拉尔河流域为领地的四千户属民封给哈布图·哈萨尔。后发展成为八个部落，包括原哲里木盟的科尔沁十旗及阿鲁科尔沁旗、乌喇特三

旗、四子王一旗、茂明安旗等16个旗的先祖。哈萨尔家族传至十三世，至图美尼雅哈奇。1211年成吉思汗伐金国，哈萨尔虽被降为一千四百户，然而依然效忠如故，哈萨尔为东路，与成吉思汗会师中都（今北京），金军被迫降和。

1213年哈萨尔于班师途中病故，驻牧在今呼伦贝尔大草原的哈萨尔后裔设哈布图哈萨尔祭奠堂，这是该祭奠堂的由来。

1633年，茂明安部落长车根与其父固穆巴特鲁率所部归附后金时，就把哈布图·哈萨尔的祭奠欧日戈（堂）随部迁移到章京南边（今包头郊区），后来随着清朝政府放垦蒙旗牧场，哈布图·哈萨尔祭奠欧日戈也向北一迁再迁。

进入清代，康熙三年（1644年），康

哈萨尔慈祥像

煮苏斯的铁锅

火架子

献奶的奶桶

熙授哈萨尔的17世孙僧格为掌旗一等台吉，将其世袭封地迁至乌兰察布草原，其部称茂明安部，哈萨尔祭奠堂随之迁至今包头市达茂联。茂明安部落一直有着定期祭奠其先祖哈布图·哈萨尔的传统习惯。

祭奠堂称为宝日罕欧日戈，原是由五个支架支撑，无扣绳、箍带的，纯白羊绒围毡制作的，可随车搬移的蒙古包。蒙古包的天窗上有金顶，包前的平石上放着铁香炉，平石旁梯形叠放着用旧的围毡（围毡三年更换一次）。欧日戈左面扣着煮"苏斯"（即肉食的敬辞）用的大铁锅。

现哈布图哈萨尔祭奠堂为砖室结构，屋顶为金黄色圆顶蒙古包，祭奠堂后面山谷上为祭祀用的敖包。原宝日罕欧日戈置于祭祀用的斡耳朵（宫帐）中，欧日戈内铺白色毡子，木制佛龛五尺高，内悬"慈祥"和"愤怒"的哈萨尔像（为"文革"期间内蒙古社科院珍藏保留下的珍贵文物）。佛龛的右边悬挂哈萨尔的弓箭和箭囊。摆着长期奉供的班灵（即面人）、其莫尔（大麦面和黄油制成的供品，似油茶面）和八个供水银盅，前垂悬着各种颜色的彩绸和哈达。在此下方小桌子上放铜香

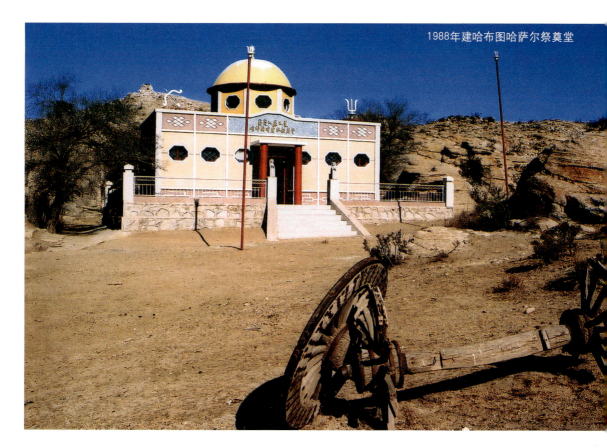
1988年建哈布图哈萨尔祭奠堂

炉，佛龛的左侧放装着五六十个黄铜佛灯碗的长木盒。木盒上面放着用金粉书写的蒙文《圣主成吉思汗的祭奠经》（现保存于内蒙古社科院图书馆）和《成吉思汗黄金家族世谱》。欧日戈的东南和西南角各摆放着盛祭奠"苏斯"用的两个大木盘。

哈布图·哈萨尔的祭奠活动每年举行五种不同规模的祭奠仪式。其中，5月27日和10月27日为供四个"苏斯"祭祀的大型祭奠活动。2月27日和7月27日的祭祀为小型祭奠活动供两个"苏斯"，除夕之夜用一个"苏斯"祭祀。

哈布图·哈萨尔的祭奠活动，由戊明安札萨克旗下设四个苏木，两个巴嘎中选出一个羊群多的查干额如何（白色家族），专门负责祭奠欧日戈的围毡，点燃

酥油佛灯的黄油及祭奠用的"苏斯"羊。这户人家除此外，不再向旗府衙门缴纳任何税赋。

主持祭奠仪式的人是哈萨尔的嫡系近亲，被称之为呼呼格。负责四季祭祀和每天烧香奉供等事宜。他的手下有每个苏木的白色家族出身的四个宝日其（伙夫）和两个诵经喇嘛。黄教在蒙古盛行后，祭奠仪式请两位喇嘛诵经。

1988年达尔罕茂明安联合旗人民政府建了哈布图哈萨尔祭奠堂，祭奠堂坐落在新宝力格苏木政府所在地，为永远保护这处珍贵的历史占迹，改建为有回廊的砖木结构，平面宽15米、纵深9.9米，该建筑具有蒙古民族风格。

‖74‖ 昆都仑区原二冶俱乐部毛泽东塑像

撰稿：王晓玲
摄影：李烈

包头市重点文物保护单位。

位于昆都仑区钢铁大街中段、维多利商厦门前广场。主席像修建于城市繁华区内，周围为商业建筑。

毛泽东主席塑像为汉白玉雕塑，坐落在红色花岗岩砌方形台基上，台基四角有黑色大理石砌石台。1968年12月26日，毛泽东74岁诞辰日，雕塑落成，是包头市建造的第一个毛泽东塑像。塑像地面台基高0.81米，象征"八一"建军节。像座高4.13米，表示1967年4月13日《中共中央关于处理内蒙古问题的决定》发布日。像身高5.16米，象征中共中央1966年发布《五·一六通知》。塑像总高10.1米，象征中华人民共和国"十一"国庆节。在塑像前原有10组玉兰灯，共74盏，象征毛泽东74岁诞辰，现已不存。

1966年5月16日，中共中央政治局扩大会议在北京通过了毛泽东主持起草的指导"文化大革命"的纲领性文件《中国共产党中央委员会通知》（即《五·一六通知》）。6月1日，《人民日报》发表社论《横扫一切牛鬼蛇神》，后连续发表社论，把《五·一六通知》内容捅向全国，从此，一场全国性的、历时10年的"文化大革命"

毛泽东塑像

就发动起来了。"文革"期间，包头市兴建了许多毛主席塑像。目前保存下来的只有维多利商厦门前、202厂、包头铝厂和电三建大门前四座大型的毛主席塑像。包头维多利商厦前身是包钢东方红俱乐部，2007年东方红CBD兴建（后定名为维多利商厦），包钢东方红俱乐部及周围的包钢体育馆、包钢图书馆等一大片建筑拆除，独保留下建于1968年的毛主席像。这座毛主席像见证了包头四十多年的风风雨雨。毛主席像周围环境的变化更是反映出时代的大发展。

||75|| 青山区北方兵器城

撰稿：牧乐
摄影：张海斌

包头市重点文物保护单位。

位于包头市青山区兵工路北方重工业集团有限公司南侧，总占地约270亩，分东区、西区、中区三个部分。园内建有儿童游乐场、文化长廊、兵器陈列区、人防工程、雕塑、瀑布、湖心岛等，各种军用坦克、火炮林立其中，是集军事旅游、军工文化教育、国防科普教育、休闲娱乐、

57毫米自动高射炮

100毫米自动高射炮

120毫米自行反坦克火炮

展示军事工业成就景观为一体，以体现军工发展历史内涵为主题，以传播国防文化、研究军工知识和军事教育、军事考察等为功能，以展示城市文明创建水平为目标的爱国主义教育基地，是华北地区第一家以军事为特色的旅游景区。

内蒙古北方重工业集团有限公司是国家"一五"期间兴建的156个重点项目之一，是中国兵器工业集团公司成员单位，是国家重点保军单位和大口径火炮动员中心，是自治区20家重点扶持大企业之一，为我国国防事业和经济发展做出了不可磨灭的贡献，有着开展爱国主义教育得天独厚的资源和载体。为盘活、整合企业爱国主义教育资源，从2003年6月开始，公司投资2300多万元兴建了北方兵器城。建成以来，北方兵器城已经成为"国家4A级旅游景区"、"全国工业旅游示范点"、"国家国防教育示范基地"、"国防科技工业军工文化教育示范基地"、"内蒙古自治区爱国主义教育基地"、"内蒙古青少年教育基地"、"包头市生态道德教育基地"、"包头市青少年法制教育基地"、"青山区未成年人教育基地"、"包头市国防科普教育基地"，成为社会各界人士了解国防军工企业，了解内蒙古，了解包头的一个重要窗口。

北方兵器城主景区占地11.7万平方米，其中绿化面积6万平方米，城池水面积2万平方米，硬化面积3.2万平方米。

景区主广场区占地面积5024平方米，由不锈钢雕塑、文化柱和喷泉组成。"腾飞"不锈钢雕塑寓意北方重工集团坚持构建以"和平"为基石接力文化，9根9米高的花岗岩文化柱表示包头市辖9个区旗县，分别刻画出包头的风土人情和历史渊源的神话传说。由东向西叙述着王昭君出塞、玉龙喷清泉、九原话古今、古道驼铃声、鹿鸣包头、古老赵长城、铁山战突厥、英雄巴特尔、花木兰从军的美丽传说。让你在游览的同时，对包头的古老传说有了更深刻的了解。

八一广场位于北方兵器城南部，硬化面积1.1万平方米，由兵器陈列区与道路硬化形成"八一"二字。在八一广场中心树立的旗帜、吴运铎雕像一成为爱国主义教育的标志性建筑。有国防教育影视厅，定时向游人开放，滚动播放北方兵器城简介、火炮知识、战争时期专题影片。游客中心有"中国保尔——吴运铎事迹展览

红旗2号发射架

双管57毫米舰炮

馆"，吴运铎是北方重工集团第一任总工程师，在参与武器试验的过程中，先后数次受重伤，身残志坚，为北方重工集团建

69式主战坦克

厂初期引进苏联技术、培养大批专业技术人才做了大量工作，是进行爱国主义教育最生动鲜活的英雄人物。展馆展出100多幅珍贵照片，分为吴运铎同志参加革命、在四四七厂担任总工程师、关心下一代、去世后社会和人民群众对他的怀念和高度评价等四个部分。

北方兵器城依托军工企业的优势，征集了大量以火炮类为主的兵器实物，在兵器陈列区地面常规重武器是兵器城的重要组成部分，摆放有陆、海、空部分代表性武器40余门，有参加过苏联卫国战争的火炮；有共和国研制的第一门100高炮，即在建国10周年经过毛泽东主席检阅的"共和国第一炮"；有60年代的尖端武器——多次击落美国U2飞机的"红旗—11号"导弹及发射架；有在西沙海战中立下赫赫战功的双五七"功勋炮"；有建国35周年受到邓小平同志检阅的现代化装备——"坦克的克星"、120毫米自行反坦克炮。当人们在兵器城中参观游览时，一件件兵器实物及翔实的兵器知识介绍，浓郁的军事文化氛围，爱国情感和自豪感油然而生。信步在兵器城中，你会被园中的美景深深吸引，人工湖、橡心岛、戏水池、长廊、曲桥、棋盘等，体会到休闲自在，尽情享受和平年代的幸福美好。

北方兵器城的宗旨是弘扬中华民族先进的军事思想和灿烂的军事文化，激发广大人民群众特别是青少年一代的爱国主义情感，促进人们不断增强居安思危、爱我国防、建我国防、壮我国防之意识，共同努力奋斗，早日实现中华民族伟大复兴的中国梦。

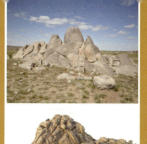

附 录

附 录 **目录**

表一 包头市全国重点文物保护单位名单

序号	公布名称与单体名称	时代	公布批次	所在旗县（区）
1	五当召	清代	第四批	石拐区
2	美岱召	清代	第四批	土默特右旗
3	固阳秦汉长城（固阳秦长城）	秦代 汉代	第四批	固阳县
4	敖伦苏木城址	元代	第四批	达尔罕茂明安联合旗
5	金界壕	金代 元代	第五批	达尔罕茂明安联合旗
6	阿善遗址	新石器时代	第六批	东河区
7	麻池城址及周边汉墓（麻池城址和召湾墓群）	战国 汉代	第六批	九原区
8	安答堡子故城遗址	金代 元代	第六批	达尔罕茂明安联合旗
9	百灵庙抗日武装暴动旧址	近现代	第六批	达尔罕茂明安联合旗
10	北魏怀朔镇故城遗址	北魏	第六批	固阳县
11	长城 (1) 包头战国赵北长城	战国	第六批	土默特右旗 东河区 石拐区 青山区 昆都仑区 九原区
	(2) 包头市汉外长城南线	汉代	第六批	固阳县、达尔罕茂明安联合旗
	(3) 包头市汉外长城北线	汉代	第六批	达尔罕茂明安联合旗
	(4) 北魏六镇长城南、北线	北魏	第六批	达尔罕茂明安联合旗
12	燕家梁遗址	元代	第七批	九原区

表二 包头市自治区级重点文物保护单位名单

序号	公布名称与单体名称	时代	公布批次	所在旗县（区）
1	泰安客栈王若飞革命活动旧址	近现代	第一批	东河区
2	西园遗址	新石器	第三批	东河区
3	推喇嘛庙岩画	新石器至清代	第三批	达尔罕茂明安联合旗
4	昆都仑召	清代	第四批	昆都仑区
5	敖陶窑子城址	唐代	第四批	高新区
6	梅力更召	清代	第四批	九原区
7	黑麻板遗址	新石器	第四批	东河区
8	南龙王庙	清代	第四批	东河区
9	福徵寺	清代	第四批	东河区
10	龙泉寺	1849年	第四批	东河区
11	中山纪念堂	民国	第四批	东河区
12	抗日英烈祠	1936年	第四批	东河区
13	二十顷地天主教堂	近代	第四批	土默特右旗
14	巴总窑子李井泉司令部旧址	1938~1939年	第四批	土默特右旗
15	希日穆仁城圐圙城址	北魏	第四批	达尔罕茂明安联合旗
16	大苏吉城圐圙城址	金代 元代	第四批	达尔罕茂明安联合旗
17	普会寺	清代	第四批	达尔罕茂明安联合旗
18	哈布图哈萨尔祭奠堂	元代（1988年重建）	第四批	达尔罕茂明安联合旗

表三 包头市市县级重点文物保护单位名单

序号	公布名称与单位名称	时代	公布批次	所在旗县（区）
1	刘二圪梁墓群	北魏	第二批	昆都仑区
2	原二冶俱乐部毛泽东塑像	1968年	第二批	昆都仑区
3	莎木佳遗址	新石器时代	第二批	东河区
4	古城湾古城	汉代　元代	第二批	东河区
5	清真大寺	清乾隆年间	第二批	东河区
6	西脑包大照壁	清乾隆末年	第二批	东河区
7	吴家圪旦墓群	北魏	第二批	九原区
8	白云博格达敖包	1952年迁来	第二批	白云区
9	威俊遗址	新石器时代	第二批	土默特右旗
10	纳太遗址	新石器时代	第二批	土默特右旗
11	德里森呼图克城址	金代　元代	第二批	达尔罕茂明安联合旗
12	希拉穆仁城梁城址	金代　元代	第二批	达尔罕茂明安联合旗
13	毕其格图好来陵园	元代	第二批	达尔罕茂明安联合旗
14	墙盘岩画	不详	第二批	达尔罕茂明安联合旗
15	沙很岩画	不详	第二批	达尔罕茂明安联合旗
16	前公中鹿像石	春秋时期	第二批	固阳县

序号	公布名称与单位名称	时代	公布批次	所在旗县（区）
17	梅令山城址	汉代	第二批	固阳县
18	固阳烈士纪念塔	1955年	第二批	固阳县
19	昆都仑沟障址	战国至汉代	第三批	昆都仑区
20	卜汉图石刻	清代	第三批	昆都仑区
21	包头市第一工人文化宫	1956年	第三批	青山区
22	青山宾馆1号楼	1959年	第三批	青山区
23	北方兵器城	2004年	第三批	青山区
24	妙法禅寺	清代	第三批	东河区
25	东河区财神庙	清代	第三批	东河区
26	沙尔沁财神庙	清代	第三批	东河区
27	壕赖沟关帝庙	清代	第三批	东河区
28	庙沟石刻	清代	第三批	东河区
29	郭家巷民居	清末民初	第三批	东河区
30	马号事件旧址	1911年	第三批	东河区
31	瓦窑沟清代真寺	1913年	第三批	东河区
32	解放路基督教东堂钟楼	1929年	第三批	东河区
33	绥西屯垦督办公署旧址	1932年	第三批	东河区
34	官井梁天主教堂	1934年	第三批	东河区

序号	公布名称与单位名称	时代	公布批次	所在旗县（区）
35	留宝窑子水源地日军自来水厂旧址	1938年	第三批	东河区
36	包头二十中学日军营房旧址	1938年	第三批	东河区
37	西银匠遗址	汉代	第三批	九原区
38	阿嘎如泰谎粮堆墓群	汉代	第三批	九原区
39	吴家圪旦遗址	元代	第三批	九原区
40	尔甲亥庙	明代	第三批	九原区
41	麻池圐圙城址	清代	第三批	九原区
42	木瓜渠遗址	新石器时代	第三批	石拐区
43	腮大坝遗址	新石器时代	第三批	石拐区
44	鸡毛窑子遗址	新石器时代	第三批	石拐区
45	后坝障址	战国	第三批	石拐区
46	东达沟遗址	元代	第三批	石拐区
47	脑包沟南坡遗址	元代	第三批	石拐区
48	羊窑沟遗址	明代 清代	第三批	石拐区
49	鸡毛窑子石窟	清代	第三批	石拐区
50	腮人坝南山岩画	不详	第三批	石拐区
51	大发洋桥	日伪时期	第三批	石拐区
52	东老丈城址	汉代	第三批	土默特右旗

序号	公布名称与单位名称	时代	公布批次	所在旗县（区）
53	西营子遗址	金代　元代	第三批	土默特右旗
54	小场圐圙关帝庙	清代	第三批	土默特右旗
55	张老五营龙王庙	清代	第三批	土默特右旗
56	萨拉齐清代真寺	清代	第三批	土默特右旗
57	萨拉齐关帝庙	清代	第三批	土默特右旗
58	民生渠	民国	第三批	土默特右旗
59	埃德加·斯诺觉醒点	1929年	第三批	土默特右旗
60	黄土尖萨拉齐县人民政府驻地旧址	1939年	第三批	土默特右旗
61	柳树淖战役遗址	抗日战争时期	第三批	土默特右旗
62	满都拉岩画	青铜时代至清代	第三批	达尔罕茂明安联合旗
63	珠日海障址	汉代	第三批	达尔罕茂明安联合旗
64	巴音敖包障址	汉代	第三批	达尔罕茂明安联合旗
65	白生障址	汉代	第三批	达尔罕茂明安联合旗
66	丹山障址	汉代	第三批	达尔罕茂明安联合旗
67	苏木图障址	汉代	第三批	达尔罕茂明安联合旗
68	查干好老城址	辽代　金代	第三批	达尔罕茂明安联合旗
69	超绕格图障址	金代　元代	第三批	达尔罕茂明安联合旗
70	沙日呼遗址	金代　元代	第三批	达尔罕茂明安联合旗

序号	公布名称与单位名称	时代	公布批次	所在旗县（区）
71	格少遗址	金代　元代	第三批	达尔罕茂明安联合旗
72	小城壕城址	元代	第三批	达尔罕茂明安联合旗
73	好伊尔呼都格城址	元代	第三批	达尔罕茂明安联合旗
74	道头采石场	元代	第三批	达尔罕茂明安联合旗
75	库伦图城址	清代	第三批	达尔罕茂明安联合旗
76	明安镇满都拉庙址	清代	第三批	达尔罕茂明安联合旗
77	推喇嘛庙址	清代	第三批	达尔罕茂明安联合旗
78	希日朝鲁庙	清代	第三批	达尔罕茂明安联合旗
79	龙梅玉荣旧居	20世纪60年代	第三批	达尔罕茂明安联合旗
80	碾坊城址	秦代　汉代	第三批	固阳县
81	大乌兰城址	秦代　汉代	第三批	固阳县
82	下城湾城址	汉代	第三批	固阳县
83	冯湾城址	汉代	第三批	固阳县
84	城梁城址	汉代	第三批	固阳县
85	银号石刻	清代	第二批	固阳县
86	大仙山石刻	清代	第三批	固阳县
87	固阳旧城天主教堂	1913年	第三批	固阳县
88	李二沟战地医院	20世纪40年代	第三批	固阳县

序号	公布名称与单位名称	时代	公布批次	所在旗县（区）
89	彭德大烈士殉难地	20世纪40年代	第三批	固阳县
90	桃儿湾遗址	战国~汉代	第四批	昆都仑区
91	原包头宾馆	1957年	第四批	昆都仑区
92	包钢一号高炉	1958年4月	第四批	昆都仑区
93	包头－固阳古商道遗址	清代	第四批	青山区
94	二〇二厂中核宾馆（专家招待所）	1960年	第四批	青山区
95	北梁关帝庙牌楼	清代	第四批	东河区
96	太平桥	清代	第四批	东河区
97	东河区委大楼旧址	1954年	第四批	东河区
98	梅力更祭祀址	清代	第四批	九原区
99	涧水渠遗址	新石器时代	第四批	石拐区
100	毛忽洞遗址	新石器时代	第四批	石拐区
101	冻死鬼湾遗址	新石器时代	第四批	石拐区
102	腮大坝障址	汉代	第四批	石拐区
103	大发近现代建筑群	近现代	第四批	石拐区
104	耳沁尧毛主席纪念碑	1976年	第四批	土默特右旗
105	库伦障址	汉代	第四批	达尔罕茂明安联合旗
106	塔布脑包城址	汉代	第四批	达尔罕茂明安联合旗

序号	公布名称与单位名称	时代	公布批次	所在旗县（区）
107	稍林房子城址	汉代	第四批	达尔罕茂明安联合旗
108	石龙城址	汉代	第四批	达尔罕茂明安联合旗
109	楞圙圖敖包	汉代　清代	第四批	达尔罕茂明安联合旗
110	什兰哈达敖包	汉代　清代	第四批	达尔罕茂明安联合旗
111	东黑沙兔金器窖藏遗址	五代	第四批	达尔罕茂明安联合旗
112	三十六敖包遗址	元代	第四批	达尔罕茂明安联合旗
113	脑高代遗址	元代　清代	第四批	达尔罕茂明安联合旗
114	哈日达嘎庙址	清代	第四批	达尔罕茂明安联合旗
115	白寺庙址	清代	第四批	达尔罕茂明安联合旗
116	城圙圖城址	清代　民国	第四批	达尔罕茂明安联合旗
117	蒙公所城址	民国	第四批	达尔罕茂明安联合旗
118	厂汗门洞遗址	新石器时代	第四批	固阳县
119	赵碾坊障址	汉代	第四批	固阳县
120	哈页胡洞遗址	北魏	第四批	固阳县
121	后脑包关圣庙	清代	第四批	固阳县
122	大盛魁福胜太分号旧址	清代	第四批	固阳县
123	后召沟庙址	清代　民国	第四批	固阳县
124	张发地三角城址	民国	第四批	固阳县
125	账房塔三角城址	民国	第四批	固阳县

后记

　　《包头文化遗产》一书，是由内蒙古自治区文物考古研究所组织编撰的《内蒙古文化遗产丛书》之一。全书依照时代序列分别介绍的不可移动文物点共有75处，主要包括了全国重点文物保护单位、内蒙古自治区级文物保护单位以及部分市级文物保护单位，还有部分未定级的重要文物点。对这些文物点的介绍，包括了文物的基本状况、前人工作与研究概况等文字内容，并配有文物本体、周边环境与出土遗物等的图片。

　　本书文物点的年代并不一定遵照当初公布文物保护单位时认定的年代，要依据最新的研究成果确定文物的年代；根据文物点的不同类型，有的仅列出始建年代，有的则一一列出文物的沿用年代。保护级别及批次方面，遵循文物点的最高保护级别原则，如一个文物点曾经公布为自治区文物保护单位，现今已升级为全国重点文物保护单位，则仅按全国重点文物保护单位作统计。如果一个文物点分布在多个旗县（区），则大体按照由东向西的方向，依次列出所在旗县（区）。

　　本书撰稿人员有张海斌、苗润华、牧乐、杨建林、王晓玲、王英泽、姚旭、邢燕燕、王艳君、刘媛、魏长虹、李静、落和平、杨帆、高锦哲等。同时邀请包头博物馆刘幻真、内蒙古自治区文物考古研究所孙建华、内蒙古自治区文物保护中心孙金松等同志撰写了部分稿件。张海斌搜集和提供了本书大部分图片，杨建林、邢燕燕为本书出版做了较多工作，包括资料补充、完善等，杨建林初审了稿件。姚旭、王艳君做了具体整理、编排工作。本书由张海斌最后统稿，陈永志审定稿。

本书的资料来源，包括了自治区、包头市几代文物工作者的考古调查与发掘成果、其他文物单位的考古调查与发掘成果、新中国成立以来开展的三次不可移动文物普查资料、全国长城资源调查资料、相关专家学者的考古研究成果，等等。由于篇幅所限，书中未予一一列出，敬请谅解。

本书承蒙内蒙古自治区党委常委、宣传部乌兰部长撰写了序言，在此表示由衷的敬意与诚挚的感谢！

此书成书较为仓促，错讹与不足之处，敬请读者批评指正。

编者

2014年4月3日